U0034402

圖解 道德經

老子的81則人生短語

時空史地學大師 王晴天 博士／編著

老子與我們同在

在兩千多年前，先秦哲學大師老子以其文約義豐的短短五千言，道出世間萬物的奧祕，展現人生別有洞天的崇高境界。兩千年過去了，一代又一代人將這五千言奉為無上圭臬，不斷研究它、實踐它，以臻於極致。如今，經過千千萬萬人們的努力，老子的思想早已滲透進我們生活的方方面面。那麼，老子究竟為何人？他所寫的《道德經》究竟為何物？其中又蘊藏著什麼樣的智慧，深深影響著兩千年來的歷朝歷代呢？本書將為你細細述說。

李聃，名耳，字伯陽，外字聃，世人尊稱其為「老子」。生於東周末年某諸侯國的苦縣厲鄉曲仁里，師從殷商末臣商容。老子曾於春秋末年任守藏史，又被封為柱下史，後來隱居邢台廣陽山。李聃的學說被莊周、楊朱等人發揚光大，後人奉其為道家學派之開教宗師。《史記 · 老子韓非列傳》中曾記載孔子向老子請教關於禮的問題：孔子適周，將問禮於老子。老子曰：「子所言者，其人與骨皆已朽矣，獨其言在耳。且君子得其時則駕，不得其時則蓬累而行。吾聞之，良賈深藏若虛，君子盛德容貌若愚。去子之驕氣與多欲，態色與淫志，是皆無益於子之身。吾所以告子，若是而已。」孔子去，謂弟子曰：「鳥，吾知其能飛；魚，

吾知其能游；獸，吾知其能走。走者可以為罔，游者可以為綸，飛者可以為矰。至於龍，吾不能知其乘風雲而上天。吾今日見老子，其猶龍邪！」

傳說，老子在留下五千言的《道德經》後，便西去歸隱。《道德經》，又稱為《老子》、《道德真經》、《老子五千文》，以及《五千言》。此書被春秋戰國時期的道家學派奉為創始典籍，也有後世學者認為這是中國歷史上首部完整的哲學著作。《道德經》分為上篇《道經》、下篇《德經》。《道經》講述身心精進，體悟道之所傳；《德經》則講述修行自身心意。至唐代，唐太宗李世民自認是老子之後，並曾令人將《道德經》翻譯為梵文。《道德經》的內容博大精深，已成為千百年來歷久不衰的經典。說了那麼多，那《道德經》究竟藏有哪些智慧之言呢？

若想成就一番大事業，那就必須從身邊的瑣碎小事做起。因為「天下大事作於細」（第六十三章）、「合抱之木，生於毫末；九層之台，起於累土；千里之行，始於足下」（第六十四章）。老子透過數個排比句和比喻手法告訴我們，偉大的成就並非一蹴可幾，而是必須有持之以恆的毅力，並且忍受尚未成功前的孤寂。若立志進取，卻因種種原因無法施展才華。千萬別氣餒，老子用「大器晚成」（第四十一章）鞭策我們。又或者，你正處於成功事業的巔峰嗎？那在面對金錢和權利的誘惑時，千萬不要迷失自我，要做到「功遂身退」（第九章）。

人生在世，總要成就一番事業才算不枉此生。然而，若在名利面前迷失自己的本性，最終只能落得身敗名裂的可悲下場。老子說的「知足者富」（第三十三章），此言不虛。

身邊朋友遭遇挫折，我們安慰他：「禍兮，福之所倚；福兮，禍之所伏。」（第五十八章）在漫漫人生中，要樂觀面對生活中的禍與福，學會處之泰然，並把握轉瞬即逝的機會，這就是老子教導我們的人生智慧。逃亡多年的歹徒最後還是被逮捕入獄；沒人敢惹、沒人敢得罪的貪官最後依然落入法網，這就應證了老子所說的：「天網恢恢，疏而不失。」（第七十三章）也因此，每一個人都應該記住並實踐「慎獨」，千萬不要以為做壞事時，別人都看不見。自然之道是最為公平的，不是不報，而是時候未到。在家庭之外威風八面的男子，在柔弱的妻子面前卻「卑躬屈膝」。為什麼呢？因為「柔弱勝剛強」啊！（第三十六章）。另外，我們經常在公園裡看到有人打太極拳，別看他們動作輕柔緩慢，其實，太極高手可以把堂堂大漢掀翻在地。這也是《道德經》中「柔弱勝剛強」的一個例證。

此外，《道德經》中還有許多思想都為如今的人們所用，人們卻「日用而不知」。例如，「寵辱若驚」（第十三章）、「大巧若拙」（第四十五章）、「出生入死」（第五十章）等等。老子的智慧早已深化在你、我、他之間，融合於日常生活中的方方面面，只待我們細細探尋。

作者　謹識

目錄

目錄

目錄

下篇 德經

《道德經》的泉源——《易經》

《易經》與《道德經》為中國古代最早的兩部哲學經典，但是，一般人很難想像《道德經》和《易經》竟然有著一脈相承的關係，《道德經》中的許多語句皆源自於《易經》。以下列舉十五個例子加以說明：

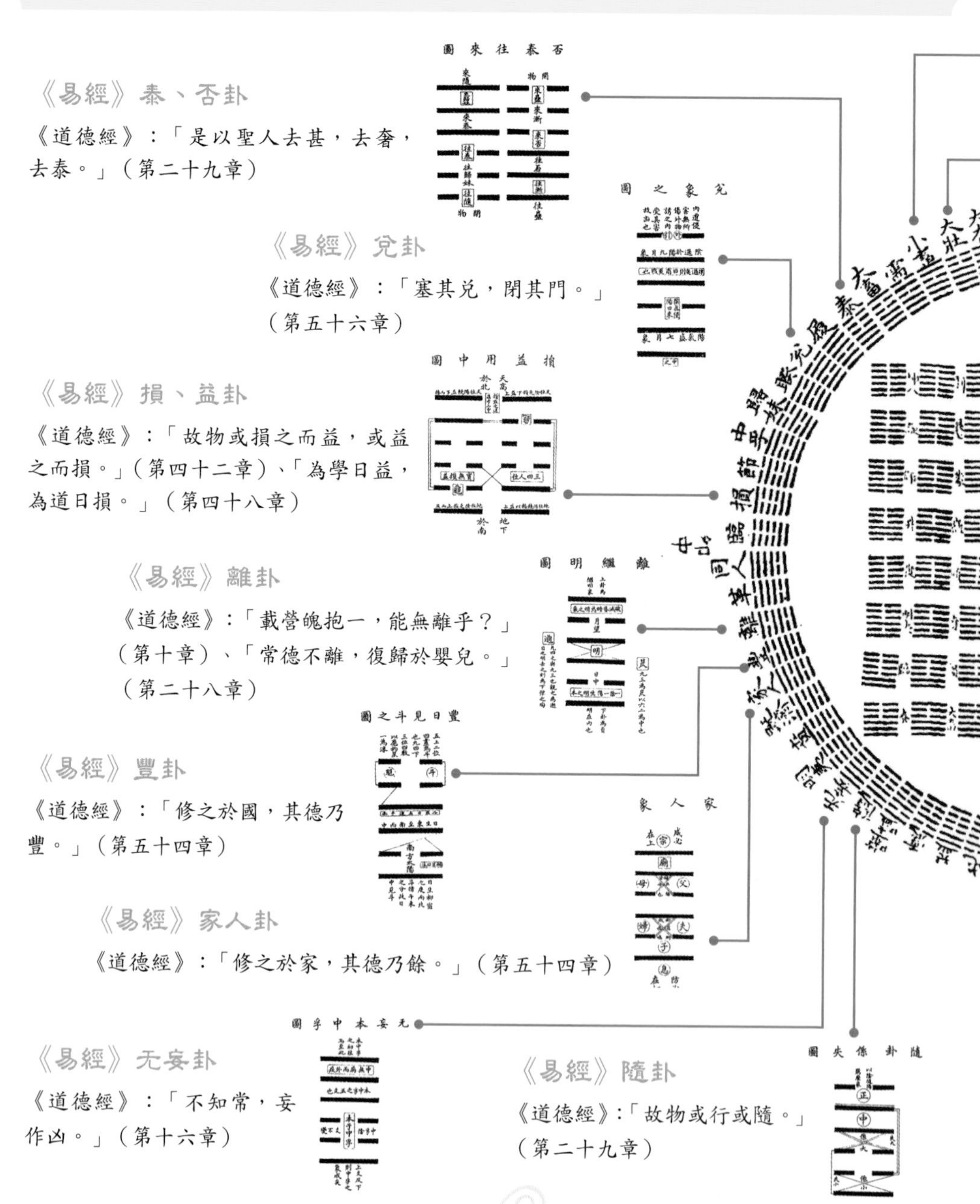

《易經》泰、否卦

《道德經》：「是以聖人去甚，去奢，去泰。」（第二十九章）

《易經》兌卦

《道德經》：「塞其兌，閉其門。」（第五十六章）

《易經》損、益卦

《道德經》：「故物或損之而益，或益之而損。」（第四十二章）、「為學日益，為道日損。」（第四十八章）

《易經》離卦

《道德經》：「載營魄抱一，能無離乎？」（第十章）、「常德不離，復歸於嬰兒。」（第二十八章）

《易經》豐卦

《道德經》：「修之於國，其德乃豐。」（第五十四章）

《易經》家人卦

《道德經》：「修之於家，其德乃餘。」（第五十四章）

《易經》无妄卦

《道德經》：「不知常，妄作凶。」（第十六章）

《易經》隨卦

《道德經》：「故物或行或隨。」（第二十九章）

伏羲六十四卦圖

易經有八卦：乾坤震巽坎離艮兌。八個單卦兩兩組合產生六十四卦，古人透過卦爻以研究世間萬物的變化規律，並以其指導社會生活。

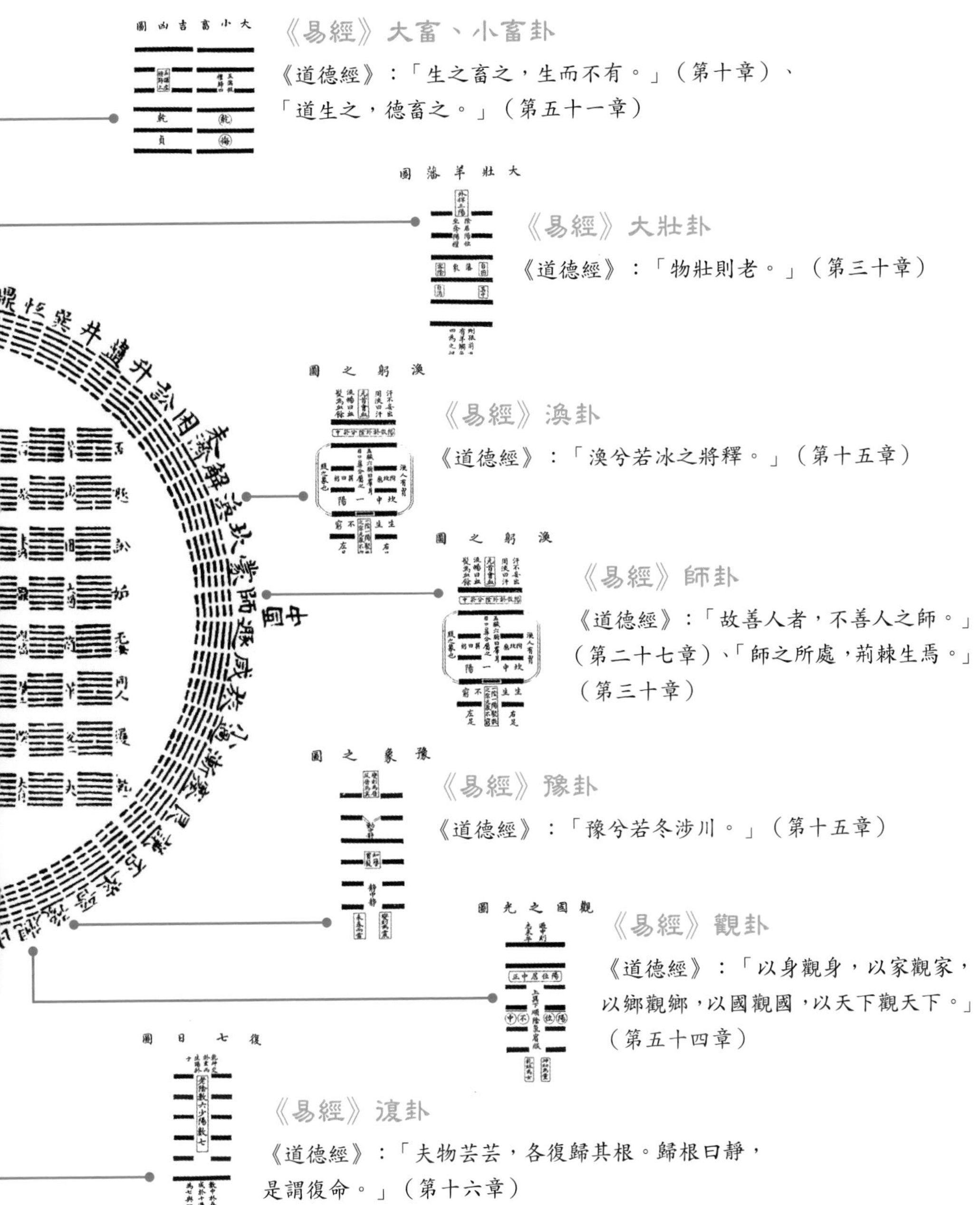

《易經》大畜、小畜卦

《道德經》：「生之畜之，生而不有。」（第十章）、「道生之，德畜之。」（第五十一章）

《易經》大壯卦

《道德經》：「物壯則老。」（第三十章）

《易經》渙卦

《道德經》：「渙兮若冰之將釋。」（第十五章）

《易經》師卦

《道德經》：「故善人者，不善人之師。」（第二十七章）、「師之所處，荊棘生焉。」（第三十章）

《易經》豫卦

《道德經》：「豫兮若冬涉川。」（第十五章）

《易經》觀卦

《道德經》：「以身觀身，以家觀家，以鄉觀鄉，以國觀國，以天下觀天下。」（第五十四章）

《易經》復卦

《道德經》：「夫物芸芸，各復歸其根。歸根曰靜，是謂復命。」（第十六章）

莊周夢蝶圖絹本 元代劉貫道

莊子是繼老子之後道家學派的重要代表人物，和老子並稱為「老莊」。「道」是道家思想的重要組成部分，也是老子和莊子思想中最基本、最重要的概念。「莊周夢蝶」為《莊子 · 齊物論》中的一則寓言，其大意如下：某日，莊子夢見自己變成一隻蝴蝶。醒來之後，他發現自己還是莊子。他不知道自己是變成莊子的蝴蝶呢？抑或是夢中變成蝴蝶的莊子。此寓言以其深刻的意蘊，體現莊子游心於物、逍遙物外的境界。

竹子

竹子不因莊子的八仙桌阻擋自己而改變生長方向，依然按照自然的方式開枝散葉；莊子也不因竹子的生長妨礙自己而去砍伐。人與自然皆處在和諧之中。

八仙桌

床頭的八仙桌上放置著莊子的書籍、筆硯、花盆、琴、酒，樣樣皆極具道家特色，簡樸又自然，與周圍環境渾然天成。

熟睡的莊子

莊子坦胸露足，橫扇於胸前，在木床上酣然入夢。睡夢中的莊子忘卻自己，和蝴蝶合二為一，優游於逍遙之境。

睡夢中的蝴蝶

一對彩色蝴蝶在空中自由自在，翩翩起舞。這是莊子在夢中的化身，也體現他逍遙自在的思想。

生活用品

水桶、水池，莊子的日常生活用品自然而質樸，體現他「道法自然」的理念主張。

樹下的童子

在這靜謐的氣氛之中，小童子也抵樹而眠，松樹彎曲的地方正好成為他的午睡場所，使小童子完全融入和諧而又自由的天地之中。或許，他也如莊子一樣在夢中化為蝴蝶起舞呢！

松樹與青藤

松樹的生長姿態如同莊子的睡姿般隨意，枝幹遒勁，針葉茂密。一棵青藤攀附而上，美妙而幽靜，體現自然相依共生的法則。

閱讀導航

原文

完整輯錄老子原汁原味五千言，並於難字加註注音，讓讀者不僅會讀更會說。

註釋

對原文中的生僻難字、人物典故等進行詳細解釋，掃除閱讀文言文的一大障礙。

插圖

收錄近200張全彩插圖，以圖片形式理解「道」的深層內涵，讓讀感受「道」在生活中無處不在。

第二十二章

聖人抱一

原文

曲則全，枉則直❶；窪則盈❷，敝則新；少則得，多則惑。是以聖人抱一為天下式❸。不自見故明；不自是故彰❹；不自伐故有功❺；不自矜故長❻。夫唯不爭，故天下莫能與之爭。古之所謂「曲則全」者，豈虛言哉❼，誠全而歸之。

註釋

❶ 枉：彎曲。
❷ 窪：低窪。
❸ 抱一：守道。一，道。式：模式。
❹ 彰：明顯、表露、宣揚。
❺ 伐：誇。
❻ 矜：自誇、自負、驕傲自大。
❼ 虛言：空話、假話。

道經

孫臏　明代佚名

孫臏與龐涓皆師從於鬼谷子，以學習兵法。龐涓為魏惠王將軍時，誆騙孫臏到魏，處以臏刑，故稱孫臏。而後，孫臏裝瘋，嚼豬糞騙過龐涓，被齊國使者秘密接回，成為齊威王的軍師。孫臏在馬陵之戰中，身居輜車，計殺龐涓，大敗魏軍。孫臏先是因才華出眾遇禍，後不惜委曲自己，反而得以全身而退，是「曲則全」寫照。

102

譯文

全面翻譯五千言原文，輕鬆理解老子的每一句經典智慧。

成語

收錄近70則出自道德經的成語，讓讀者在閱讀老子的同時，更習得許多膾炙人口的經典成語。

圖表

整合近50張圖表，讓讀者以簡單易懂的圖解形式，解讀「道」的真意。

賞析

結合哲學、軍事、政治、文學與宗教等數個面向，多角度解析老子流傳千年的智慧思想。

譯文

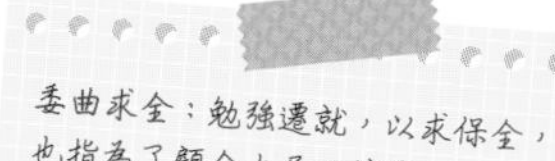

屈就反而得以完美周全，彎曲反而伸直；低窪反而得以充盈，破舊反而新生；少取反而得以多得，貪多反而迷惑。所以，聖人掌握萬事歸一的道，成為天下人所學習的模範。不固執己見，反而能看得分明；不自以為是，反而能是非昭彰；不自我誇耀，反而能顯現功勞；不自高自大，反而能保持長久。因為不和世人相爭，所以沒有誰能與他爭。古人所說「曲則全」的道理，怎麼會只是一句空話呢？我們必須真心誠意地遵循。

道經

曲的智慧

許多人將「委曲求全」當成貶義詞，認為這是懦弱的表現。其實，「曲」是一種智慧的體現，就如同河水，此路不通就換一條路，終能抵達目的地。

有曲才有圓	有曲才有方

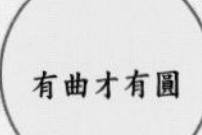

賞析

老子開篇引用古語，「曲則全，枉則直；窪則盈，敝則新；少則得，多則惑」。這六個方面分別指六種完全不同的事物，它們共同反映一個道理，那就是「委曲求全」。對於人類而言，這是一種低姿態的生活態度，但對於除了人以外的諸多生物而言，委曲求全其實是能夠保

103

道經

第一章 天地之始

原文

道可道，非常道❶；名可名，非常名❷。無名天地之始；有名萬物之母。故常無欲，以觀其妙；常有欲，以觀其徼(ㄐㄧㄠˋ)❸。此兩者同出而異名，同謂之玄。玄之又玄，眾妙之門❹。

註釋

❶ 道可道，非常道：此句為《道德經》的中心思想，其中三個「道」字引起後世學者莫大困惑，千古以來，聚訟紛紜。第一、第三個「道」字，是老子首先提出的哲學範疇；第二個「道」字是動詞，意為用言語說明第一、第三個「道」字。

❷ 名可名，非常名：老子認為，「名」

老子騎牛圖　宋代晁補之

「老子騎牛」是有關《道德經》來源的傳說。據東晉葛洪《神仙傳》記載，西周時期，函谷關令尹喜夜觀天象，見東有紫氣逼來，開心地說：「朝夕必有異人至此。」不久，老子果然乘青牛而來，叩關欲度。尹喜立刻穿戴正式衣裝，出關迎候。而後，老子授之《道德經》五千餘言後，遂自馭青牛西去。在明代《封神演義》中也借用此典故，在老子登場時引出：「紫氣東來三萬里，函關西度五千言。」

是人類根據不同事物之各自不同的表面特徵，對該事物所作出的解釋。也代表老子對事物表層、特徵、象徵的理解。

❸ 徼：邊界，引申為開端、端倪。

❹ 眾妙之門：精深奧妙的天地萬物及其變化規律的源頭。

譯文

若是可以運用言辭表述的大道，就並非永恆的大道；若是可以叫得出名稱的相名，就並非永恆的相名。「無名」，是天地萬物的起源；「有名」，是孕育萬物的本源。所以，我們必須從毫無目的、無拘無束、尚未成形的狀態，以探索「道」無名無形的玄妙；從有目的、受約束、受局限的狀態，以探索「道」有名有形的終極和歸終。「妙」和「徼」兩者的本源相同，

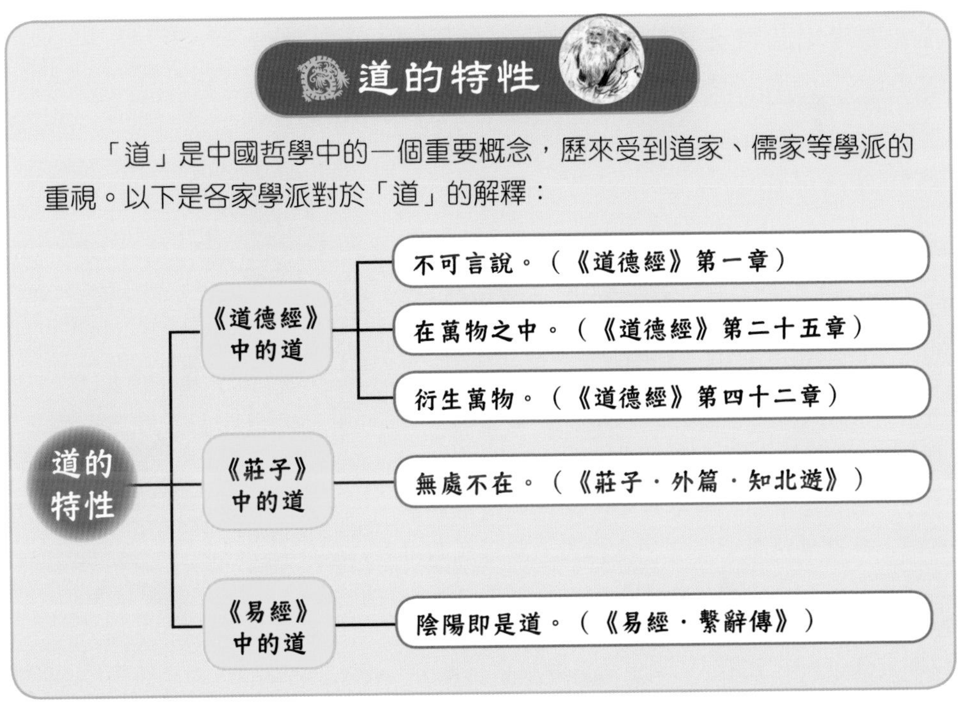

但名稱不同，兩者都可說是含義深遠，微妙無形，是一切奧妙的源頭根本。

賞析

《道德經》開篇點出「道可道，非常道」，初步闡釋「道」的內涵。「道」是《道德經》所要講述的核心問題之一，老子認為「道」在天地未生成以前，就存在於浩瀚的宇宙；當天地生成後，「道」就在萬事萬物中發揮作用，貫穿於萬物生成、生長、發展、消亡的始終，是一種客觀存在的自然規律。講到這裡，我們不免會在頭腦中想像「道」的模樣，然而，人的想像總是有局限性和主觀性，真正的道不因為人的主觀意志而改變，它是客觀存在的，但又看不到、摸不著，所以我們說「大道無形」。

人類主觀想像出的「道」，不能算是真正的道，只能稱得上「名」。當然，「名」也無法用語言和文字描述形容。如果用語言文字描述「道」，那只會與「道」背道而馳，既然無法使用語言文字描述，那要如何認識「道」呢？老子認為，必須採用概念和語言，即「有」和「無」這兩個「名」。所謂「有」，就是存在的意思，代表一種正在孕育萬物的狀態，是萬物的生母，即萬物是從「有」中

潑墨仙人圖　宋代梁楷

一個「道」字，成為幾千年來再也道不破的玄機。既然無法用語言文字來描述，就讓我們用這幅畫說道一下。畫中似乎有一人，仙風道骨，飄然若仙；畫中似乎有一條道，就在仙人腳下。似有若無，無中生有，「道」的奧妙就在於此。

郊外遊春圖　明代仇英

此圖壯闊沉靜，靜中有動，展現萬物復甦的勃勃生機。春天是生機萌動的季節，如同妙齡少女一般，無拘無束地綻放著美麗。天地本是純潔美好，幻化出的萬物也是如此，任風雲變幻，唯大道不變。

孕育；「無」，就是沒有的意思，代表天地還未生成以前的渾沌狀態，代表天地是從「無」中孕育。

所以，我們可以將「道」理解為一種「無」的狀態，一種「有」的能力，它的本源是「無」，卻可以衍生出天地萬物。由此，我們可以採取「無」的角度體認大道之玄妙。大道的原始是空無，如果想要體認大道，就必須拋卻所有雜念，將自己恢復到毫無思想意識的純真孩童時期，達到完全虛無的境界，如此一來，才能真正體悟大道的奧妙和玄機。「無」和「有」是打開「眾妙之門」的鑰匙，唯有透過這兩個概念，才能領悟大道的本質。

所謂「常有欲」，就是一種永恆的有，又名為「大有」；與此相對應，「常無欲」就是一種永恆的無，又名為「大無」。人們可以透過忘卻自我一切的「大無」，體悟天地初生時的「妙」；透過包容萬物的「大有」，觀察萬物未生前的「徼」。

若按照漢字的結構分析，「妙」可以拆分為「少」和「女」，少女正處於妙齡，是純真、純潔的象徵，將「妙」用在「大道」中，是順理成章的解釋。在此處，不論是「妙」或「徼」，都只是對宇宙大道中某一狀態的描述，依舊停留在概念層次，都是「名」。「妙」在前而「徼」在後，所以「相名」也就不同了，但它們都是由大道衍生而出，都是大道的發展和變化，統稱為「玄」。「玄」構成了天地萬物的「眾妙」，這裡的「妙」和「觀其妙」的「妙」意義不同，「觀其妙」的「妙」是萬物中的生機，而「眾妙」的「妙」則是天地未生前的生機。

在此章節中，老子著重講述了以下概念：道、名、有和無、妙和徼、玄，而這些概念統稱為「名」。但是，正如《道德經》開篇的第一段話：「名可名，非常名。」這些概念皆無法真正闡釋道的內涵，因為「道可道，非常道」，任何言語文字都無法展現「道」的真義。千百年來，人們學習並研究這些概念，就是為了更加接近真正的「道」。當然，如今的我們在學習以上概念後，也可以作為接下來在閱讀此書時，理解老子所談論之「道」的橋樑。

荷亭奕釣仕女圖　南唐周文矩

圖中亭榭臨池，前後碧柳四垂，二女亭中對奕。亭外池荷盛開，翠葉田田。仕女或倚欄垂釣，或持扇觀荷，一派夏日悠閒景象。妙齡少女純真、純潔，用以比喻大道最為適當。

第二章 美之為美

原文

天下皆知美之為美，斯惡已❶；皆知善之為善，斯不善矣。故有無相生❷，難易相成，長短相較，高下相傾，音聲相和❸，前後相隨。是以聖人處無為之事，行不言之教。萬物作焉而不辭，生而不有，為而不恃，功成而弗居。夫唯弗居，是以不去。

註釋

❶ 惡：醜，與「美」相對立。

❷ 有無：客觀事物的存在與不存在，或發生與未發生。

❸ 音聲：音，發音之初的聲音。聲，發音之後的餘音。和：聲音相應，引申為相互對立和依存。

譯文

天下都知道美之所以為美，是因為有醜對比；天下都知道善之所以為善，

谿山行旅圖　宋代范寬

橫看成嶺側成峰，遠近高低各不同。萬事萬物相對而生，自然而和諧地發展。如果沒有此種相對性，就沒有高低之分，也就沒有遠近不同，更沒有此番多姿多彩的美麗了。如果古代帝王懂得欣賞這錦繡江山，而不是一味霸道佔有，也就沒有那麼多紛爭了吧！

是因為有惡對照。有和無相對而生，難和易互相形成，長和短相互比較，高和下相對存在，音節和旋律相互和諧，先和後相隨有序。所以，聖人用無為的態度處理世事，實行無言的德政教化。讓萬物自然產生，而不人為創造；任其自由發展，而不強加人為意志。在萬物生長之後不據為己有，撫育萬物而不自恃己能，成功而不居功。正是因為他從不居功，所以也就永遠不會失去他的功勞。

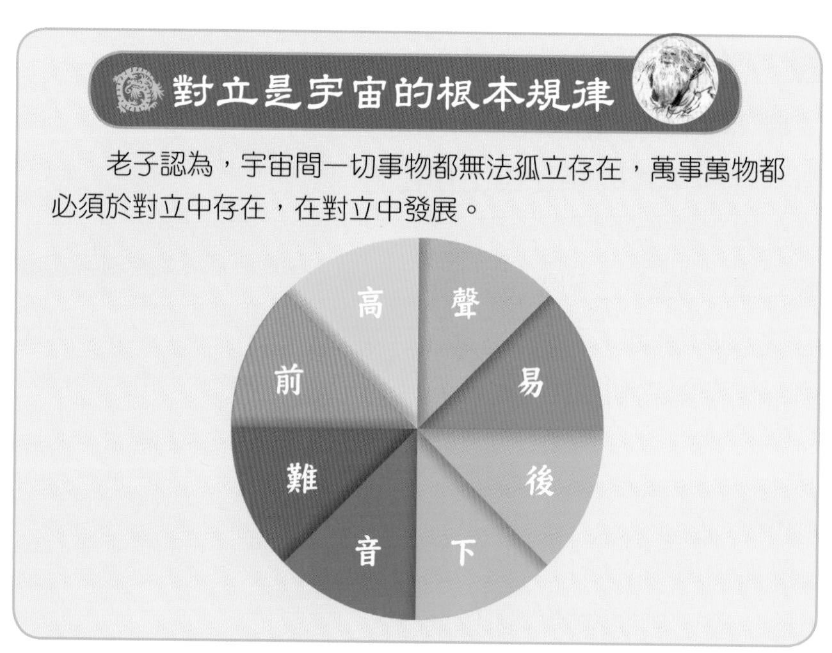

賞析

人類作為宇宙中一個幾乎可以忽略不計的小分子，和宇宙中的其他事物一樣，都是由肉眼看不見的分子、原子、中子、微中子等，玄而又玄的東西轉化或組合而成。由此可以看出，人和其他事物是同源的，沒有本質上的不同，都是由大道衍生而來，都處於永不停息的運動和變化之中，而且相互依賴、互相轉化。

> 功成不居：原意為任其自然存在，不強行佔為己有。後形容立功而不將功勞歸於自己。居，承當、佔有。

人類的生命開始於一顆受精卵，受精卵的形成本就具有極大的不確定性，也是很複雜的形成過程，在這裡暫且不提這一層面。我們從受精卵說起，一個健全的受精卵，在得到母體充足的營養下，會迅速生長發育，形成胚胎。而後，隨著各個器官的逐漸成熟，胎兒有了聽覺、視覺、觸覺。為了滿足胎兒的需要，母親會增加各種營養，甚至實施胎教，例如聆聽音樂、欣賞風景。直到有一天，嬰兒聽到醫生的聲音，就知道自己即將出生了，要離開母體的安樂窩了。嬰兒雖然不情願，但依然必須遵循自然規律，也就是「大道」。之後，這個嬰兒一天天長大，在此過程中，他曾經生病不舒服，曾經犯錯被父母或老師責罰，也曾經表現出色而被誇讚，在生命成長的進程中，知道什麼是悲傷，什麼是快樂。

後來，他成家立業，也擁有自己的孩子，對生命的理解更趨深刻。在養育子女的同時，不由得想起父母一輩子的艱辛，

八子觀燈圖　清代閔貞

「不想長大」，是每一個人在面對困難、挫折時，一個美麗卻又難以實現的願望。道教和佛教皆推崇人之初生的狀態，試圖以虛無對抗凡塵俗世，重新淨化人的心靈。縱使身體老去，但心靈卻可以回歸孩童時代，聖人涅槃即是此道理。

他想孝敬他們，想陪伴在他們身邊，但現實卻不允許，因為他必須養家糊口，實現自身價值。他感到力不從心，感到矛盾重重。在人生的長河中，不可能一帆風順，總會面臨許多殘酷的競爭。勝利了，我們狂喜；失敗了，我們愁眉不展、痛苦彷徨。日子無論幸福或痛苦，我們都必須一天天地過，即便不願意，但又有誰可以阻擋太陽的升起和落下呢？我們總是認為時間飛快。是啊！時間不會為我們停留一分一秒，它就像一列高速鐵路，載著我們向死亡開去，我們妄想下車，但那終究只是枉然。

大道無言，大道無際，它孕育了天地萬物，並使天地萬物感受到它的存在和巨大威力，但卻無法對其加以準確的闡釋，任何概念和範疇都只是牽強的描述，都無法恰當地概括大道的真義。正是因為這種不準確、不完全、不真實的概念，從而直接影響我們對大道的領悟，也就無法真正融入大道無憂愁、無煩惱、自由自在的境界中。

但是，聖人可以明白大道的絕對和真實內涵，他們能拋棄並超越人性的自私和貪婪，以順其自然的態度對待人和事。這種無所作為的處世哲學看似消極，但其實是真正的積極，是對人類自身精神境界的提升。聖人可以真正理解大道，並和大道融為一體，他們順應自然和各種變化，也就無所謂得到和失去，也就沒有憂愁和煩惱。

長江萬里圖　宋代夏圭

水本無形，卻能隨季節、環境等因素變幻無窮。時而是微風，吹皺一池春水；時而是滔滔奔流，充滿力量。水就像大道無言無際，卻浸潤萬物，承載世界。

第三章 聖人之治

原文

不尚賢❶，使民不爭；不貴難得之貨❷，使民不為盜；不見可欲❸，使民心不亂。是以聖人之治，虛其心，實其腹，弱其志，強其骨。常使民無知無欲❹，使夫智者不敢為也，為無為，則無不治。

註釋

❶ 尚賢：崇尚賢能之才。

❷ 不貴：不覺得珍貴、不抬高價值。

❸ 可欲：可以引起人們欲望的物品。

❹ 無知無欲：無巧偽奸詐之心思，無非分妄想之欲求。

譯文

不崇尚賢才功名，使民眾不爭名奪位；不視難得的奇珍異寶為貴重之物，使民眾不做偷盜之事；不讓民眾看見可以引起貪欲的功名利祿，使民眾不生邪惡和動亂的念頭。所以，有道之人治理政事時，要淨化人們的心靈，滿足人們的溫飽，削弱人們爭名奪利的雄心，強健人們的體魄。

出水芙蓉圖　宋代吳炳

「無為」是道家哲學的精髓，「無為」亦是道的體現。老子主張行道，認為萬事萬物都有其客觀性與規律性。「為」是指「人為」之事，而「無為」不是指什麼也不做，而是不做違反自然之事。就像紅花綠葉，不需人為渲染，依然可以相得益彰。

使眾人沒有偽詐的心智，沒有爭奪名利的欲念；使那些爭名奪利、為非作歹之徒不敢惹是生非。遵從無為之道，就沒有無法治理的國家。

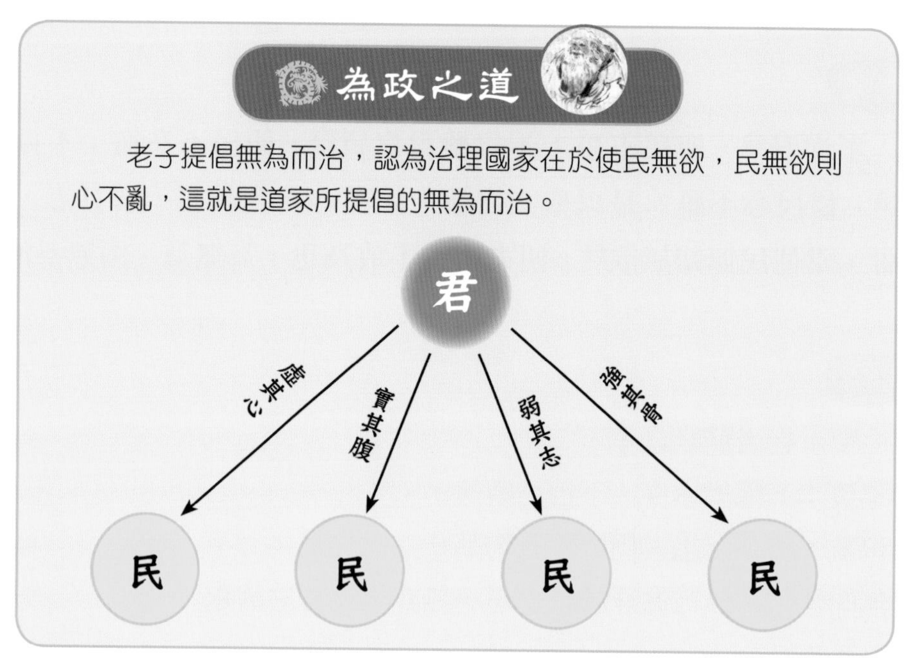

賞析

在古代原始社會中，人們過著群居生活，大家共同耕種和狩獵，共同分享收穫的果實，沒有不均或不平等。後來，社會出現私有制和階級之分，人們產生尊貴卑賤的觀念。統治者至高無上的地位讓被統治者們垂涎三尺，他們渴望透過努力以改變現狀，不想被奴役或隨便打罵，一心一意想成為尊貴的一員。這無非就是名和利的爭奪。

自古以來，名和利就是相連而生，有了名，也就有了尊貴的地位，就會被他人讚賞和尊敬。一般而言，有地位的人常會吸引富人的目光，他們各取所需，互為利用。所以，有地位的人一般都很富有，富有的人一般都有地位，名和利是相隨相伴的。

統治者常常根據人們追名逐利的人性弱點，實施統治策略，以達到鞏固自身權勢地位的目的。在古代社會中，君王們為了籠絡民心，往往利用名利、權勢以吸引天下的文才武將，這一舉措不僅為自己的統治增強力量，且對維護統治勢力大有裨益。如此一來，人們的聰明才智便不會用以對付統治者，而是用以爭奪名利。在人們爭奪權位的時候，君王貴族們便可放心的坐享其成了。

科舉制度就是一個典型的例證，人們為了一朝成名天下知，為了享受榮華富貴，而不得不十年寒窗苦讀。到頭來只能換得一官半職，成為效忠帝王的奴僕，統治者則成功實現鞏固統治力量的目的。然而，這並不是最好的治國之法，它的效用短暫，且有其弊端。科舉制度雖可以讓人民將所有力量用以爭奪名利，但也會使人的欲望無限膨脹。人們會因為一味爭名奪利而忘乎所以，最後造成人心大亂，危及君王的統治地位。

《道德經》站在時代的高度審視當時的社會現象，思考解決社會問題的途徑。老子試圖探求社會混亂的根源，最後發現天下之所以混亂，是因為統治者不理解「大道」，不懂無為而治。於是，老子提出應使天下人心靜如水，消除內心爭名奪利的欲望，這是心理層面；應使天下人吃飽穿暖、身體健康，這是生理層面。只有這兩方面皆達到完好和平衡，天

科舉考場

從隋煬帝創設進士科開始，科舉制度延續了一千三百年，直到清代光緒三十一年才被宣布廢止。在科舉制度為統治者提供人才的同時，也埋下了官場腐敗、爭名逐利，甚至朝代更迭的隱患。

下人才會安居樂業，才會安守本分，社會也就太平了。此種看似消極的治國方略，卻是最積極的治理良方。「常使民無知無欲」的「知」是有知識、聰敏機巧的意思，整句話的意思是，使人們沒有投機取巧、爭名奪利的欲望。天下人的欲望淡了，人心也就淳樸了；人心淳樸了，天下自然就太平了。有人將這種「無為治國」解釋為愚民策略，其實是不正確的，《道德經》中所論述的治國思想看似無為，實則有為，這種境界恰似悠然中隱含著人性的真實。

徐顯卿宦跡圖－棘院秉衡　明代余壬、吳鉞

此系列圖卷為勾勒明代隆慶、萬曆年間大臣徐顯卿一生際遇的彩繪圖冊。此圖為萬曆二年、十一年，大臣徐顯卿兩次參與會試閱卷的場景，分別在易一房、易二房。萬曆十一年秋九月，他更主持武舉會試。畫中表現明代貢院舉行科舉考試的情景。

第四章 象帝之先

原文

道沖而用之或不盈❶，淵兮似萬物之宗。挫其銳，解其紛，和其光❷，同其塵❸。湛ㄓㄢˋ兮似或存❹。吾不知誰之子，象帝之先。

註釋

❶ 沖：中空。盈：滿盈，引申為盡頭。老子反對事物滿盈、鼎盛、極致，他認為滿盈便是衰敗、窮盡、滅亡的象徵。

❷ 和：隱蔽。

❸ 同：混同。

❹ 湛：深沉。用以形容「道」隱而無形，但又確實存在。

譯文

道本身是中虛真空的，但作用卻是無窮無盡的。道非常深邃啊！它就像是萬物的本源。它挫滅自身的銳氣，消解萬物的糾紛，含斂本身的光芒，混同自己於塵世。道非常幽隱啊！它似亡而實存。我不知道它是從哪裡而來，在萬物生成之前，它就已經存在了。

荷石水禽圖　清代朱耷

圖中極盡表現荷花的妖嬈和水禽的活潑，但二者皆是受益於水的潤澤。在圖畫中我們看不到水，卻能感受到水的存在和它所蘊含的生命力，這也就是「道」的真義。

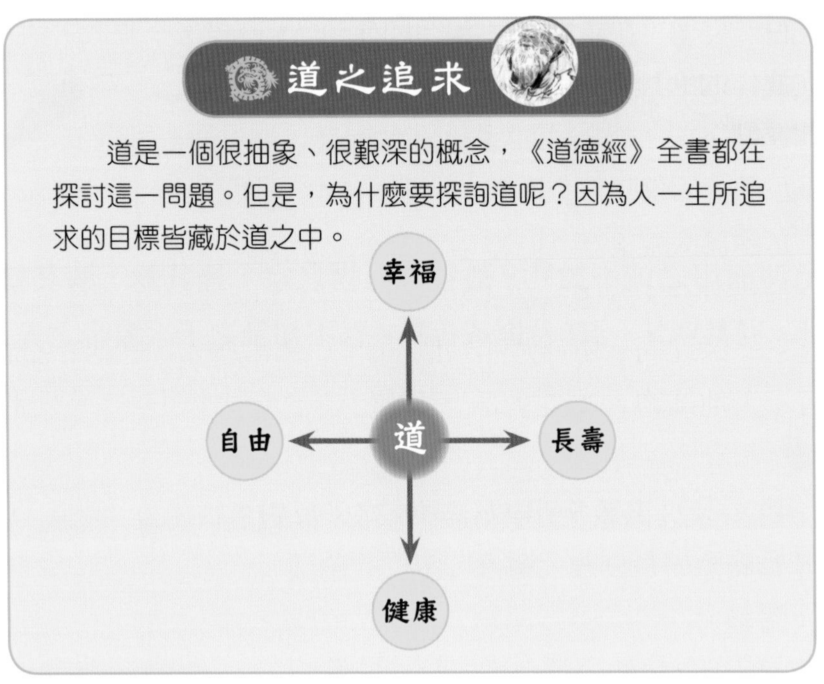

賞析

在前述幾個章節中，我們已對「道」有了初步認識，也已了解數個與道相關的名詞概念，例如，名、無、有、妙、徼、玄。但是，這些概念並沒有辦法真正解釋道的真意，主要是因為「道可道，非常道」。人類的語言和思維具有極大的局限性，所以任何概念都無法詳盡解釋道的真正內涵。在此章節中，老子對道進行了詳盡的分析：「道沖」的意思是大道本身並沒有具體的形象，它是一種完全虛空的境界；它是天地萬物的本源，因而宇宙間的一切都被它容納和控制。老子曾說宇宙大到沒有邊界，小到沒有內核，若套用現代科學術語，便稱作

> 和光同塵：指不露鋒芒，與世無爭的處世態度，後也比喻同流合污。和光，混合各種光彩；同塵，與塵俗相同。和、同，混合。

無窮大和無窮小。在廣袤的宇宙空間內，所有的物體都屬於大道掌控。大道在運作的過程中永遠也不會窮盡，它不會停息也不會損壞，它會永恆地運轉下去，它的運轉過程只可感覺，不可觸摸和觀賞。它遠遠地躲開我們，卻無時無刻不在影響著我們的生活。

正是由於大道有無形、無聲的特點，因此人類即使窮盡語言也無法真正地描述它，這讓我們感到無可奈何，只好勉強用一些貼近的語言描述它：深邃啊！彷彿是萬物的源頭，宇宙間的萬物皆由它而生，它包容了天地萬物，並主宰著一切的一切。清湛幽隱啊！它好似不存在，其實卻真實地存在。我們無論如何都沒有辦法為大道訂下一個明確的定義，我們也無法把握它的來龍去脈。它是如何生成呢？何時生成呢？來自何處又將於何時消亡呢？誰能說得清楚呢？它好像在萬能的上帝出現之前就已經存在了，因為宇宙萬物都是由它生成的，就連上帝也不例外。

那麼，道到底是什麼呢？我們可以說它什麼也不是，卻又什麼都是。而人類又為什麼要窮根究底地研究如此抽象、晦澀難懂的問題呢？從人類自身的角度而言，

桃源仙境圖　明代仇英

「道可道，非常道。」如果我們難以探尋「道」究竟是什麼，就不要再去思考了。就像「無為而治」，就算你不去尋找，它也會自然而然接近。如果我們用心感知和享受自然的美妙，我們就已走在大道上了。就像這幅圖畫的作者，他探得大自然之靈性，畫出天地之浩然，盡情、盡理、盡意、盡興。當我們的心中有了這片桃花源，也就自然得「道」了。

探討大道不僅可以幫助人們理解自己、透悟宇宙萬物，還可以建立科學的人生觀和宇宙觀。若回歸現實生活來說，道能讓人們生活得更悠然愜意、舒心幸福。還有什麼比這更有意義呢？唯有真正理解大道的人，才會採取順其自然的處世觀，對什麼都不強求，這樣的人才能真正接近大道，甚至與大道合二為一。與大道合二為一就是理解道的至高境界，達到這一境界的人心氣平和，沒有憂愁和煩惱，自然幸福美滿。推而言之，如果全人類都達到這一境界，那麼我們生活的這個地球，不就變成了人類一直嚮往的桃花源了嗎？

桃花漁艇　清代王翬

此畫溪岸夾桃，落英繽紛，一漁舟沿溪行來，山巒層疊，綠樹蒼翠，白雲湧起，水際空靈。構景疏密動靜之妙，畫面明淨雅逸，就如同晉代陶淵明《桃花源記》中「緣溪行，忘路之遠近，忽逢桃花林，夾岸數百步……」之景。自然界色彩之妙，全出於筆下。

第五章 天地不仁

原文

天地不仁，以萬物為芻ㄔㄨˊ狗❶；聖人不仁，以百姓為芻狗。天地之間，其猶橐ㄊㄨㄛˊ籥ㄩㄝˋ乎❷？虛而不屈，動而愈出。多言數窮❸，不如守中❹。

註釋

❶ 芻狗：以稻草紮成的狗，古代祭祀神靈時使用。

❷ 橐籥：風箱，古代冶煉時用以鼓風吹火的裝置。

❸ 言：政令。數：同「速」。

❹ 守中：堅守中庸之道。

譯文

天地從沒有偏私的仁愛，它將萬物視為祭祀求福用的芻狗；聖人從沒有偏私的仁愛，它將百姓也視為祭祀求福用的芻狗。天地之間，不就像一個大風箱嗎？中空但不會窮竭，愈鼓動風箱，風量也就越充足。政令名目繁多，反而會加速國家瓦解，不如始終保持中庸狀態。

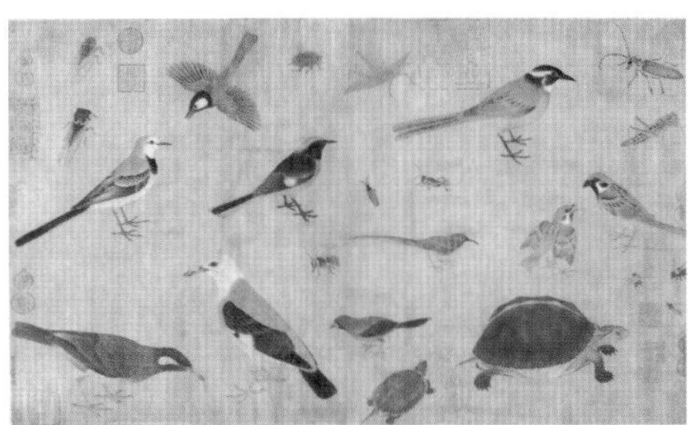

寫生珍禽圖　西蜀黃荃

天地為圖中的珍禽提供生長繁衍的環境，這並不是施加恩惠，而是自然而然的道。圖中的昆蟲、鳥雀、烏龜等均勻分布，或俯銜，或仰望，牠們之間沒有感情，卻融洽地生活了百萬年。天地賦予萬物自由，萬物因而在自在無為中無所不為。

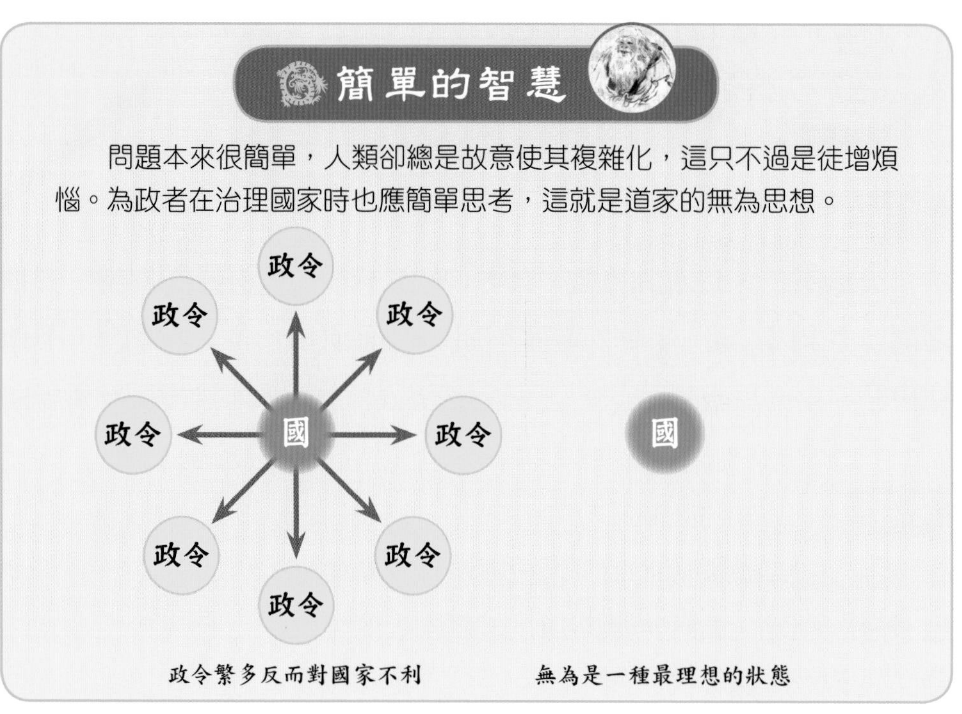

賞析

所謂「芻狗」，也就是用稻草紮成的狗，古代用於祭祀祈福。祭祀是一件嚴肅莊重的事情，在這種場合之中，芻狗被賦予特殊的象徵意義，已不再是普通的稻草小狗。然而，一旦祭祀結束之後，稻草便恢復它本身的意義，不再被人頂禮膜拜，它的地位也就發生了天翻地覆的變化，它遭到人遺棄、踐踏，最後被當成普通的稻草焚燒。稻草之所以會落得如此下場，並非人們對其存在好惡心理，而是因為祭祀活動結束，所以不再需要。

天地不仁：天地無私。在天地看來，萬物都是一樣的，沒有區別。

就如同天地一樣，它本身也沒有情誼可言，它是毫無意志的純粹自然物，它沒有任何偏好和選擇。然而它的力量巨大，無法抗拒或控制。天地所表現的一切，諸如地球的形成、人類的產生、物種的滅絕，以及若干年後人類的消亡，都是一種偶然的現象，而不是天地的意志。它沒有憐愛或刻意踐踏的情感，萬物的生成和消亡都是依照其自身的規律而發展的結果。天地沒有對萬物施加恩惠，也沒有強加干涉，所以萬物才能按照本身的發展軌跡生長茁壯，正因如此，萬物才能真正感受到天地的恩澤。

多言數窮：言多必失。比喻話說多了，就會影響和限制自己的行動；政令繁多就會令人困惑，反而難以施行。

聖人治理國家、管理子民也是如此，古代的帝王被稱為天子，是天地的孩子，也可以視為天地的化身。他效法天地管理天下百姓，不對百姓施加仁愛，將百姓視為祭祀用的芻狗。這並非不愛惜百姓，相反的，這才是真正的珍惜。為什麼呢？聖人不對百姓施加仁愛，也不任意橫加干涉，給予其一定的自由，如此一來，百姓才能感受真正的恩賜。聖人教導百姓按照自然規律行事，就不會破壞大自然的無為之道，因而百姓才能安居樂業，天下也就太平鼎盛；天下太平，國家才能長治久安、繁榮昌盛。與此相反，如果統治者沒有按照大道的原則行事，而是隨意施予百姓仁愛，統治者自然會對百姓妄加干涉。如此

義之籠鵝圖　清代陳洪綬

王羲之愛鵝成癖，為見好鵝，不辭勞苦，更不惜墨寶，「羲之籠鵝」便是講述王羲之為一名道士撰寫經書換鵝的故事。愛鵝，所以籠鵝而去，好像非常合理。但是，此種以愛為名而囚禁鵝的自由，並不是真正的愛。仁愛與束縛並肩，就不會使其得到真正的自由。

孔子聖蹟圖　明代仇英

在「孔子問禮於老子」的故事中，孔子悲嘆：「人生不知何處歸？」老子對孔子說：「人生天地之間，乃與天地一體也……生於自然，死於自然，任其自然，則本性不亂；不任自然，奔忙於仁義之間，則本性羈絆。功名存於心，則焦慮之情生；利欲留於心，則煩惱之情增。」這段對話體現了老子自然無為、守中的思想。

一來，便會使百姓脫離正軌，從而導致天下大亂。而統治者為了安定民心，平息混亂，便又會強加自己的意志，例如制定各種刑罰。最後，不但沒有安定民心，社會反而更加騷動不安，導致民不聊生，統治者的地位亦岌岌可危。所以，此種貌似仁愛的統治策略，不但害己而且害民。

橐籥就是風箱，它是一種冶金鼓風用的工具，中間是空洞虛無的，充滿看不見、摸不著的空氣。而天地之間也是中空的，恰似一個大風箱，充滿元氣的流動。正因為天地中空，才會有元氣流動其間，而且元氣無窮無盡，用之不竭。此種元氣就是主宰萬物的靈氣，它看不到、摸不著，卻又無處不在。

老子認為，我們應該效仿天地聖人，像個大風箱一般，心中空無一物，而又能包容一切。所謂空無一物，也就是不置一物於心中，包容萬物；心中坦蕩而不偏執於一物，海納百川。心的容量應該像一個大風箱，無窮無盡，這樣才能放眼宇宙，心無掛礙；才能不以物喜，不以己悲；才不會因為外物而影響自己的情緒；才不會輕易品頭論足他人的是非對錯，妄下論斷。他人的是非和自己有什麼關係呢？為什麼要以他人的錯誤懲罰自己呢？人類是情感豐富的動物，有喜怒哀樂，但依然可以控制自己的情緒，無所為也就是真正的無所不為。

老子認為「無為而治」的政治主張，不僅適用於治理國家，為君王的統治寶典，更適用於一個又一個的人類個體。唯有將自己與大道緊密相連，甚至融為一體，才能獲得真正的自由和幸福，這便是大道的完美境界。

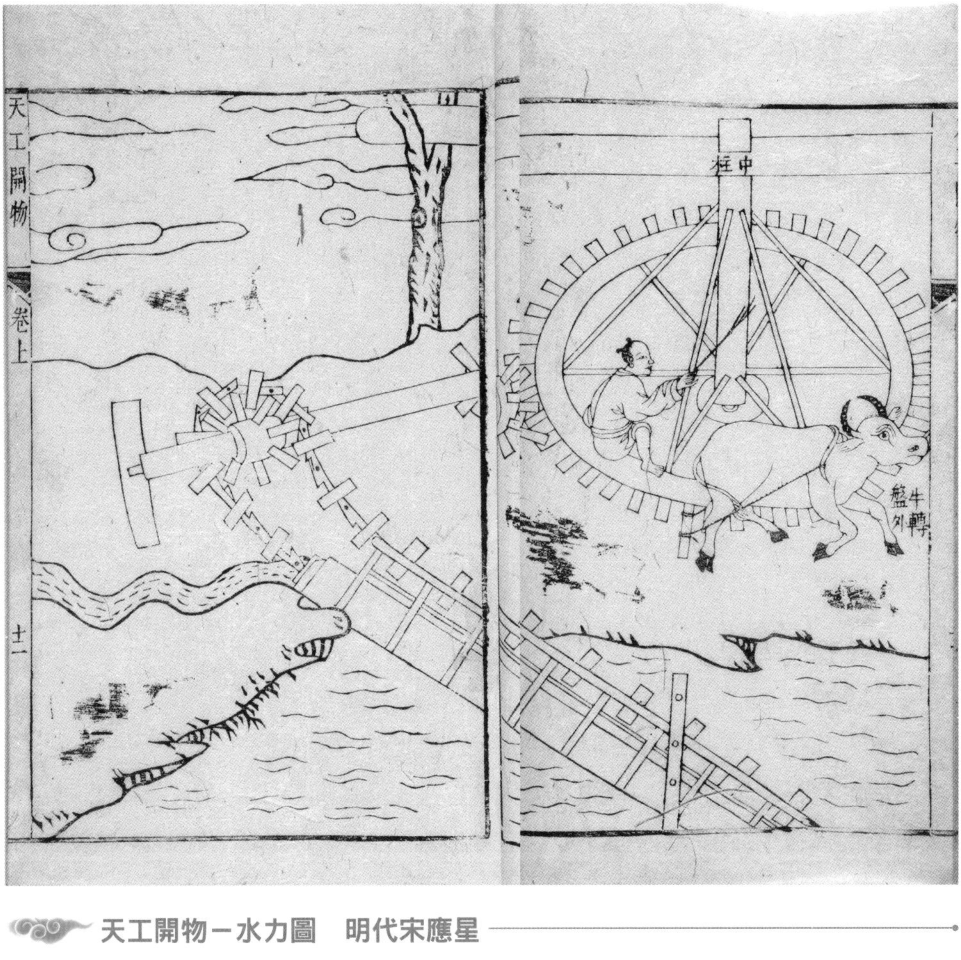

天工開物－水力圖　明代宋應星

水車是由一根根的木製輻條所構成，雖然中間虛空，沒有可以裝水的地方，但卻能透過人力轉動，將低處的水引至高處，用以灌溉農田。水車中空卻實用，這使它具有與自然之道合而為一的靈性。

第六章　玄牝之門

原文

谷神不死❶，是謂玄牝（ㄆㄧㄣˋ）❷。玄牝（ㄆㄧㄣˋ）之門，是謂天地根❸。綿綿若存，用之不勤❹。

註釋

❶ 谷神：生養之神，也可解釋為宇宙原始的母體。

❷ 玄牝：微妙化生，指道化生萬物，而不見其所以生。玄，幽遠微妙。牝，雌性動物或雌性的生殖器官。

❸ 根：根源、起源。

❹ 勤：不勞倦、不窮竭。

譯文

原始的母體是永恆不滅的，即是生育天地萬物、高深莫測的根源。奧妙的神母，被稱為天地生成的本源。它綿綿不絕地存在，用之不盡，取之不竭。

廬山瀑布圖　清代高其佩

人類能夠世世代代生存，得益於無窮無盡的繁衍後代行為。老一輩離去，新一代成長；無中生有，有又變無。這一切變化永續進行，沒有開始，也沒有結束。

道經

賞析

「谷神」並非指稻穀之神，「谷」指山谷，山谷總是空蕩蕩的，因此老子用山谷形容大道的虛無；而空蕩蕩的山谷適合生養萬物，亦恰好可以用來形容大道生萬物。「神」則是指孕育萬物的能力，和不拘於形式的過程。谷和神合起來就是「谷神」，可以理解為大道虛空，生養萬物，其精髓就是生生不息、綿延不絕。

該如何理解「玄牝」一詞呢？「玄」指幽遠微妙；「牝」指雌性的生殖器官。「牝」本寫作「匕」，是象形字，形狀如同女性的生殖器官。在科學不發達的古代，人們對於女性生兒育女無法有確切的解釋，因此對女性的生殖器官充滿崇拜，甚至畏懼。當人們看到一個女子的肚子一天天隆起，十個月後，小生命呱呱墜地，這是多麼神奇的一件事啊！古人不知道精子和卵子的結合才是孕育生命的開始，因而認為女性的生殖器官必然蘊涵著無數奧妙和玄機，所以才能神奇地從「無」生出「有」。

大道生萬物就如同人類的孕育

松壑觀泉　元代馬琬

人與自然是一體的，但隨著時代發展，人的私欲越來越無限膨脹。人類困在爭名逐利的泥沼中，無法自拔，天天悲憤怨恨，內心痛苦不堪。如果可以將自己的心從沼澤中掙脫出來，與自然同呼吸，與萬物共命運，你就會發現自己變得如同圖中的松壑清泉一般，平和清靜。

過程，它充滿奧祕又不為人所目睹，正因為無法親眼所見，所以更顯得它的神祕和深奧。大道和女性的不同點在於，大道生育萬物的能力是無限的，它會綿綿不絕地永遠存在，因而說「谷神不死」，大道怎麼可能會滅亡呢？

「玄牝之門」則是指大道生育的根源。它存在嗎？又在哪裡呢？如果大道存在牝門，那大道也就是實體了，能夠看得見、摸得著。但是，其實大道是看不見也摸不著的，所以，大道的牝門存在於「無」的狀態中。「無」的狀態無處不在，充盈於整個宇宙，無中生有，有又變無。「無」的孕育是毫無蹤跡且無法尋覓的，從整體到分散，再由分散聚為整體，包含一切變化。它永遠不會枯竭、停息，無所謂開始，也無所謂結束。

喧囂的生活，常常使我們的內心無法歸於平靜。人類往往忙於滿足自己的欲望，而無暇顧及靈魂的呼喊，更沒有聆聽天籟之音的情趣。我們的生活忙碌而平庸，我們常會聽到「忙啊、忙啊」的悲怨，這是在怨天怨地，還是怨自己呢？是因為生命的短暫，所以才要窮盡一生去汲汲營營嗎？究竟要如何才算是窮盡呢？這些問題的答案在哪裡呢？熄滅內心燃燒的火苗，坐下來平心靜氣地閱讀《道德經》吧！在理解大道的真意後，我們自然豁然開朗。按照「道」的規律發展自身的優勢，不僅省時省力，且還會收穫意想不到的效果。

第七章 天長地久

原文

天長地久，天地所以能長且久者，以其不自生❶，故能長生。是以聖人後其身而身先❷，外其身而身存❸。非以其無私邪ㄧㄝˊ？故能成其私❹。

註釋

❶ 以其不自生：指天地的運作不為自己，或其生存不為自己。

❷ 後其身而身先：把自身放在眾人之後，反而會得到眾人的愛戴擁護。後其身，一種謙讓與收斂的精神。

❸ 外其身而身存：把個人置之度外，反而可以保全生命。

❹ 成其私：成就自己所追求的功業。

雍正行樂圖　清代佚名

人類生活在天與地之中，就應該如同地球上的其他生物一樣，順應天地所創造的自然規律。圖中描繪岸邊巨石之上的雍正皇帝，他正穿著道裝，左手揮舞麈尾，右手合捻，口中念念有詞。但見波濤翻滾，一條蛟龍豁然躍出水面，張牙舞爪，煞是壯觀。雍正皇帝命畫家將自己繪為道士形象，顯現其與道家之間絲絲縷縷的關係。

譯文

天長地久，天地之所以能長生且永久，是因為天地順應自然而生，而不是單純為自己而生，如此一來，天地便得以長生。聖人謙虛謙讓，退身於他人之後，如此一來，反而能獲得眾人的愛戴與擁護；將自己的生死置之度外，如此一來，反而能保全自身。這不正是因為聖人的無私嗎？所以聖人才能成就他自己。

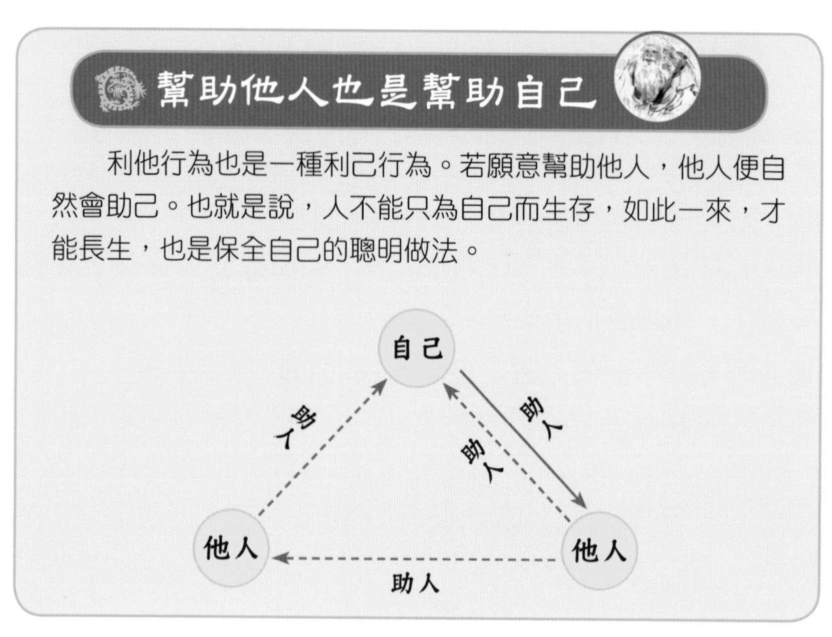

賞析

我們從出生的那一天開始，就看到「天」高懸在頭頂，它雖然高高在上，但卻並不自滿自大；有時候它雖然也會發怒，會在我們的頭頂電閃雷鳴，但大多數時候還是晴空萬里、溫文寬厚，「天」像極了我們的嚴父。「地」則相反，它甘願位居人下，胸懷萬物，它默默承受眾人的粗暴踐踏，從不輕易展現自己的威力。它堅韌、勇敢、無畏，就像我們的慈母，一直默默地奉獻自己的愛，從不奢求回報。天地是那麼高深莫測，是那麼深奧玄祕，彷彿離我們很遠卻又離我們極近。我們無法真正理解它們，但又無時無刻不生活在它們的身體裡，無時無刻不受它們的影響和制約，但這種影響和制約是相對而不是絕對的。「天地不仁」，天地對我們沒有仁愛和恩惠，所以也就對我們沒有約束。

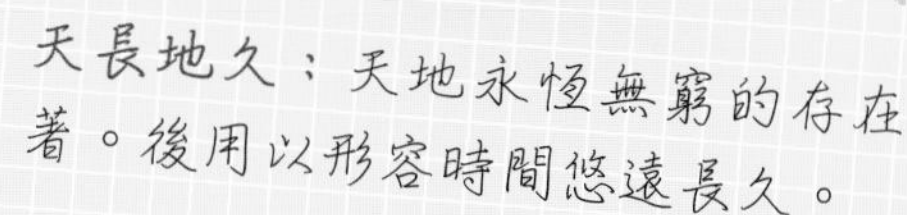
天長地久：天地永恆無窮的存在著。後用以形容時間悠遠長久。

在人類所能觀察和理解的範圍內，唯有天地是長生不老的，它們無所謂青春和年老，它們是永恆存在的，因而人們常用「天長地久」以表達自己美好的祝願。

為什麼萬物都有消亡的那一天，而唯獨天地的壽命悠遠長久呢？在《道德經》中老子提出自己的觀點，即「以其不自生，故能長生」。這句話是什麼意思呢？天地之所以能長生不老，最根本的原因就在於它們沒有意識、沒有思想，不知道自己為「生」。而沒有「生」的概念，也就無所謂「死」。正因為天地沒有意識，不知道自己正處於生存的狀態，當然也就不會有死亡的到來，所以長生不老也是情理之中。

然而，人類根據自己的主觀臆斷理解宇宙萬物，並試圖用自己的智慧改變大道的自然形態。也就是說，人類想要成為宇宙萬物的主宰者，試圖支配宇宙萬物，我們為宇宙萬物命名，宇宙萬物無不打上人類的主觀印記。老子在第一章中就點明「道可道，非常道；名可名，非常名」，人類自私地將宇宙萬物強加入自己的主觀判斷和命名，便使得宇宙萬物失去其原本的真意。

而聖人則知道什麼該為、什麼不該為，他們能摒棄人性的弱點——自私，做到謙虛退讓、與世無爭，因此可以在眾人中獲得愛戴擁護，而居於人前。聖人遵循大道的發展規律，將宇宙萬物的發展變化視為自然而然，不對萬物強加自己的意志，所以能與大道共生共存。

我們說天像父，地如母，天地生養我們，而且還會保佑並懲罰我們。為什麼這樣說呢？當我們違背自然規律的時候，天地便會毫不留情地懲罰人類的無知，因為天地是嚴格遵循自然規律的，儘管他們遵循自然是無意識的行為，但正是因為遵循自然的發展規律，所以他們才得以長生不老，這便是天道。也就是說，如果人類想要與世長存，就必須遵循天道的根本，心存無私，將他人放在自己之前，而不是只考慮自己。如此一來，我們才能真正擁有自己，也才能得到他人的敬重。自私自利或許能得一時之小利，但卻會因此失去許多成就大事的機會，是得不償失的愚蠢行為。

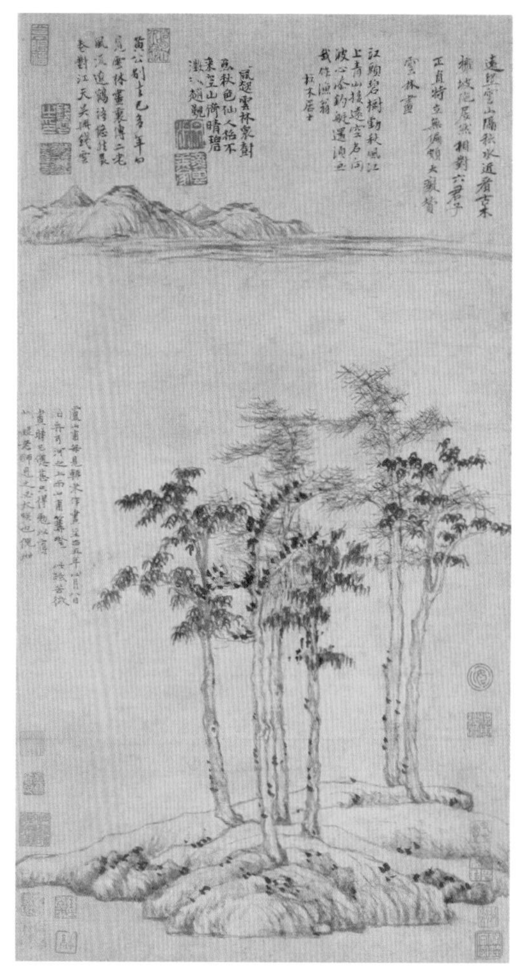

六君子圖　元代倪瓚

圖中有松、柏、樟、楠、槐、榆六種樹木，疏密掩映，姿勢挺拔。圖後有元代黃公望題詩云：「遠望雲山隔秋水，近有古木擁披陀。居然相對六君子，正直特立無偏頗。」《六君子圖》因此得名。圖中的六種樹木不爭不搶，不偏不倚，方成就六君子。

第八章 上善若水

原文

上善若水❶。水善利萬物而不爭，處眾人之所惡❷，故幾於道❸。居善地，心善淵，與善仁，言善信，正善治❹，事善能❺，動善時❻。夫唯不爭，故無尤❼。

註釋

❶ 上善：最善。上，最。

❷ 惡：厭惡。

❸ 幾於道：接近於「水」之道。幾，接近。

❹ 正：同「政」，為政。

❺ 能：能力。

❻ 時：時機。

❼ 尤：怨咎、過失、罪過。

廬山高　明代沈周

此圖為畫家賀其老師陳寬七十大壽之作，讚揚陳寬的與世無爭，將其浩蕩的胸襟與壯麗的自然相融合。在圖中的落款上，畫家寫下：「廬山高，高乎哉……培塿何敢爭其雄？西來天塹濯其足，雲霞旦夕吞吐乎其胸……榮名利祿雲過眼，上不作書自薦，下不公相通。」

譯文

最優良的善就如同水的品德，水滋潤養育萬物，且不和萬物爭名奪利。水甘居於眾人所厭惡的卑下垢濁之處，所以水最接近於大「道」。為政者應如水一樣，安於應處的地位，心如同深淵一般寧靜，以善心與他人往來，說話言而有信，為政有條有理，做力所能及之事，行事善於把握時機。正因為與事無爭，所以就不會招致怨恨。

賞析

人每天都要喝水，從而滿足身體的需要，離開水，人就無法生存。不光是人，自然界的所有生物都離不開水，水是生命之源。

水無色無味又無狀，用什麼形狀的容器盛裝它，它就呈現什麼形狀。它生性溫柔，就像一個柔弱無比的少女，羞澀柔韌，而又隨遇而安。用水壩攔截它，它就靜止不動；用利斧砍伐它，它就默默承受，且不會受傷流血；將它無情地拋棄到空中，它就凝結成水珠，圓潤地飄灑在地上，且不會摔得頭破血流。它善於變化以保全自己，它遇冷便會凝結成冰；遇熱便會轉化為氣體；遇水則合二為一，遇風則翻滾為一朵朵浪花。不管水以什麼形式出現，它始終保持著自己的美麗和溫柔，它雖然看起來很渺小，卻成就了黃河和長江的浩瀚。但是，以上這些都還不足以說明它的特質，水無論身處多麼顯貴的高位，最後，它依然謙卑地向下流淌。這一點和人類恰好相反，人總是鐘情於高處，彷彿只有不停地高攀，才能實現自身的價值。人人都渴望往高處攀登，所以難免彼此競爭，有競爭就有爭鬥，有爭鬥就會有人傷亡。水比人類明智，它總是甘居下位，滋潤萬物而不居功自傲，清淨無為而又無所不為。

上善若水：比喻為人處世的最高境界。即做人應如水，水滋潤萬物，但卻從不與萬物爭名奪利。

《荀子·王制》曾說：「君者、舟也，庶人者、水也；水則載舟，水則覆舟。」水擁有無限巨大的力量，當人們違背自然規律時，它就會顯現自身的威力。歷史上所發生的洪澇災害都是水對於人類行為的無聲抗議。

水和大道十分相像。大道無形，大道柔軟，不與宇宙萬物相違逆；大道生養萬物，但不與萬物爭高下，不求萬物的報答；大道謙遜，不居功自傲。大道具有巨大的威力，它會令那些理解它的人平靜如水，摒棄雜亂和煩躁，內心充實而沒有煩惱和憂愁。和大道同步而行的人心境平和，物我兩忘。

在《道德經》中，老子認為擁有最高德行的人就如同水一般，具有寬廣的胸懷、謙遜的品格、與世無爭的情操和寬厚誠實的作風，這些都是最接近大道的本質，也是人類應該效仿的德行。具體來說，老子認為聖人的心胸必須像水淵一樣，寬廣無邊、清湛悠然；要像水的流勢一樣，謙虛卑下，不可處處與人爭高低；要擇地而居，對待他人必須親切自然，以誠相待，老實厚道；為人處世要重諾守信，如同潮汐一般，起落守時。

秋山琳宇圖　宋代燕文貴

在「孔子問禮於老子」的故事中，孔子說：「眾人處上，水獨處下；眾人處易，水獨處險；眾人處潔，水獨處穢。所處盡人之所惡，夫誰與之爭乎？此所以為上善也。」水居險山，明明身居高處，卻還是要謙遜地往下流。水不與萬物爭奪名位，卻造就了山水相依的美景。

不止是這一章節，老子在《道德經》的其他章節也多次提到水，他將水視為人格的最高境界和完美表達。他諄諄告誡世人，言談舉止要如流水行雲，循循善誘，悠然灑脫。而對於統治者來說，施政要如同水一樣，採取低姿態，必須有滴水穿石的精神，慢慢深入人心；要使用懷柔政策，以柔克剛，而不是堅持強硬的姿態，逼民就犯。

水是有靈性的，它懂得遵循自然，順勢而為，不與人相爭，如此一來，既成全別人也保全自己，因而不會遭受他人的怨恨和嫉妒。若人類擁有如同水一般的品格，就能助人而自樂，與世無爭，恬淡自然；就能避免與他人發生矛盾衝突，免去患得患失的精神折磨。如果能夠做到如同水一般的品格，就能與大道協調一致，就可以免去紛爭、免去紛擾、免去痛苦、免去煩惱，就能逍遙自在，賽似天仙。

第九章 功遂身退

原文

持而盈之❶，不如其已；揣而銳之❷，不可長保。金玉滿堂，莫之能守；富貴而驕，自遺其咎❸。功遂身退天之道❹。

註釋

❶ 持：執、握，即把持。盈：滿，即豐盈。

❷ 揣而銳之：將鐵器磨得又尖又利。揣，錘擊、鍛造。銳，尖利。

❸ 咎：禍咎、災禍。

❹ 天之道：自然規律。

譯文

與其手執即將滿溢的物品，不如適可而止；若將鐵器磨出鋒利的刀刃，便無法長久保持刃的尖利。金玉滿堂，便無法長久保存；因富貴而驕縱，便是咎由自取。功成身退，才是自然運行的準則。

青花蕭何月下追韓信圖梅瓶　元代

韓信是西漢開國名將，由蕭何引薦給劉邦，為漢朝立國建立許多汗馬功勞，卻也因此引起劉邦猜忌。在項羽自殺後，韓信的勢力便被一再削弱，最後被控謀反，被呂雉（即呂后）及蕭何騙入宮內，在長樂宮鐘室內殺害。「成也蕭何，敗也蕭何」，即是韓信功成身未退的慘烈寫照。

道經

賞析

在芸芸眾生之中，誰不追逐名利、貪愛財富、傾慕榮華呢？能做到超然物外者又有幾人呢？生活在現實世界裡的人們，不可能不食人間煙火，我們要吃、穿、住、用、行，這是最基本的需求。而當這些需求得到滿足之後，我們還會積極地思考如何實現自身的價值。馬斯洛的需求層次理論告訴我們，人的需求分為五個等級，當低級的需求得到滿足之後，我們就會迫切需要滿足自己更高層次的需求，這是十分簡單而又非常複雜的道理。

說它簡單是因為提到需求，每個人都深有體會，不難理解。說它複雜是因為每個人的需求不同，對需求的理解也不同，

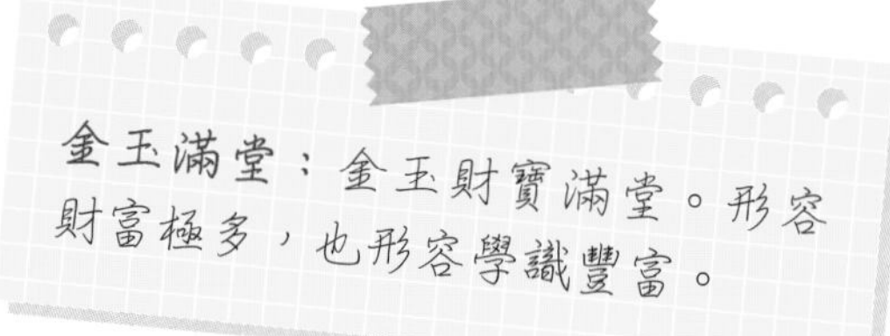

這是就個體而言；若從整體上來說，人類的貪欲是永遠都無法滿足的，這一劣根性決定了人類會不斷追逐名利和富貴。但是，若我們成功名利雙收，又該如何留住它們，而不致使它們如雲煙般飄散呢？這一章節講得就是如何永久掌握名利和富貴。

功成身退：功業成就後，就退休歸隱。身，自身、自己。

我們先從生活中的小常識談起，這也是老子在本章節開頭點及的重要問題。

若手拿一個杯子，不停往裡面加水，當水滿的時候，我們依然繼續往裡面加水，結果會如何呢？這是三歲小孩都能回答的問題，水滿了當然會溢出來。換一個問題：若我們在拉滿弓後繼續用勁拉，結果會如何呢？毫無疑問，弦當然會被我們拉斷。這兩個小問題同出一源，那就是「滿招損」，這個道理無人不知，無人不曉，但若要連結到實際的生活和自身的欲望，恐怕就沒有什麼人能夠真正明白了。

人的欲望是無止境的，這是人的本性使然。而人類該如何克服自身的弱點，這是個非常重要的問題。

讓我們看看鋒利的劍吧！它又尖又銳，鋒芒畢露，然而鋒刃易鈍，再磨再損，不久就會被人捐棄。因而老子認為越尖銳的東西，越不容易長久保存。

人生一世，草木一秋，如此比喻人生，聽起來有些消極，但也不違背常理。人生的短暫和草木的轉眼枯亡沒有本質上的不同，所以我們一想到自己的年齡就發愁，不禁哀怨日子太過匆匆。有人在短暫的一生裡拼命撈取金錢，試圖以財富證明自身存在的意義；而有的人一心出名，想透過名聲以證明自己沒有虛度光陰。於是，人們開始爭名奪利，為了實現自己的願望，他們不惜出賣靈魂，結果得到的遠沒有付出的更多，這是何苦呢？當然，老子並不反對人們採用正當手段獲取金錢和名利。但我們必須了解，人總是赤條條地出生，又赤條條地死亡，富貴和名利終究分毫也帶不走。

古往今來，沒有人能永遠保存自己的名位抑或財富，即使是財富和權力傾天下的王公貴族，甚或一手遮天的帝王，也無法保留自己的地位和財富。他們命令後人將珠寶和自己的屍體埋葬在一起，並安裝各種機關，以求保全自己生前所擁有的榮華富貴。可他們無論如何也不曾想到，就在他們被安葬後，盜賊潛入他們的墳墓，將陪伴他們的金銀財寶洗劫一空，並將他們的屍首拋棄荒野。這是多麼悲慘的結局啊！更有甚者，連自己的屍體也被偷走了，因為他們身上穿的是金縷玉衣，如此，他們不但失去了珠寶，更失去了自己。

老子在這一章告誡我們：「物極必反。」太滿會溢，太尖利會斷，啟示我們必須適可而止、進退有度。暴露鋒芒就會遭人嫉妒和陷害，不如退而隱之，即「功遂身退」，絕不可無限度地滿足自己的欲望。退而隱之不只是形式上的退居深山，而是有功不倨傲，有名不恃名，有財不揚財，也就是遵循大道。

大道就是如此，它滋養萬物而不居功，沒有恩義的對待，也就無所謂報答；萬物接受大道的恩典，也從不報答。大道和萬物彷彿毫無關聯，所以也就沒有怨恨和嫉妒，一切都是自然而然。唯有和大道同步，人類才能收放自如、進退有度，才能達到失亦是得、退亦是進的境界。

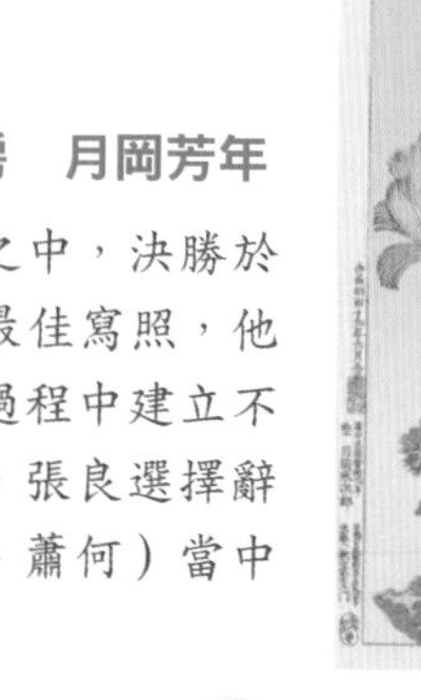

月百姿－雞鳴山之月－子房　月岡芳年

張良，字子房。「運籌於帷幄之中，決勝於千里之外」是漢代開國謀臣張良的最佳寫照，他為劉邦擊敗項羽，並在漢朝立國的過程中建立不可磨滅的功勞。在官拜大司馬之後，張良選擇辭官歸隱，是漢初三傑（張良、韓信、蕭何）當中唯一一位得以善終的人。

第十章 長而不宰

原文

載營魄抱一❶，能無離乎？專氣致柔❷，能嬰兒乎？滌除玄覽，能無疵乎？愛民治國，能無為乎？天門開闔❸，能為雌乎❹？明白四達，能無知乎？生之畜之，生而不有，為而不恃，長而不宰，是謂玄德❺。

註釋

❶ 載：語助詞，相當於「夫」。營魄：魂魄。抱一：合一。

❷ 專氣：集氣。專，集聚。

❸ 天門：解釋不一。一說為耳、目、口、鼻等人的感官；一說為興衰治亂之根源；一說為自然之理；一說為人的心神出入，即意念和感官的配合。

❹ 雌：泛指陰柔之性，此處指寧靜、靜篤。

❺ 玄德：玄妙幽深的德行。

濟公圖　清代王震

傳說，濟公總是以嬉笑幽默的方式見義勇為，為他人打抱不平，可謂是大智若愚的典型人物。此圖中的濟公蓬頭垢面，大耳垂肩，身著舊僧衣，一腳著履，一腳穿屐，手持破扇，回頭竊笑。正如同畫家在落款處的題字：「說我瘋來我就瘋，莫怪瘋人無道理，我笑他人解不通。」

譯文

若形神合二為一，便能永遠不分離嗎？若聚集精氣達到柔和，便能像嬰孩一般嗎？若清除私心雜念，便能心明如鏡，沒有一點瑕疵嗎？愛民治國，能自然無為嗎？口鼻開閉，呼吸吐納，能綿長靜謐嗎？能夠明亮坦蕩，四通八達，無執無著嗎？天地生長萬物，養育萬物，孕育而不佔有，養育而不自恃有功，滋養萬物而不主宰萬物，這就是自然無為且最為高深的德性。

賞析

人類被稱為「萬物之靈」，主要是因為人類擁有精神和意志，能夠獨立思考和判斷。人類通常會對生活周圍的事物有自己的評判標準，人的主觀意識在此發揮它的重要作用，人們就是透過此番主觀對客觀的思索，以改造周圍的世界。然而，人的靈魂和意識所能發揮的作用其實尚有很大的局限，所以我們難免犯錯，常常造成無法挽回的損失，我們為此懊悔、痛苦。擁有情感體驗是人類區別於其他生物的重要標誌之一，人和其他生物為什麼會有這種區別呢？其他生物為什麼沒有痛苦和煩惱呢？

人類常常會有心有餘而力不足的感覺，也會有力有餘而心不足的深切體會。這主要是因為我們的靈魂和肉體經常處於分離的狀態，無法達到合二為一的境界。靈魂擁有一雙輕盈的翅膀，它總能飛到很高的高處，但我們的肉體卻顯得十分笨重，無法和靈魂一起飛翔，於是就出現靈魂在高處、肉體在低處的情況。當然，我們也可以把靈魂比喻為理想，肉體比喻為現實，理想和現實總有一段極遠的差距，而且，美麗的理想在殘酷的現實面前常常會變得不堪一擊。理想和現實分離的狀態，常常令人們感到痛苦、無奈而又彷徨。

現在，我們再來探討前面所提到的兩個重大問題，人之所以有痛苦、懊悔的情感，是因為人類擁有七情六欲。當我們的情感需求和自身欲望得不到滿足時，就會感到迷惘和失落，這種情感的根源就在於人的肉體和靈魂不統一。而其他生物則不同，它們的身體和心理合一。其他生物並不具備完整的心理精神體系，不能獨立思考，也無法進行意識判斷，它們對任何事物都不會產生情緒，自然也就不會感到失落或痛苦。

我們常以「庸人自擾」形容無端痛苦和煩惱的人。但是，這個「無端」其實是「有端」的，只是這個「端」微乎其微、不值得計較罷了。在現實生活中，有多少人能不被俗事困擾呢？不被俗事困擾者只有兩種人，一是聖人，二是嬰孩。嬰孩不諳世事，萬事皆清，頭腦渾沌，不知何物為何物，不知何事為何事，只知餓了就吃，困了就睡，不去思考，一切順應人的自然本性，當然不會有煩惱和痛苦，他的靈魂和肉體是合二為一的。而聖人不是天生的，他必然也曾經歷庸人的階段，他感受過痛苦和煩惱的滋味。聖人因為不想讓自己再感到痛苦，所以選擇和大道同步而行，達到靈魂和肉體和諧統一；做到專氣致柔如嬰孩一般；做到心鏡

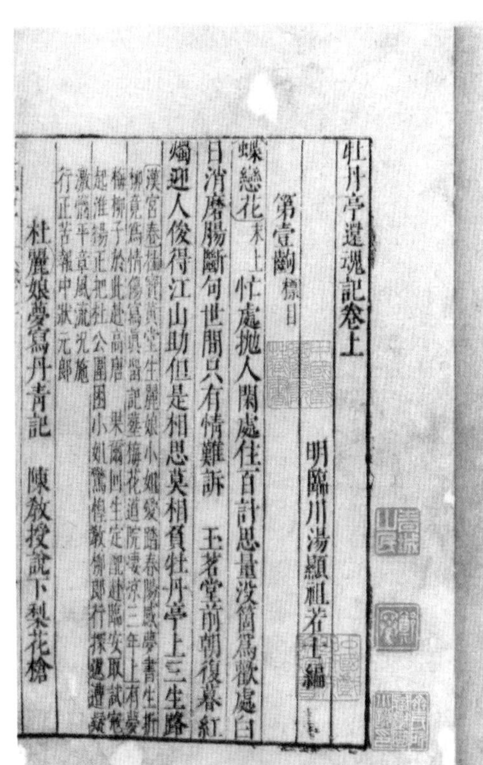
牡丹亭還魂記卷上　明臨川湯顯祖若士編

第壹齣　標目

蝶戀花　末上　忙處拋人閑處住百計思量沒箇為歡處白日消磨腸斷句世間只有情難訴　玉茗堂前朝復暮紅燭迎人俊得江山助但是相思莫相負牡丹亭上三生路

漢宮春　杜寶黃堂生麗娘小姐愛踏春陽感夢書生折柳竟為情傷寫真留記葬梅花道院淒涼三年上有夢梅柳子於此赴高唐果爾回生定配赴臨安取試寇起淮揚正把杜公圍困小姐驚惶教柳郎行探反遭疑激惱平章風流況施行正苦報中狀元郎

杜麗娘夢寫丹青記　陳教授說下梨花槍

牡丹亭還魂記　明代萬曆刻本

明代《牡丹亭》第十齣〈驚夢〉中，女主角杜麗娘發出「良辰美景奈何天，賞心樂事誰家院」的感嘆。她傷感眼前美景無人欣賞，恰如美麗的自己被關在深閨大院中無人愛慕。在夢到情人柳夢梅後，杜麗娘飽受相思煎熬，最後鬱鬱而終。這種痛苦的根源，就在於人類的肉體和靈魂不統一。

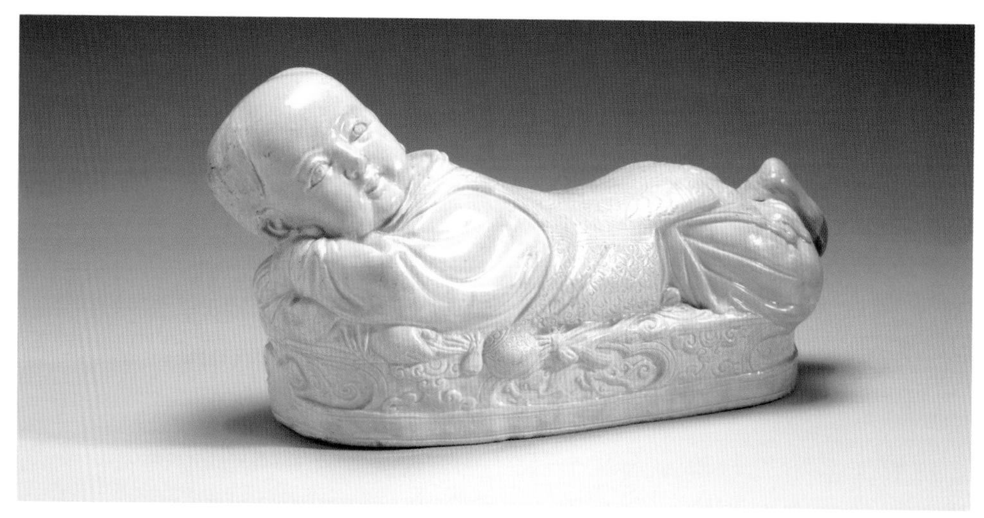

白瓷嬰兒枕　宋代定窯

此嬰兒枕以男童為造型，男童曲肱雙腳彎曲交疊伏臥於臥榻上，臀部微翹，雙眼圓睜，口齒微張，神情天真可愛。君主治理國家應如同此男童一般，自然無為，順應天性。

明淨而無瑕疵；做到寧靜無欲而逍遙自在；做到不受知識的局限而透悟真理。

此處的「專氣致柔」就是將自己的精神和元氣凝聚，我們必須透過心靈的活動，才能達到精神和元氣相合。心靈就像一面鏡子，宇宙萬象透過此鏡盡覽無餘，而鏡面必須經常擦洗，去其污垢，才能明察世間百態。

作為統治者，治理國家也是如此。要如同嬰兒一樣無欲無為，順應自然本性，而不強加任何人為的因素。在前面的章節中，我們已多次討論「無為而治」才是真正的治國良方，採取強硬措施不但不利於安定民心，反而會釀成天下大亂。

無之為用

原文

三十輻(ㄈㄨˊ)共一轂(ㄍㄨˇ)❶，當其無❷，有車之用。埏(ㄕㄢ)埴(ㄓˊ)以為器❸，當其無，有器之用。鑿戶牖(ㄧㄡˇ)以為室❹，當其無，有室之用。故有之以為利，無之以為用。

註釋

❶ 輻：車輪中連接軸心和輪圈的木條，古代車輪由三十根輻條所構成。
　轂：車輪中心的圓木，用以穿插車條並連接車軸。

❷ 無：轂中間空洞的地方。

❸ 埏埴：用水和泥製作陶器。埏，用水混合泥。埴，泥土。

❹ 戶牖：門窗。

譯文

一個車轂的周圍圍繞有三十根輻條，正因為輻條拱成一個中空之處，才有了車輪；攪拌黏土製成陶器時，正因為陶器的中間中空，才有容器的用途；開鑿門窗建造房屋時，正因為房屋的中間中空，才有房屋的用途。總而言之，「有」可得利，「無」可為用。

瓜式提樑壺　宋代定窯

如果瓷壺是實心灌注的「有」，也就沒有能盛放東西的「無」。瓷壺的有形體只是為了放置東西更加便利，若沒有「空無」，瓷壺也就失去其功用。

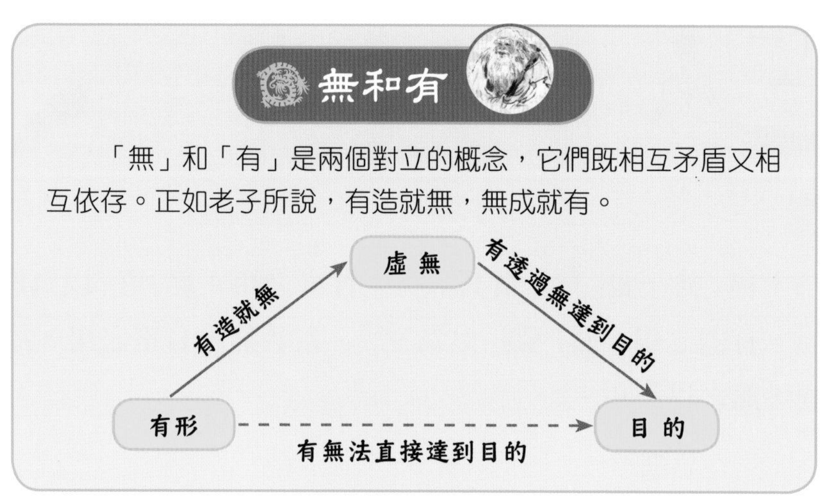

賞析

在此章節中，老子所要闡述的是「無」和「有」的辯證關係。「無」和「有」相互矛盾，而又相互依存，沒有「無」，也就無所謂「有」，它們是對立的關係。在這裡，我們必須先明確指出，此章節的「無」和「有」，和第一章所講述的「無名天地之始；有名萬物之母」的「無」和「有」，是完全不同的概念和範疇。

老子在此章節舉了三個例子說明。一、車輪中間空無，可以用來放車軸，從而發揮車子的功用。二、瓷器中間空無，可以用來盛放物品，從而發揮瓷器的功用。三、房子中間空無，可以用來居住，從而發揮房子的功用。

同樣的例子不勝枚舉，老子透過這三個簡單易懂的例子，說明一個道理：任何一個物體的有形之處，都只是為了實現某一目的所設置的，真正有實際作用之處正是它虛無的地方。但是，老子將「無」作為主要的觀察對象加以考察，其實具有很大的漏洞。因為，如果沒有車輪、瓷器、房子這些有形物體的存在，中空的「無」又怎麼會存在呢？「無」又如何能發揮老子所說的作用呢？所以，僅僅強調「無」

經

的作用是不合理的。但是，不管如何，老子所要強調的是，千萬不可以輕忽「無」的作用。

另外，戰國時期的莊子也曾提到「無用之用」的概念。在《莊子》一書中，就列舉了許多例子。例如，《莊子．內篇逍遙遊》就有一則故事，莊子的好友惠施曾對莊子說：「有一棵很大的樹，樹名為『樗』。這棵樹的主幹樹瘤盤結，樹枝也凹凸扭曲，完全不合乎繩墨規矩。這棵樹就長在路旁，但從來沒有任何一位木匠想要砍伐它。依我看，你所講的話也就和這棵大樹一樣，大而不實用。」莊子回答：「你沒有看過狐狸和野貓嗎？牠們為了捕食而東竄西跳，常常不管不顧，因而身中陷阱，死在機關之中。而犛牛的身軀雖然龐大，但牠卻不能捕捉老鼠。現在，你有一棵巨大的樹木卻嫌棄它沒有用處，那麼，為什麼不把它種在廣大而空曠的地方呢？冬天無事之時可以側坐在樹旁，也

八十七神仙卷（局部）　佚名

此圖描繪的是道教傳說中的東華天帝群、南極天帝群，與眾仙官、侍從、儀杖、樂隊等八十七個神仙，眾人同去朝謁元始天尊的情形。人類覺得自己的生活充滿痛苦，於是衍生出神仙所居住的極樂世界。神仙無欲無求，各司其職，代表人類某些完美的理想。這些幻象或許能一時慰藉心靈，但終究取代不了現實生活。

可以逍遙地躺在樹下。這棵大樹因為無用，所以不會在斧鋸之下夭折，也沒有人會危害它。正因為大家都認為它沒有什麼用處，才能遠離災難啊！」

話說回來，雖然老子將「無」作為主要的觀察對象會出現很大的漏洞，但就此章節中「無」和「有」的辯證關係而言，這一思想其實具有許多借鑑價值。在現實生活中，我們常將「無」當成「有」，為根本不存在的事物煩惱憂愁。例如，有人幻想自己中了樂透一億。原本是個窮光蛋的他，因為不知道該如何利用這筆巨額財產，整天躺在床上苦思冥想，即使太陽爬上了山，他也毫無知覺。在他人都在辛苦地開墾荒地、賺錢謀生的時候，他依然躺在床上，沉浸在自己的美麗幻想中。日子就這樣一天天過去，他依然躺在床上不願從自己的美夢中醒來，最後餓成皮包骨，一點力氣也沒有。直到臨死前，他還在妄想著：「我的烤鴨該上桌了吧！」

在現實世界中，有像上面所說的「無」中生「有」的幻想家；也有不知道該如何正確對待「有」的人，而且這種人不在少數，我們大多數人都會犯這樣的錯誤。對於我們自身所擁有的東西，我們該如何正確看待呢？我們應該始終保持謙遜的態度，做到「有功」而不自居；「有才」而不自傲；「有力」而不亂用。「有」和「無」其實是可以互相轉化的，我們擁有的東西也有可能瞬間化為烏有。唯有保持謙卑自牧的心態，如此一來，在對待自己所持有的東西時，才能真正地擁有它們。

第十二章 聖人為腹

原文

五色令人目盲❶，五音令人耳聾❷，五味令人口爽❸，馳騁畋（ㄊㄧㄢˊ）獵令人心發狂❹，難得之貨令人行妨❺。是以聖人為腹不為目❻，故去彼取此❼。

註釋

❶ 五色：指黑、白、赤、黃、青五種顏色。此處泛指五顏六色、五彩繽紛。

❷ 五音：指宮、商、角、徵、羽五個音階。

❸ 五味：指酸、苦、甘、辛、鹹五種滋味。口爽：意為味覺失靈，口舌失去辨味的能力。

❹ 馳騁：車馬疾行。畋獵：打獵獲取動物。畋，打獵。

❺ 行妨：行為損害他人的利益，行為偏離正軌。

❻ 為腹不為目：只求溫飽安寧，而不為縱情聲色之娛。腹，此處代表簡樸寧靜的生活方式。目，此處代表巧偽多欲的生活方式。

❼ 彼：為「目」而生活。此：為「腹」而生活。

古帝王圖－晉武帝司馬炎　唐代閻立本

晉武帝司馬炎是一個好色之徒，他曾經於西元273年禁止全國婚姻，以便自己挑選貌美宮女。在孫吳滅亡之後，司馬炎又將孫皓後宮的五千名宮女納入自己的後宮，此時，他的後宮人數已達到萬人規模。司馬炎貪色，以致於不顧百姓，最終忘卻了帝王的本分。

譯文

五彩繽紛的顏色使人眼花繚亂，音樂喧囂使人聽覺失靈，美味佳餚使人舌不辨味，縱情狩獵使人內心發狂，奇異珍寶使人行為不軌。因此，聖人只求三餐溫飽，不逐聲色之娛。應當捨棄物欲的誘惑和華而不實的虛名，保持簡單素樸而又自足的單純生活。

五色、五味、五音與五行的對應

古人喜歡將事物分為五類，分別與五行相對應，五色、五味、五音便是為了對應五行而畫分。需要特別注意的是，《道德經》中的五色、五味、五音並非實指，而是泛指，用以代表使人欲望膨脹的事物。

徵 苦 赤 火
宮 甘 黃 土
商 辛 白 金
羽 鹹 黑 水
角 酸 青 木
五色
五味
五音

賞析

在佛教中，人類的感覺器官被分成六類：眼、耳、鼻、舌、身、意。這六個器官分別感知色、聲、香、味、觸、法六種塵世境界，正因為這六個器官感知這六種境界，所以人類便產生喜、怒、哀、樂、憂、思六種意識，而正是這六種意識的存在，才使得我們原本平靜的內心充滿了欲望。當欲望得到滿足時，我們狂喜；當欲望無法滿足時，我們的內心備受煎熬，此時，我們的靈魂會有渴望出竅的痛苦，就彷彿跳入火海一般難以解脫、無法自拔。我們原本明淨的內心也會因此被蒙上一層厚厚的塵垢，敏銳的感覺變得麻木而又遲鈍。

目迷五色：色彩繽紛，令人看不清楚。比喻事物錯綜複雜，不易分辨。

「五色令人目盲」，此處的「五」並不是一個實數，五色並沒有一定指黑、白、赤、黃、青五種顏色，它是一個不確定的概念，泛指五顏六色、五彩繽紛。「目盲」也不是指失明，而是指令人眼花繚亂的事物，使我們的眼睛喪失辨別事物的能力。眼睛的功用就是觀察事物，一旦我們所觀察到的事物真假難辨時，常常會陷入迷惘的境地。

懂得「五色令人目盲」的道理，「五音令人耳聾」也就不難理解了。單一的聲樂會令人心曠神怡，讓人精神放鬆，從而得到美的享受。然而，再動聽的聲音，若一旦和別的聲音混雜，其美的享受瞬間就會變成痛苦的煎熬，這是生活在喧囂鬧市的人們渴望田園生活的最佳解釋。

在解讀「五味令人口爽」時，可以用以下兩句話解釋：人的口舌具有感知各種食物味道的能力，它能敏銳地品嘗出酸甜苦辣等滋味，然而過量品嘗各種風味的美味佳餚，就會使口舌感到麻木，甚至無法辨別各種美味。人的口舌是專門用來享受美味的，一旦喪失鑑賞味道的能力，對我們自身所造成的損失將無法估量。

「馳騁畋獵令人心發狂」，畋獵即狩獵。狩獵曾是早期人類謀生的唯一手段，也是人類最早展開的生產和軍事活動，人類的動物本性在狩獵的活動中獲得鮮明的驗證。縱觀人類狩獵的發展歷程，這項活動始終是帶著血腥和暴力性質的殺戮掠奪行為，這種行為將會使人們的精神變得瘋狂和殘忍，而瘋狂和殘忍的心理狀態便是滋生社會動亂的根源。

那何謂「難得之貨」呢？為什麼老子會認為「難得之貨」將使人的行動受到損害呢？若按照老子的思想推演，便可以得出「難得之貨」就是社會上流行的稀有珍貴之物，例如金銀珠寶、華衣美食、玉璧銅器、羽飾武器等物品。正是因為「難得之貨」的珍貴稀有性，所以可以輕易地撩撥起人們佔有它的貪婪欲望。而人類便會被此種欲望驅使，行為變得怪異反常，爬房越脊、穿窬走戶，甚至不惜殺人害命、互相傾軋、鉤心鬥角、爾虞我詐。

從以上的闡釋中，我們可以看出「五色」、「五味」、「五音」之所以會傷害我們的器官，是因為人類自身欲望無限膨脹的關係。在此章節的最後，老子提出「是以聖人為腹不為目」，一句極其通曉明白的話點明聖人的生活方式：只滿足溫飽這一最低需求，而不滿足諸多聲色犬馬的欲求。

其實，這一章的論述並非反對人們享受生活，而是警醒人們，追求享受要適可而止，不可無限制地滿足自己的貪欲。老子希望人們能夠豐衣足食，建立恬淡寧靜的生活方式，而不是一味追求外在私欲的滿足。一個貪婪於滿足外在私欲的人，心靈難免愈發空虛。因此，老子提醒我們必須徹底摒棄各種外在欲望的誘惑，始終保持內心清淨，才能生活得自在快樂。在物欲橫流的今日，很多人無法抵擋物欲的誘惑，不惜代價追求聲色欲望，從而墮落消沉，甚至走上犯罪之路。所以，在物質文明高度發達的今天，我們更應該靜心聆聽老子的教誨。

唐人宮樂圖　唐代佚名

此圖中有後宮嬪妃十人，圍坐於一張巨型的方桌四周，有的品茗，也有的在行酒令。宮女們終日沉醉於這樣的聲色之中，不知道他們是否會感到麻木，進而嚮往宮牆外面的自由生活呢？

第十三章

寵辱若驚

原文

寵辱若驚，貴大患若身❶。何謂寵辱若驚？寵為上，得之若驚，失之若驚，是謂寵辱若驚。何謂貴大患若身❷？吾所以有大患者，為吾有身。及吾無身，吾有何患？故貴以身為天下，若可寄天下；愛以身為天下，若可托天下。

註釋

❶ 貴：珍重、珍視。

❷ 大患：心中的憂慮、憂患。

道經

譯文

得寵或受辱都會感到心驚膽顫，將心中的憂慮看得如自身的生命一樣重要。為什麼得寵或受辱都使人感到心驚膽顫呢？因為得寵其實也是一種上對下的表現，得寵和受辱一樣，都是對尊嚴的傷害。所以，

孝欽顯皇后踏雪圖

受慈禧太后寵愛的宦官中，最有名的就是安德海和李蓮英。安德海通曉宮中事典，心靈手巧，極得慈禧太后喜愛。但最終他因恃寵而驕、無視宮禁大法，而被擒殺。李蓮英則以善於梳妝而極得寵愛，但他「事上以敬，事下以寬，如是有年，未嘗稍懈」，終得一生平安。

得寵會使人驚嚇，失寵亦令人不安，寵辱都使人擔心受怕。那為什麼要將心中的憂慮看得如自身的生命一樣重要呢？因為人之所以憂慮，是因為有軀體；如果沒有這個軀體，那又怎麼會憂慮呢？若能做到如同珍視自己的身體一般珍視天下，便可以將天下交付於他；若能做到如同愛護自己的身體一般愛護天下，便可以將天下託付於他。

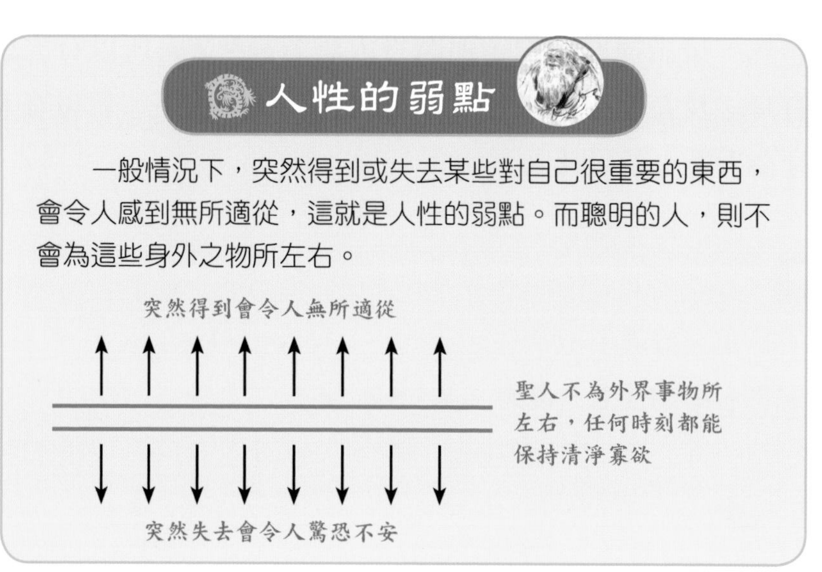

賞析

此章節主要討論兩個問題，一是「寵辱若驚」，二是「貴大患若身」。人類是情感豐富的動物，對榮辱此種情感十分敏感。當我們得寵的時候，內心雀躍不已，但這種喜悅是短暫的，因為人總是容易患得患失，得到寵愛並不會令我們永遠快樂。同樣，當我們受到他人的冷眼、辱罵、輕視的時候，我們也會表現出不安、驚恐。人類自身的弱點決定了我們無論得到寵愛還是受到屈辱，都會憂心忡忡、惶惶不可終日。所謂「貴大患若身」，「貴」，就是以之為榮、看重之意；「大患」，就是憂患、禍患之意；「若」，如。整句話的意思就是，得寵就感到驚喜萬分，受辱就覺得驚懼徬徨，將心中的憂慮看得與自身的生死存亡同等重要。

寵辱若驚：得寵或受辱皆感到驚惶，用以形容患得患失的心情。

在這裡，老子為了我們讓便於理解，對以上兩句話作出解釋：「何謂寵辱若驚？寵為上，得之若驚，失之若驚，是謂寵辱若驚。何謂貴大患若身？吾所以有大患者，為吾有身。及吾無身，吾有何患？」老子認為，因為世間常人往往念念不忘其自身利益，總是為自身利益患得患失，所以老子便提出了他所提倡的人生觀。老子並沒有直接告訴讀者他所提倡的人生觀是什麼，反而是用「可當大任者」和「不可當大任者」的對比，說明人們應該持有什麼樣的人生觀度過一生。老子說：「故貴以身為天下，若可寄天下；愛以身為天下，若可托天下。」如果你能像珍惜自己一般珍視天下，那麼就可以將天下事交付於你；如果你能像愛惜自身一般愛護天下，那麼就可以將天下事託付於你。老子所提倡的人生觀就是將自身融於天下之中，心中沒有自己的利益，只有天下的利益。

一般人十分看重身外的寵辱榮患，甚至有許多人重視身外的寵辱遠遠超越自身的生命。人生在世，難免要與功名利祿、榮辱得失打交道，許多人皆以榮寵和功名利祿為人生的最高理想目標，他們認為人生在世就是為了

緙絲東方朔偷桃圖　明代佚名

東方朔言辭敏捷，滑稽多智，常在漢武帝前談笑取樂。《漢書．東方朔傳》曾提到：「然時觀察顏色，直言切諫。」他「以身為天下」，言政治得失，陳強國之計，但漢武帝始終將他視為俳優對待，畢生未得重用。

享受榮華富貴，最後福佑子孫。其實，這也沒有什麼不對。人活著本就是為了壽、名位、貨等身外之物，對於功名利祿，可說是人人都需要。但是，要將它們擺在什麼位置上才好呢？如果你將它們擺在比生命更重要的位置上，那就大錯特錯了。老子從「貴身」的角度出發，認為生命的價值遠遠大於名利榮寵。如果要成為一位優秀的領導者，那就必須清靜寡欲，對於一切聲色貨利之事皆無動於衷，然後才可以受天下之重寄，為萬民所托命。

歷朝賢后故事圖－含飴弄孫　清代焦秉貞

此圖冊的題材取自歷代擁有良好德行的皇后和太后們。此圖人物典出漢代明帝的明德皇后——馬氏，他是大將馬援之女，以賢德聞名後宮，從不因私干涉朝政。明帝死後，其子漢章帝即位，馬太后說：「我今後只是含飴弄孫，不管政事。」人生在世，應將名利榮寵擺在生命之後，如此才能清靜寡欲，知足安樂。

第十四章

無狀之狀

原文

視之不見名曰夷❶，聽之不聞名曰希❷，搏之不得名曰微❸。此三者不可致詰❹，故混而為一❺。其上不皦，其下不昧❻。繩繩不可名❼，復歸於無物。是謂無狀之狀，無物之象，是謂惚恍。迎之不見其首，隨之不見其後。執古之道，以御今之有，以知古始❽，是謂道紀❾。

註釋

❶ 夷：無色。
❷ 希：無聲。
❸ 微：無形。
❹ 詰：追問、索問。
❺ 一：此處指「道」。
❻ 昧：陰暗。
❼ 繩繩：不清楚、連綿不斷。
❽ 古始：宇宙的原始或「道」之開端。
❾ 道紀：「道」的綱紀，即「道」的規律。

唐太宗半身像　佚名

「君者，舟也；庶人者，水也。水則載舟，水則覆舟。」此名言本出自於荀子，但由於唐太宗經歷了隋朝覆舟之變，這句話不僅成為唐太宗的口頭禪，也是唐朝制定「民為邦本」政策的重要依據。「順道者昌，逆道者亡」，亦是如此。

譯文

看不見的，便稱為「夷」；聽不到的，便稱為「希」；摸不到的，便稱為「微」。此無色、無聲、無形之物無法用語言描述，只能稱此混元一氣之物為「道」。它的起始不清晰，它的末尾不黑暗，它綿延不絕、無始無終地發展變化，我們難以為它形容命名，最後又回到空無一物的虛無狀態。這就是所謂沒有形狀的形狀，沒有具體物象的物象，這就被稱為惚恍。迎著它，看不見它的頭，跟隨著它，看不到它的尾。掌握上古的自然之道，便可以駕御今日的生命之有，便可以感知上古的來龍去脈，這就是自然之道的綱紀。

視而不見：雖然看到，但因心不在焉，好像沒有看到一樣。形容漠視、不關心。也作「視若無睹」。

賞析

這一章節主要討論道的形象和規律，老子提出了「夷」、「希」、「微」、「惚恍」、「道紀」五個概念。

何謂「夷」？人類肉眼無法看到的東西，我們就稱之為「夷」。但是，看不見並不代表不存在，只是無法被我們的眼睛感知罷了。當我們站在平地上極目遠眺時，看到的東西是極其有限的，地平線的另一端總有我們看不見的東西。另外，我們也必須借助儀器才能看到微生物，肉眼根本無法看見它們。然而，我們必須肯定的是，地平線的另一端確實存在著許多事物，微生物也確實存在，它們都不會因為人的主觀意志而改變。就像大道也不會因為人的意志而轉變一樣，它是客觀存在的，並時時刻刻影響著人類。因此，我們必須遵循大道的規律，而不是與大道背道而馳。

何謂「希」？人類耳朵無法聽到的聲音，我們就稱之為「希」。

「希」的特點是細小、邈遠、輕微，此特質便決定我們無法聽得到它。除此之外，還有距離的因素，人類所能聽到的聲音有一定的範圍，所以距離也會令我們無法聽到許多聲音。大道即使有聲，也不會被我們聽見，因此老子認為「大道無聲」。

何謂「微」？微就是小的意思。小是相對的，當一個東西小到無法被人類觸摸時，我們就稱之為「微」。

大道是看不見、聽不到、摸不著的，它無法用我們的視覺、聽覺、觸覺感知，因此，我們用希、夷、微這三個概念描述大道。但是，這三個名詞終究無法窮極道的本源和真正內涵，它是無法分割的整體，我們稱之為「一」。

何謂「惚恍」？如果說大道是一個東西，那東西應該是有形象的，但它卻看不見也摸不到。因此，老子認為它是一個超乎物質世界的產

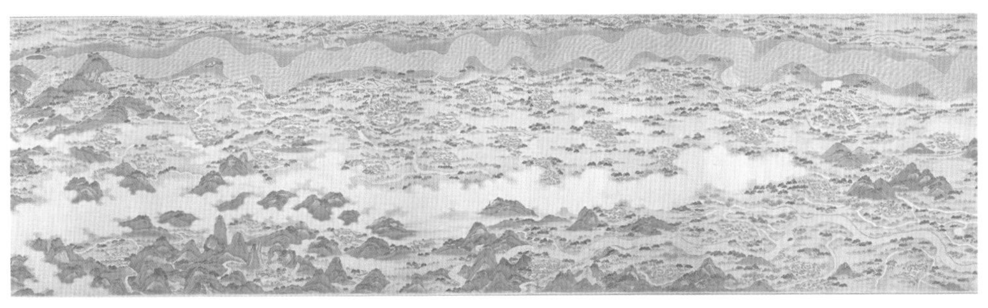

黃河圖（局部）　清代佚名

老子以「水」喻「道」，水無色無味無形，你可以看到、聽到，也可以摸到，但終究無法根據自己的感官感知水的真正內涵，更沒有辦法形容水到底是什麼。水就這樣流淌了千萬年，就如同「道」一般始終存在。

物，它若有若無、若隱若現，無法用概念涵蓋，只能用心靈通達；無法用感官體驗，只能用身心感知。對於此種模糊而又深奧，且亦真亦幻的狀態，我們稱之為「惚恍」。

聽而不聞：耳朵聽著，卻沒有放在心上。形容不注意、不關心。

為了便於表述上的需要和方便，我們必須為「道」加以定名，所以就稱「道」為沒有形狀的形狀、沒有具體物象的物象。「惚恍」雖顯牽強，但它已是所有詞語中最能表達這一點的了。為什麼大道是沒有形狀的形狀、沒有具體物象的物象呢？因為大道是支配萬物的產物，但它又存在於冥冥之中，無跡可循，同時它也是多變的，無法為人所掌握。它沒有前進和後退、沒有運動和靜止、沒有光明和黑暗，它是永恆、生生不息、綿延不絕的。當我們感覺到它的存在時，它便恢復為無跡可循的狀態中，它恍惚縹緲、若有若無、若明若暗，令人捉摸不定。

何謂「道紀」呢？簡而言之，就是大道的綱紀和規律。其實，理解「道紀」比了解大道本身更有意義，大道的規律和綱紀可以指導人類的日常生活，一旦我們的行為順道而行，就能在生活中一帆風順、事事遂心；相反的，如果我們逆道而行，我們的生活便會受阻，甚至遭受禍患。

第十五章 善為士者

原文

古之善為士者❶，微妙玄通❷，深不可識。夫唯不可識，故強為之容❸：豫兮若冬涉川❹，猶兮若畏四鄰❺，儼兮其若客，渙兮若冰之將釋，敦兮其若樸❻，曠兮其若谷，混兮其若濁。孰能濁以澄靜之徐清？孰能安以久動之徐生？保此道者不欲盈，夫唯不盈，故能蔽不新成❼。

註釋

❶ 善為士者：此處指得道之人。

❷ 玄通：通達。

❸ 強：勉強。容：形容。

道經

武侯高臥圖　明代朱瞻基

諸葛亮懷才躬耕，人稱「臥龍」。在劉備三顧茅廬之後，諸葛亮才開始展露才華。他撫百姓，示儀軌，約官職，從權制，開誠心，布公道。可見諸葛亮善於用道，亦見其敦厚質樸，曠達開闊，憂慮謀畫的各種特質。

❹ 豫：原為野獸之名，性憂慮。後引申為遲疑、慎重。
❺ 猶：原為野獸之名，性警覺。此處用以形容警覺。
❻ 敦：敦厚老實。樸：未經加工的木材。
❼ 蔽不新成：推陳出新，去故更新。

譯文

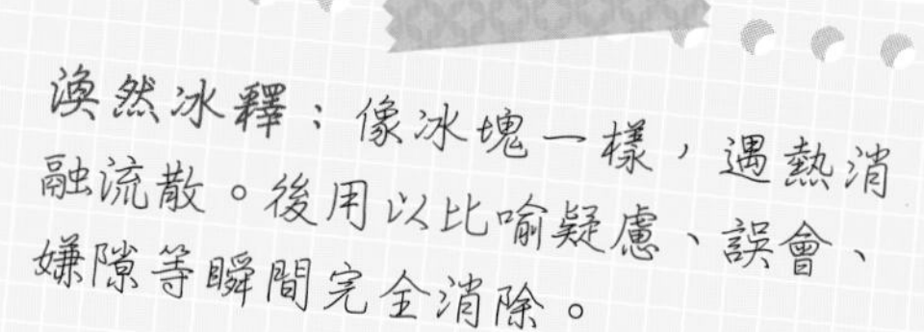

古代那些善於運用道的高人，見解微妙而且精深玄達，常常到達凡人無法理解的地步。正是由於無法理解，所以只能勉強用言語形容這些高人的風貌品格：他們行事穩妥謹慎，就像嚴冬赤腳過河；憂慮謀畫，就像提防四方鄰國圍攻；恭敬嚴肅，就像是賓客一般；了無牽掛，就像正在消融的冰雪；敦厚質樸，就像未經雕琢的原木；在塵世中不孤傲，就像江河濁流一般；曠達開闊，就像空曠的山谷。誰能在混濁的流水中靜止，最後歸於寧靜，慢慢變得清澈呢？誰能使靜而不動的東西再次萌發，使其顯露生機呢？遵循道的人不贊同盈滿過度，凡事寧可虧損缺失，也不可成全完滿。

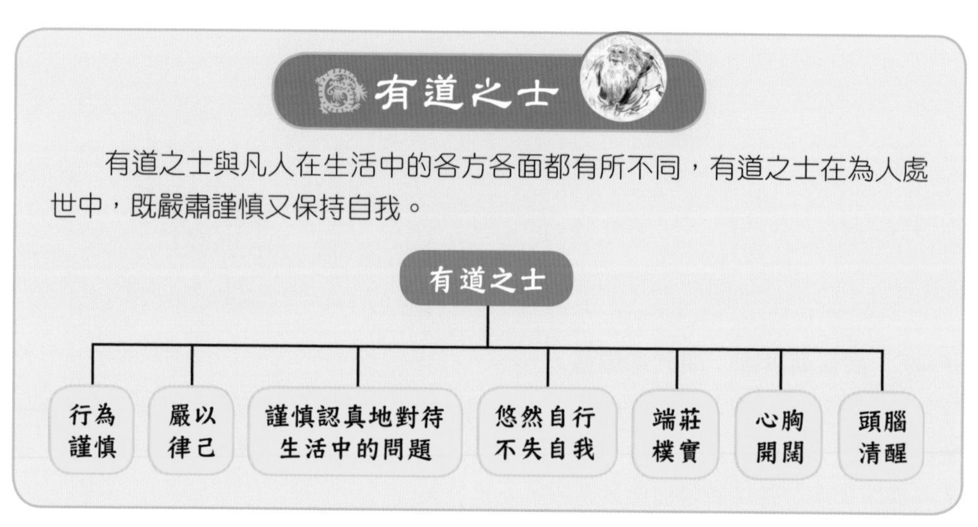

賞析

在此章節中，老子承接上一章的內容，講述領悟「道紀」之人的情貌特徵。簡而言之，得道之人皆具有良好的人格修養和心理素質，表面上清淨無為，實際上蘊藏著極大潛能。他們極富創造性，只是不願顯山露水；他們靜謐幽深，難以窺探。老子詳盡地概括了得道之人的形體特點，以下歸結為七點並逐一解析。

一是「豫兮若冬涉川」。豫，警惕、慎重的樣子。全句的意思是，得道之人的每一步行動都是無比警惕小心的，就像冬天赤腳過河的人一樣注意、謹慎。我們都知道，冬天沿著冰面過河是十分危險的行為，而常人往往因為粗心大意，將自己置於危機之中。但得道者就不一樣了，他們無論遇到什麼事情，都會表現出謹慎的處世態度，就如同在冬天涉河一般。

二是「猶兮若畏四鄰」。猶，小心、猶豫的樣子。全句的意思是，得道之人會像提防四方鄰國圍攻自己一般，在日常生活中處處嚴格要求自身，約束自己的言行，使之不逾越常規；克制自己的行動，使之不囂張放肆。人是群居的動物，得道之人也是人，他們不可能生活在人世之外。若要生存就必須與周圍的人建立密切連繫，離群索居並非真正的得道之人。當他們和周圍的人進行交流時，也不可避免地會發生矛盾，而在處理矛盾的過程中，最能反映得道之人和一般人在道德觀和處世哲學上的不同。

三是「儼兮其若客」。儼，莊嚴肅穆的樣子。全句的意思是，得道之人無論在什麼場合、在什麼情況之下，都會將自己擺在客人的位置，小心謹慎、嚴肅認真地對待人和事，而不

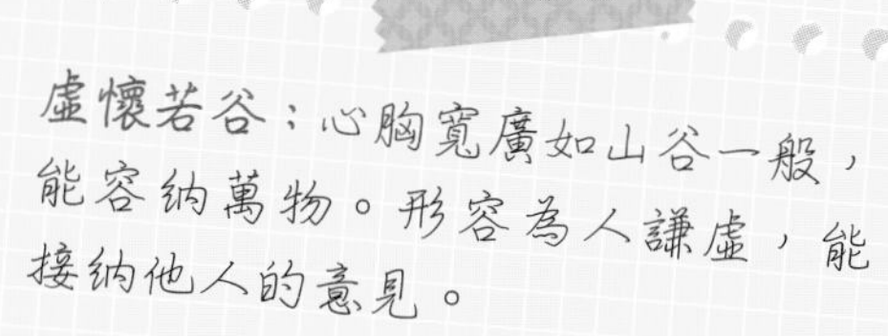

道經

會隨意對待日常生活的諸多問題。

從生命的本質意義上思考，人類只是地球上的匆匆過客，是大自然的短暫客人，就如同其他生物一樣，沒有生和死的選擇，這是大道的必然規律。得道之人和大道同步，他們心甘情願地成為大自然的客人，嚴肅認真地對待生活瑣事，和世間的庸人大大不同。庸人常以大自然的主人自居，以尊貴的態度對待自己，而以囂張的態度對待自然。庸俗之人藉由損害自然以滿足自己的私欲，最後以毀滅自己而告終。老子主張以客人般嚴肅認真的態度度過自己的一生，而不是以玩世不恭的態度遊戲一世。

四是「渙兮若冰之將釋」。渙，渙散。釋，消解，形容冰雪融化的情形，比喻得道之人從自己的欲望、夢想、抱負、追求、知識等重負中解脫，恢復為本我，就會獲得難以言表的輕鬆愉悅、悠然自得。這種感覺就像是冰封了一個冬季的河水，在春風的吹拂下慢慢消融，是非常輕鬆愜意的感覺。得道者之所以會有這種感覺，是因為他們懂得如何釋放自己，老子把得道者的覺悟恰當地比喻為冰封消融，從而煥發自然的勃勃生機。對得道者自身而言，他們衝破束縛自己的追求、意念、思維，完成自己對自己的征服，他們不再執著於一事一物，了

江行初雪圖（局部，右側卷首為南唐李後主題字）　南唐趙幹

南唐後主李煜的詞千古傳誦，被稱為「詞聖」，但他同時也被評價「性驕侈，好聲色，又喜浮圖，為高談，不恤政事」。他在《浪淘沙》中寫道：「夢裡不知身是客，一晌貪歡！」看似是寫自己的囚居生活，但又何嘗不是他一生的寫照呢？

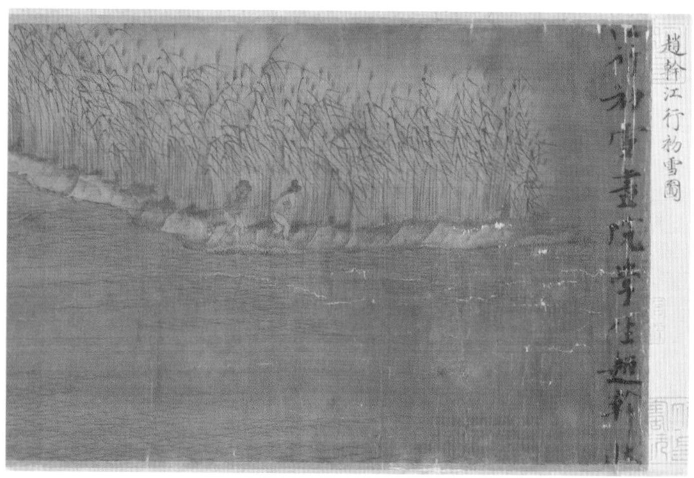

秋聲賦圖（局部）　明代唐寅

青瓦白屋，瘦木飄搖，霜天漸晚，遠峰朦朧，一派秋意蕭瑟的景象。秋天看起來是讓人傷懷的季節，但秋天的黃色亦是豐收的象徵，是重生的象徵。「道」就像秋天一樣，看起來沒有春天繁花似錦的美麗，卻讓人們有踏踏實實的收穫。

無牽掛，自然也就逍遙自在。

五是「敦兮其若樸」。敦，內在端莊穩重，外在樸素自然。全句的意思是，得道之人以其端莊穩實的本質，便能輕易抵禦外界的干擾和誘惑，從而返璞歸真。人類社會一直提倡並讚頌溫柔敦厚的品格，亦認可簡單樸素的生活方式。我們常用渾金璞玉形容那些從不炫耀、淳樸善良的人，而得道之人就如同渾金璞玉，具有真材實料但依然默默無聞。

六是「曠兮其若谷」。曠，開闊、寬廣。谷，比喻像山谷一樣虛空。全句的意思是，得道之人心胸遼闊，就如同山谷一般空虛高深。他們能夠藏汙納垢、包容萬物，無所謂仇恨，心中充滿友善。這和沒有體悟大道的人大不相同，沒有領悟大道的人喜歡潔淨而厭惡污穢，有分別就會產生煩惱和禍患；得道之人處污穢而無所謂污穢，處潔淨而無所謂潔淨，與外在世界渾然一體，也就無所謂痛苦、煩惱、禍患、災難。沒有了這些分別，得道之人也就顯得自在無為、隨心所欲。

七是「混兮其若濁」。混，混同。濁，混濁。得道之人是最為清醒的，而清醒的最高境界是，雖然外在形象混濁不堪，但卻擁有最透亮明淨的內心。他和污濁的世界同為一體，但又不隔離生疏於世界，這是修道的最高境界，也是修道的終點。它是平淡無奇的，沒有濃墨重彩、大肆渲染，於平淡中自見道之真諦。

雪漁圖　五代佚名

大雪紛飛，江岸叢竹被積雪壓得低垂，世界籠罩在一片灰白的雪色之中。立於岸邊的漁翁縮頸掩口，笠帽簑衣滿是雪花，刺骨寒意陣陣襲來。本幅畫意出自唐代鄭谷《雪中偶題》：「亂飄僧舍茶煙溼，密灑歌樓酒力微。江上晚來堪畫處，漁人披得一簑衣。」

沒身不殆

原文

致虛極❶，守靜篤。萬物並作❷，吾以觀復。夫物芸芸❸，各復歸其根❹。歸根曰靜，是謂復命❺。復命曰常❻，知常曰明。不知常，妄作凶❼。知常容，容乃公，公乃王，王乃天，天乃道，道乃久，沒ㄇㄛˋ身不殆❽。

註釋

❶ 虛：指心靈的空明狀態。極：極端、極度。

❷ 作：生長、發展，此處指生命活動。

❸ 芸芸：茂盛紛繁的樣子。

❹ 根：根源、初始狀態。

❺ 復命：復歸本性。

❻ 常：常態，指萬物變化的永恆規律。

❼ 妄作：輕舉妄動。

❽ 沒身：終身。殆：危險。

龍門石窟

盧舍那大佛是龍門石窟最大的「奉先寺」主佛像，傳說，此大佛是按照武則天的模樣雕刻而成。武則天即位皇帝時，認為自己與天相通，無所不能。晚年更服用「長生藥」，謀求透過道家的養生之法，以超越世人而達到長生不老的目的。

譯文

芸芸眾生：泛指世間一切生靈，或特指塵世凡人。

使心靈回到虛無的極端境界，篤實地固守寧靜的元神。在萬物的生長發展中，我細細觀察萬物的變化規律。萬物紛紛，但是運轉萬物的道只有一種必然的規律，那就是走向它最終結束的狀態。這種最終的狀態就稱為根源，萬物回歸根源就稱為寂靜，當寂靜沉澱而轉化，並重新燃起生機和熱力，這種質變循環的過程就稱為復命。萬物循環就稱為常理，理解萬物運作而循環和諧的常理，就稱為清明；不了解運行萬物常理的人，就會膽大妄為、貪得無厭、權謀巧詐，最後招致災禍。理解萬物的常理便能寬容；能寬容便能大公無私；能大公無私便能使天下歸從；使天下歸從便能符合自然；符合自然便能符合大道；符合大道便能長久，終身不遇險禍。

賞析

在此章節中，老子提出「虛極」、「靜篤」、「靜」、「常」、「明」、「容」等概念。

首先，老子提到：「致虛極，守靜篤。」致，在古代有「委身」之意，此句話意為「將自身置於靜寂無極的虛空之中」。這是道家修行者的一種內覺狀態，修道者在修行時，感覺全身心融入太虛之中，達到物我兩忘之境。但並非茫然一片，而是有專注的一點真我，靜守著純淨美好的純一，這就是「守靜篤」。

第十七章 功成事遂

原文

太上❶，下知有之；其次，親而譽❷之；其次，畏之；其次，侮之。信不足焉，有不信焉，悠兮其貴言❸。功成事遂❹，百姓皆謂：「我自然。」

註釋

❶ 太上：至上、至高無上的。此處指最高統治者。

❷ 譽：讚譽、美譽。

❸ 悠兮：悠閒自在的樣子。貴言：不輕易發號施令。

❹ 遂：成功。

譯文

最優秀的統治者，人們僅僅知道他的存在；次一等的，人們尊重他、讚頌他；再次一等的，人們害怕他、恐懼他；更次一等的，人們輕蔑他、侮辱他。統治者的誠信若不足，百姓自然不信任他。統治者應該悠然自得，不隨意發號施令，如此一來，天下大業自然而然就會圓滿，而百姓會說：「我們自然就是這樣的。」

宴樂畫像磚拓片　漢代

漢代是舞樂興盛的時代，儒家推崇以禮樂制度治天下，以「禮」區別宗法遠近、等級秩序，同時又以「樂」共融「禮」的秩序，兩者相輔相成。但是，老子則認為禮樂制度是對人民的束縛，是違背大道準則的桎梏。

為官的境界

老子在本章將統治從高到低分為四個等級，他認為統治者的最高境界是無為而治，有這樣的統治者，天下自然也就太平。

賞析

在此章節中，老子主要論述統治者該如何治理國家，他主張無為而治。其實，無為的真正內涵是無不為，只有達到這一境界，國家才能安定，人民才能富足。那麼統治者該如何才能做到無為而治呢？

我們常說「可遇不可求」，這是有道理的，很多事情都是無法強迫而來的，必須順應自然。若人們沒有順應規律，那必然會自食苦果。此處所說的自然規律，也可稱之為道。在現實生活中，一旦違背大道就有可能受其懲罰，為了不受大道懲罰，我們就必須合乎大道；一旦我們合乎大道，就會生活得自由自在。想當然爾，統治者也必須順應自然大道，做到無為而治，不然也可能會受大道懲罰。

老子在這裡裡將統治者分為四個等級，分別是：「下知有之」、「親而譽之」、「畏之」、「侮之」。

「太上」有兩個意思：一為最優秀的統治者；二為遙遠的上古時代。

此處則指最優秀的統治者。最高明的統治者實行無為而治，對國家和人民採取自然而然的放任政策，此種政策的特點是儘量減少自己對國家和人民所施加的影響，不增加人民額外的經濟負擔，不對外進行大規模擴張，因而使得民眾感覺不到統治者的存在。最高明的統治者採用順應自然規律的方法，不加以干涉人民的生活，人民獲得真正的自由，所以生活自在安樂。而因為生活富足安樂，所以民眾沒有怨尤的對象，也就感覺不到統治者的存在了。

「其次，親而譽之」，這是次一等的統治者，這種統治者的特點是施加恩惠於人民，人民因此親近他、讚譽他。他施惠於民，但不高高在上，不讓百姓感覺他的特殊性；他可親可敬，和眾人相處融洽。

「其次，畏之」，這種統治者聲色俱厲，經常擺出盛氣凌人、不可一世的神態，讓百姓見了就害怕。他制定苛刻的規章制度，這些規章制度往往嚴重威脅人民的生命財產，百姓對其又恨又氣又懼怕，常常處於暗無天日的悲慘境地。

「其次，侮之」，這是最下等的統治者，這種統治者專橫跋扈，不把百姓放在眼裡，甚至不把他們視為自己的子民，而是當作奴隸加以奴役、剝奪、辱罵。百姓對於此番非人的待遇往往非常惱怒，他們會在背後咒罵統治者、侮辱其人格，

渭濱垂釣圖　明代戴進

姜太公因垂釣而名揚天下，他文武兼備，智勇雙全，德業風流，澤及後世，人們皆稱頌於他。姜太公算得上是「親而譽之」的統治者代表人物。

道經

惱怒至極之時，眾人便會揭竿而起，推翻統治者。

真正做到對百姓實行「無為而治」的統治者，不會輕易向人民發號施令，他們絕不破壞百姓的生活規律。而百姓遵循著自然規律生活，自然會富足安定；統治者不需耗費任何精力，國家就安然無恙，百姓便安寧自在。生活富足安定的百姓感覺不到統治者的治理，覺得這一切都是自然而然，本來就是這樣的。百姓有了這種感覺後，自然心中沒有感激，沒有感激也就無所謂仇恨，沒有仇恨，國家自然也就太平富強。

日月合璧五星聯珠圖（局部）　清代徐揚

本圖卷旨在描繪「日月合璧、五星聯珠」之罕見天象，用以稱頌皇帝的德政。卷中人物雖小，仍可見相互走告、觀看天象之態，更因當日為元旦，賀歲拜年的姿態也穿插其中，寫實歷歷。若歷代君王都能順應大道，無為而治，那此番盛世便不會只是曇花一現。

大忠大義

原文

大道廢❶，有仁義❷；智慧出❸，有大偽；六親不和❹，有孝慈；國家昏亂，有忠臣。

註釋

❶ 大道：此處指社會制度和秩序。

❷ 仁義：仁愛正義、寬厚正直。

❸ 智慧：聰明、智巧。

❹ 六親：歷代說法不一，大致分為以下幾種。一、父子、兄弟、父親的兄弟、祖父的兄弟、曾祖父的兄弟、同族兄弟。二、父子、兄弟、姑姐、甥舅、姻親。三、父、母、兄、弟、妻、子女。四、父子、兄弟、夫婦。此處採用父子、兄弟、夫婦的說法。

橫琴高士圖　元代任仁發

漢代思想家、政治家董仲舒提出「罷黜百家，獨尊儒術」，為漢武帝所採納，同時還將「三綱五常」作為儒家倫理的中心思想，也就是「君為臣綱、夫為妻綱、父為子綱」。老子則認為只有在六親不合的時候，才需要提倡孝慈。

明與暗的對比

明與暗之間的差異是對比的結果。就如本章節所說，如果家族彼此和睦，整個社會處於安定祥和之中，也就沒必要提倡「仁義」、「孝慈」了，國家也就無所謂忠臣。

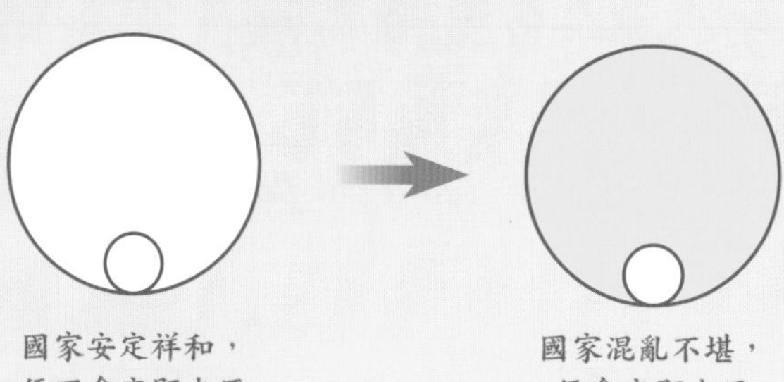

經

譯文

在大道被廢棄之時，仁義才得以彰顯；在聰明智慧出現之時，狡詐虛偽便伴隨而生；父子、兄弟、夫婦之間不和睦之時，便會提倡孝慈；國家動盪混亂之時，忠臣便會出現。

賞析

人類是具有複雜情感的動物，我們擁有自己的思想和意志，能夠思考和獨立行動，在處理問題時，具有自己獨特的想法和行為準則。人類雖然由大道生，而且在大道中逐漸發展壯大，但隨著人類文明的發達，人類愈發狂妄自大、唯我獨尊。人類逐漸忘卻自己的源頭，不再遵循自然大道。人類對大道的漠視，導致我們漸漸偏離大道，最終可能會使得人類自取滅亡。為了避免這種慘劇發生，人類開始制定許多行為規範加以約束這個群體，許多政令條文、獎懲制度、政策法規應運而生。這些準則規範雖然在某種程度上緩解了社會壓力，但依舊無法從根本解決問題。

何謂「仁義」？仁，如果從漢字的結構來看，二人為仁。為什麼需要兩個人呢？因為沒有比較就沒有鑑別，有參照物才能加以區別對待。再者就是，如果沒有人和自己相應，我們也就無法稱自己為人。孟子曾說：「仁者愛人。」若連自己的同類都不愛，還能稱呼為人嗎？此種行為還能稱呼為仁嗎？義，正義、道義、義氣。仁和義合起來就是仁義，仁義在此章節中指那些合情合理、合乎道義，並熱愛同類夥伴的行為。仁義是相對的，仁義能帶來和睦安定，而不仁義必將遭致禍患和攻擊。在人們明白這個道理之後，就紛紛開始行仁義，也是人類產生智慧的象徵。

人是有欲望的動物，由於欲望的驅動，人們難免會利用各種手段以滿足自己的私欲。有人為了高官厚祿，對上級溜鬚拍馬的手段已達到登峰造極的地步；有人善於為自己的罪責開脫，不惜矇騙他人，顛倒黑白；也有人擺出一副忠實的面孔，但內心早已存有陷害他人的心思，他們使用種種技倆，只為一己私利。這些人的心中沒有仁義，卻又裝出十足仁義的樣子，其虛偽本質掩藏在華麗的外表和花言巧語

康熙像　清代宮廷畫家

明代劉伯溫在《郁離子．假仁義》中肯定並解釋「假仁義」。所謂「假仁義」，即化仁義為謀略，以改善政治、爭取民心。劉伯溫指出三皇五帝以下，不再有真仁義，但「假仁義」亦有助於政治清明，可以為民眾帶來好處。由此推斷，「康乾盛世」即是統治者利用「假仁義」得到的治理成果，而老子則是堅決反對「假仁義」。

裡，他們越是裝作仁義，就能得到越多好處。此種運用小聰明處處矇騙他人的行為，就被稱為虛偽。

「偽」字何解？人為即偽。人為就是人有意去做，而不是順應自然的行為，是違背大道的行為。所以我們稱人為的東西都是虛偽的，都不是樸素自然的。人在有所作為的時候，往往會摻雜自己的想法，所以就有了爾虞我詐、鉤心鬥角等不良行為。雖然這些行為都是在暗中進行，掩蓋在虛偽的外衣之下，但總有一天，紙包不住火，這些行為會被揭發，虛偽之人也會受到懲罰。

只有六親不和睦之時，才會提倡孝和慈。為什麼這麼說呢？因為六親不和睦是人類產生智巧之後的結果，有了智巧就會有私欲，在私欲無法得到滿足時，就必然會發生矛盾和爭鬥。這種爭鬥由小及大，甚至可能危及國家安寧，於是，人類不得不制定許多行為準則。例如，兒女應該孝順自己的父母，父母應該疼愛自己的孩子，這也就是孝和慈。老子認為，當人類心中沒有這些概念的時候，就無所謂孝和慈，大家其樂融融，無老無少、無長無幼，一派祥和。但是，一旦頭腦中有了這樣的標準，我們就再也無法優游自得，我們便會時時處處考慮自己的行為是否合格。他人也會站在他的角度看待我們的行為，稍有不慎就會被人橫加指責，其樂融融的祥和景象因此被破壞。

「國家昏亂，有忠臣」，這句話不能單純地理解為國家混亂了，才有忠臣。而應當理解為，在國家安定的情況下，人民富足自由，忠臣又有何用武之地呢？這就如同高明的統治者不會被人所知一樣，在和平安定的時期，忠臣同樣不會顯山露水。只有在國家出現混亂的危急關頭，忠臣才會挺身而出，拯救國家於危難之中。

第十九章 絕聖棄智

原文

絕聖棄智❶，民利百倍；絕仁棄義，民復孝慈；絕巧棄利，盜賊無有。此三者以為文不足❷。故令有所屬❸，見素抱樸❹，少私寡欲。

註釋

❶ 聖：此處指自作聰明。

❷ 此三者：指智慧、仁義、巧利。

❸ 屬：歸屬。

❹ 素：未經染色的絲。樸：未經雕琢的木頭。

譯文

抛卻人為的聖智，民眾將獲益百倍之多；杜絕人為的仁義，民眾才能回歸過往的子孝親慈；抛棄人為的巧利，也就沒有盜賊了。以上智慧、仁

古帝王圖－吳主孫權　唐代閻立本

在《三國演義》第四十三回「諸葛亮舌戰群儒，魯子敬力排眾議」中寫到，劉備新敗，退守夏口，曹操大軍壓境。在東吳上下主降之風日盛之際，諸葛亮隻身隨著魯肅過江，與東吳群臣展開舌戰，並在最終說服孫權，形成孫劉聯盟共抗曹操的局面。但在他們舌戰的背後，是千千萬萬東吳百姓的命運。

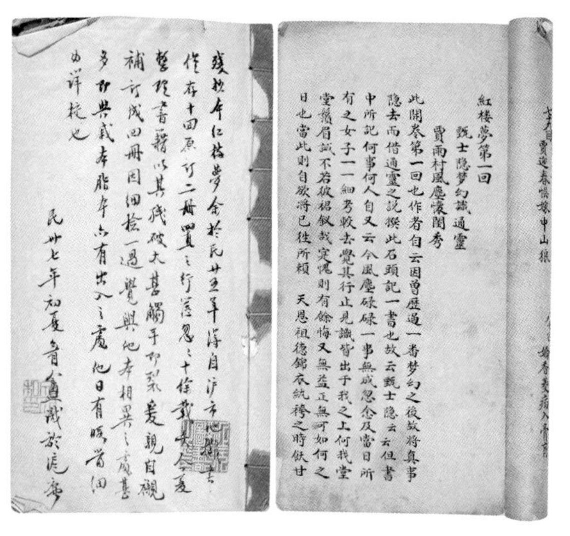
紅樓夢第一回
甄士隱夢幻識通靈
賈雨村風塵懷閨秀
此開卷第一回也作者自云因曾歷過一番夢幻之後故將真事隱去而借通靈之說撰此石頭記一書也故云甄士隱云云但書中所記何事何人自又云今風塵碌碌一事無成忽念及當日所有之女子一一細考較去覺其行止見識皆出于我之上何我堂堂鬚眉誠不若彼裙釵哉實愧則有餘悔又無益正無可如何之日也當此則自欲將已往所賴天恩祖德錦衣紈袴之時飫甘

紅樓夢（殘本）

在《紅樓夢》第五回「賈寶玉神遊太虛境，警幻仙曲演紅樓夢」中，《紅樓夢》金陵十二曲《聰明累》唱道：「機關算盡太聰明，反算了卿卿性命。生前心已碎，死後性空靈。家富人寧，終有個家亡人散各奔騰。枉費了意懸懸半世心，好一似蕩悠悠三更夢。忽喇喇，似大廈傾，昏慘慘，似燈將盡。呀！一場歡喜忽悲辛，嘆人世，終難定。」智慧是個好東西，但如果用在不正當的事情上，則是損人害己。

義、巧利三者不易分辨清楚，所以應將定義解釋清楚。只要秉承簡素、內心淳樸、減少私心、降低慾望，便能領悟真正的無憂境界。

賞析

此章節的開篇便點名「絕聖棄智」，我們一定不免產生疑惑，聰明睿智和巧言善變乃人人嚮往之，為什麼老子卻說必須杜絕並拋棄呢？智慧是個好東西，這一點誰也無法否認，但好的東西不一定就有好的用途。也就是說，如果將聰明才智用於為人民服務，用於積善養德，那無疑是好的，應該大力提倡；但如果將聰明才智用於損人利己，便是十分可怕的事情，還不如沒有智慧。

在遠古時期，人類和大自然和諧相處，人類吃的、用的無不直接取自於自然。那時候的人類頭腦尚未如同現今一般

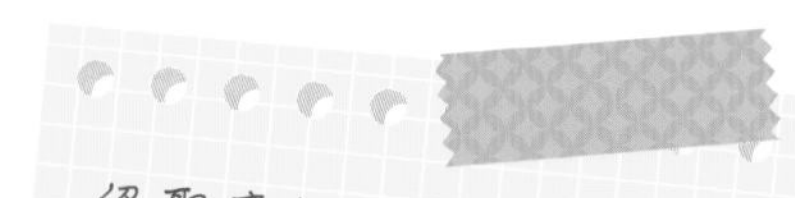

絕聖棄智：棄絕智慧聰明，返歸天真淳樸，為老子無為而治的思想。也作「絕聖棄知」。

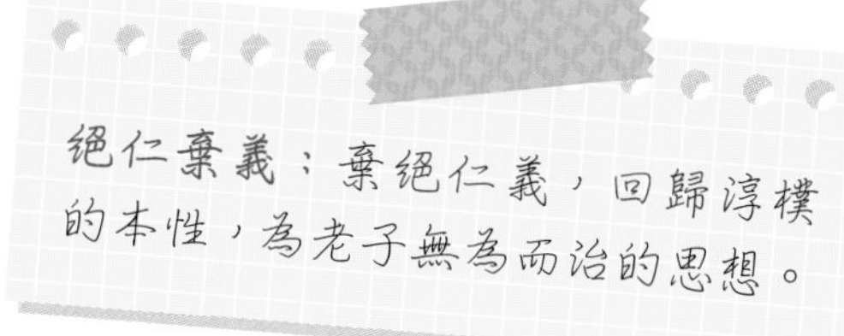

發達，他們不認為自己比別的動物聰明，人和動物為友，和植物為伴。然而，隨著人類智慧的增長，人類逐漸自高自大，認為自己是萬物的主宰，人類開始踐踏、蹂躪萬物，擺出不可一世的醜惡嘴臉。於是，大自然終於開始反撲，以各種方式懲罰人類的「無知」，這是人類為擁有智慧之後所付出的巨大代價。而人類擁有智慧的另一變化則是出現階級分別，人類從此開始壓榨他人，紛爭不斷，變得虛偽狡詐且醜陋，因而產生欺詐猜疑和互相殘殺。

有一個關於絕聖棄智的故事：有一架飛機在沙漠中失事，倖存者僅有十一人，這十一人中有大學教授、政府官員、公司經理、部隊軍官、家庭主婦……另外還有一個傻子。沙漠的白天氣溫高達五、六十度，如果不能及時找到水源，那大家都會迅速渴死。求生的強烈欲望在每個人的心中瘋狂增長，他們拼命地尋找水源。然而，沙漠卻和人類開起了玩笑，當他們看到一片綠洲狂奔而去時，綠洲卻在瞬間消失，在他們接連被愚弄幾次之後，發現所謂的綠洲其實只是海市蜃樓而已。眾人為此黯然神傷，決心等死。而那一個傻子呢？他不知道什麼是海市蜃樓，他只知道口渴，只知道要喝

唐太宗立像

唐太宗「無為而治」的治國思想，不僅開創中國歷史上著名的「貞觀盛世」，而且還吸引了周圍許多小國來朝。

水，在他人已喪失希望時，他依然努力不懈地尋找水源。最後，他爬過一個沙丘找到綠洲，他呼喊著、狂叫著飛奔而去，但卻沒有人理會他。三天後，當救援人員找到他們時，其他十個人全都渴死了，僅有那一個傻子還活著。

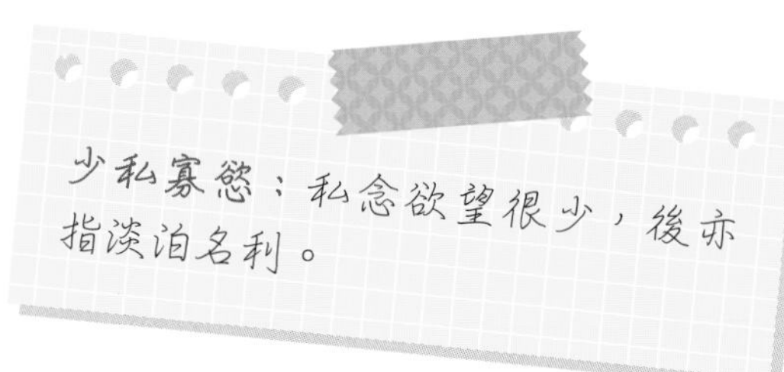

傻子不懂什麼是海市蜃樓，不懂什麼是欺騙；當然也就不會猜疑，不會放棄希望。而其他十人則恰恰相反，他們的聰明才智將他們推向絕路，傻子因「傻」得福，是「傻」救了他的性命。

另外，歷史上還有許多絕聖棄智、大智若愚的例子。例如，《宋史》曾經記載，宋太宗曾在某一天與兩名重臣一起喝酒，邊喝邊聊，兩人皆喝醉了，竟在皇帝面前互相比較功勞。兩人越比越起勁，完全忘記在皇帝面前應有的君臣禮節。侍衛在一旁實在看不下去，於是奏請宋太宗將這兩個人送吏部治罪。宋太宗沒有同意，只是草草撤了酒宴，派人分別把將兩名臣子送回家。第二天上午，兩人從醉酒中醒來，想起昨天的事，遂感到惶恐萬分，連忙進宮請罪。宋太宗看著他們戰戰兢兢的樣子，便輕描淡寫地說：「昨天我也喝醉了，記不得了。」就這樣，宋太宗既不處罰也不表態，裝裝糊塗，行行寬容。如此一來，不僅展現領導者的仁厚，更表現君王的睿智；既不失上位者的尊嚴，又保全下屬的面子。

當然，在此章節中，老子並不是要教導我們成為傻子，而是警醒世人，不要用自己的智慧猜疑他人、傷害他人，要做到質樸淳厚、少私寡欲。

第二十章

而貴食母

原文

絕學無憂，唯之與阿❶，相去幾何？善之與惡，相去若何？人之所畏，不可不畏。荒兮❷，其未央哉❸！眾人熙熙❹，如享太牢❺，如春登台。我獨泊兮，其未兆❻，如嬰兒之未孩❼；儽(ㄌㄟˊ)儽兮，若無所歸。眾人皆有餘，而我獨若遺❽。我愚人之心也哉！沌沌兮❾，俗人昭昭❿，我獨昏昏⓫；俗人察察，我獨悶悶。澹(ㄉㄢˋ)兮，其若海，飂(ㄌㄧㄠˊ)兮，若無止。眾人皆有以，而我獨頑似鄙。我獨異於人，而貴食母⓬。

註釋

❶ 阿：怠慢地答應，區別尊貴和卑賤的用語。

❷ 荒兮：廣漠空遠的樣子。

❸ 未央：未盡。

❹ 熙熙：形容縱情奔放、興高采烈。

❺ 太牢：古代祭祀天地以牛、羊、豬三牲具備為太牢，以示尊崇之意。

王蜀宮妓圖　明代唐寅

圖中的宮妓們頭戴銀髮釵、鮮花冠，身穿華麗的長袖、修長的裙子，自然是艷麗非凡，但她們的種種美麗只是為了贏得君王的寵愛，不覺甚感淒涼。此圖旨在揭示前蜀後主王衍荒淫腐敗的生活，寓有鮮明的諷喻之意。

❻ 未兆：沒有徵兆、預感，形容無動於衷、不炫耀自己。
❼ 孩：同「咳」，形容嬰兒的笑聲。
❽ 遺：不足、匱乏。
❾ 沌：渾沌無知。
❿ 昭昭：聰明光耀的樣子。
⓫ 昏昏：昏昏沉沉的樣子。
⓬ 母：比喻生育天地萬物之母的道。

譯文

唯諾和敷衍，相差多少呢？美好和醜惡，相差多少呢？人們所害怕的，便不可以不害怕。大道廣闊，無涯無際，永不停歇。眾人都在尋歡覓樂，好像在享受如同太牢一般豐富的宴席，又好似在春天登台觀賞美景一樣愉悅。而我淡泊寧靜，沒有萌生尋歡作樂的想法，心境

無言無為，無欲無求，這是老子的境界，也是有道之人不同於常人之處。老子認為，若能做到以上這些，便可以享受逍遙自在，達到真正至樂的境界。

常人	老子
熙熙	泊兮
有餘	若遺
昭昭	昏昏
察察	悶悶
有以	頑似鄙

就像還不會發出笑聲的初生嬰兒。我就像無家可歸之人一樣疲憊不堪啊！眾人都非常富足，只有我一個人什麼都沒有。我守著一顆渾沌無知的愚人之心啊！俗人都光耀自炫，獨我昏昏昧昧；眾人都精明審察，獨我懵懵懂懂。幽遠遼闊啊！就像大海一樣；飄逸無邊啊！彷彿不曾停止。眾人都有所作為，只有我愚頑且鄙俗。因為我不同於世俗大眾，我所希望的是回歸生育天地萬物之母的懷抱。

賞析

此章節可以說是老子的獨白，也是老子思想的精華，可以稱得上是《道德經》一書的重點之一。

老子在開篇提出反問:「唯之與阿，相去幾何？」整句話的意思是，順從和敷衍有多大的差別呢？下一句：「善之與惡，相去若何？」意思是，善良和邪惡有多大的差別呢？老子認為沒有很大的不同，僅在一念之間罷了。

在常人看來，美和醜是相對存在的概念，人們普遍偏愛美好的事物，而討厭醜惡的事物。因為此種心理的驅使，導致人們不惜一切代價去追求美好的事物，在獲得滿足時，就欣喜若狂；當無法實現自己的願望時，便悶悶不樂，煩惱和憂傷等情緒接踵而來。得道之人卻不同，他們心中無所謂美和醜，一切順應自然，從不刻意追求什麼，也就無所謂得到和失去，也就不會產生痛苦和煩惱。一個人整天悶悶不樂，不但是一種最殘酷的自我折磨，甚至還會影響他人的心情。帶著憂愁和煩惱生活的人，其人生品質將會大打折扣，更不會有什麼人格魅力可言。試想，這樣的人生還有什麼樂趣呢？

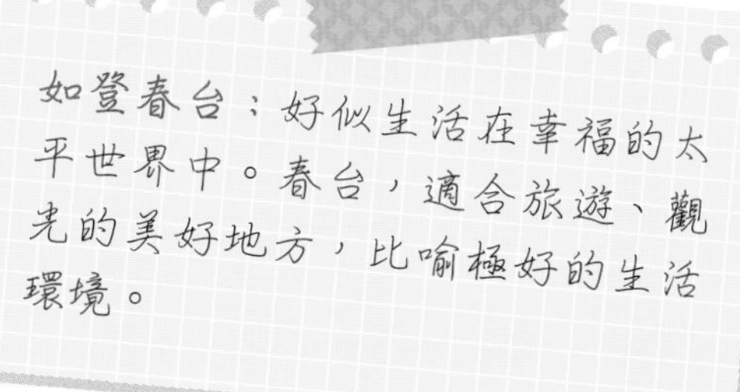
如登春台：好似生活在幸福的太平世界中。春台，適合旅遊、觀光的美好地方，比喻極好的生活環境。

晚笑堂畫傳－蘇軾　清代上官周

蘇軾的《水調歌頭．明月幾時有》千古傳唱，表達人類普遍的情感，「月有陰晴圓缺，人有悲歡離合，此事古難全」。那人們為什麼會「恨」月亮在離別時的圓呢？以物喜，以己悲，這就是常人沉淪的苦海。

老子將眾人和自己做了極其鮮明的對比，當眾人都沉浸在春天般的美景、享用著豐盛的大餐時，老子卻獨自甘於寂寞，懷著無比淡泊寧靜的心境，就如同剛出生的嬰孩般。在眾人借助外在的事物（美食、美景）而樂時，一旦外在的事物消失，他們的快樂也就不復存在了。就是因為得道之人明白外在世界轉瞬即逝，所以他們才始終保持淡泊恬靜的心境。

在眾人皆具有強烈佔有欲望的時候，他們利用自身的聰明才智你爭我奪，在混亂的世道裡大有收穫，而老子卻好似丟失了什麼東西一般。老子認為自己在眾人的眼中，是個多麼愚笨的人啊！眾人在獲得財富、地位、名利後，必然不甘寂寞，大肆炫耀。而老子卻以昏昏沉沉、迷迷糊糊的態度生活。正因為愚笨，所以心靈虛空，了無牽掛，無為自在，煩惱和憂愁自然遠離。世人都希望在有生之年爭出個所以然，以不知強為知，以不聰明強裝聰明，凡事斤斤計較、明明白白、一清二楚，而老子卻默不吭聲、悶悶不語。

老子並沒有對眾人的思想作出評論，他只是透過眾人的思想以反襯自己的想法，達到極其鮮明的對比效果。老子追求「沌沌」、「昏昏」、「悶悶」的思想境界，他認為自己之所以和眾人的思想不同，就是因為自己重視洞察萬物的根源，以滋補自己的靈魂，其他事物在他眼中一文不值。萬物之根源就是大道，老子處於大道之中，無言無為、無欲無求，自然也就無憂無慮、無傷無痛、逍遙自在，可謂真正的至樂境界。

第二十一章 唯道是從

原文

孔德之容❶，唯道是從。道之為物，唯恍唯惚❷。惚兮恍兮，其中有象❸；恍兮惚兮，其中有物。窈兮冥兮❹，其中有精。其精甚真，其中有信。自今及古，其名不去，以閱眾甫❺。吾何以知眾甫之狀哉？以此❻。

註釋

❶ 孔：甚、大。

❷ 唯恍唯惚：飄忽不定的樣子。

❸ 象：形象、物象。

❹ 窈：深遠、微不可見。冥：幽暗、暗昧、深不可測。

❺ 甫：同「父」，引申為事物之原始。

❻ 此：指「道」。

宋高宗書孝經馬和之繪圖－開宗明義章（畫）

哲學家西塞羅曾說：「修養之於心地，其重要猶如食物之於身體。」修身養性和涵養道德是人類自古以來的倫理。《論語．季氏》中曾提到：「君子有九思：視思明，聽思聰，色思溫，貌思恭，言思忠，事思敬，疑思問，忿思難，見得思義。」「德」是人類修「道」的方式。

譯文

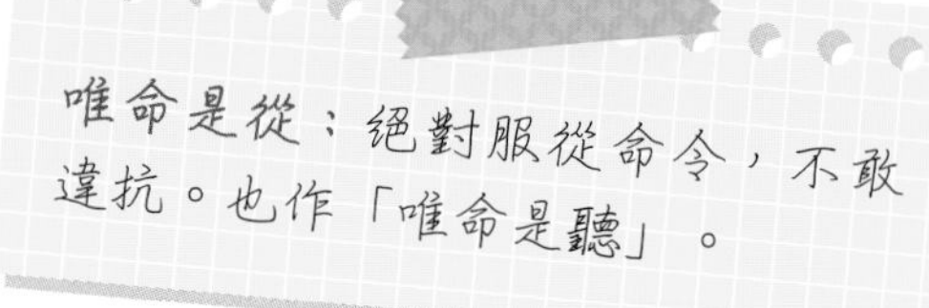

最高的德行願景，便是順從自然大道。道這個東西，恍恍惚惚，沒有固定的形體。恍恍惚惚啊！恍惚之中顯現意象；恍恍惚惚啊！恍惚之中卻有實物。深遠暗昧啊！其中隱含著精誠的動力，這個精誠是真切的、確信不移的。從今日上溯到遠古時代，它從來沒有改變其姓名，我們就用它認識萬物的演化源頭。我怎麼知道萬物演化的進程與結果呢？就是源自於以上所說的「道」。

賞析

在此章節中，老子提出「德」的概念。從漢字結構來看，「德」字從彳從目從心，「彳」是行走的意思，整個字可以理解為眼睛所看到的心行。大道無形，大道無聲，只能透過我們的思維去體認，而德卻能被人看見，它是人類對道體認後所採取的行為。也就是說，德是道在人類身上的體現，德是形式，道則是內容。

老子再一次形容道之廣大：它是恍恍惚惚、似有似無的。然而，在恍惚之中還存在著一種形象，那就是宇宙的形象；在恍惚之中還流轉著一種物質，那就是宇宙的流動。這個形象和流動存在於恍惚之中，非常幽暗深遠，雖然我們無法看到它們，但是其中卻真實存在著著精緻微妙的東西，那正是事物的本質。這一本質已超越我們人類所能理解的範圍，雖然我們無法真正地認識它們，但我們能真切地感知它們的存在。

如果大道是恍惚，那大德是什麼呢？老子說，大德是唯大道之命是從的。大德與大道是相融相通的，它就像大道一樣恍恍惚惚、幽暗深遠。道是德的根本，德是道的展現。無道就無德，有道就有德，合道者有德，不合道者無德。在此章節中，老子已基本完善了他所建構的道德體系。道體現在宇宙萬物上，它所代表的是宇宙觀和世界觀。德對於人類而言，是品格、德行，是成功者所具備的內在素質。德能被他人看見，被他人解讀，只有真正領悟大道的人才能擁有大德，才能將德行發揮到極致，這就是大道和大德之間的關係。如果我們能深入探究大道和大德的關係，並實踐它們，如此一來，便能領悟大德的真意，從而建立正確的價值觀和人生觀。

蘭亭修褉圖　明代文徵明

此圖取材自廣為流傳的文壇佳話——蘭亭修褉。崇山峻嶺，溪流蜿蜒，溪畔眾多文士或坐或臥，觀賞山光水色之間淙淙溪水送來的酒觴，潛心構思。水榭上相對而坐的是王羲之等人，正在評點已寫畢的詩文。林木蔭翳，叢竹泛翠，春色醉人。整幅畫呈現「惚兮恍兮，其中有象；恍兮惚兮，其中有物」的大道特色。

聖人抱一

原文

曲則全，枉則直❶；窪則盈❷，敝則新；少則得，多則惑。是以聖人抱一為天下式❸。不自見故明；不自是故彰❹；不自伐故有功❺；不自矜故長❻。夫唯不爭，故天下莫能與之爭。古之所謂「曲則全」者，豈虛言哉❼，誠全而歸之。

註釋

❶ 枉：彎曲。
❷ 窪：低窪。
❸ 抱一：守道。一，道。式：模式。
❹ 彰：明顯、表露、宣揚。
❺ 伐：誇。
❻ 矜：自誇、自負、驕傲自大。
❼ 虛言：空話、假話。

孫臏　明代佚名

孫臏與龐涓皆師從於鬼谷子，以學習兵法。龐涓為魏惠王將軍時，誆騙孫臏到魏，處以臏刑，故稱孫臏。而後，孫臏裝瘋，嚼豬糞騙過龐涓，被齊國使者祕密接回，成為齊威王的軍師。孫臏在馬陵之戰中，身居輜車，計殺龐涓，大敗魏軍。孫臏先是因才華出眾遇禍，後不惜委曲自己，反而得以全身而退，是「曲則全」寫照。

譯文

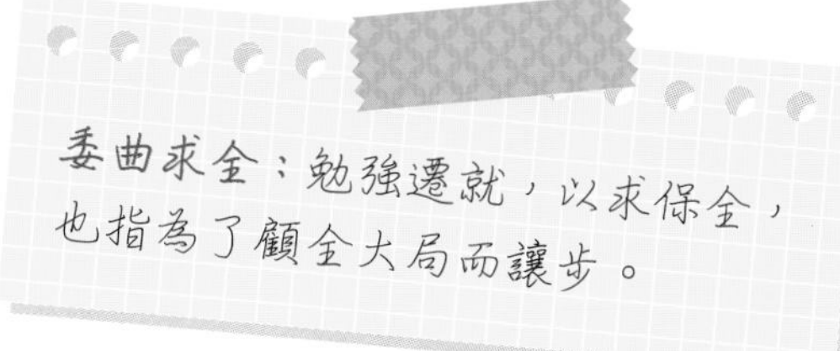

屈就反而得以完美周全，彎曲反而伸直；低窪反而得以充盈，破舊反而新生；少取反而得以多得，貪多反而迷惑。所以，聖人掌握萬事歸一的道，成為天下人所學習的模範。不固執己見，反而能看得分明；不自以為是，反而能是非昭彰；不自我誇耀，反而能顯現功勞；不自高自大，反而能保持長久。因為不和世人相爭，所以沒有誰能與他爭。古人所說的「曲則全」，怎麼會只是一句空話呢？我們必須真心誠意地遵循。

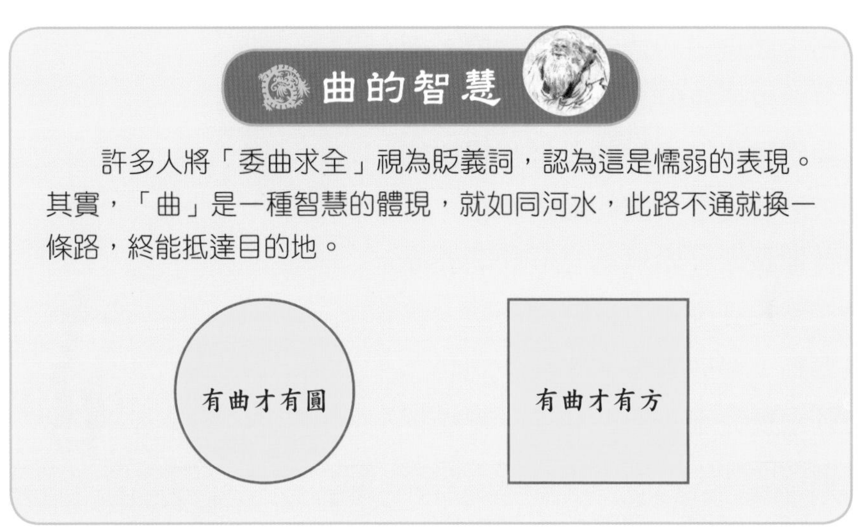

賞析

老子開篇引用古語，「曲則全，枉則直；窪則盈，敝則新；少則得，多則惑」。這六個方面分別指六種完全不同的事物，它們共同反映一個道理，那就是「委曲求全」。對於人類而言，這是一種低姿態的生活態度，但對於除了人以外的諸多生物而言，委曲求全其實是能夠保全自己，免受外來傷害的一種法則。

在生物圈中存有環環相扣的食物鏈，各種生物為了生存且免受淘汰，紛紛展現自己的生存技巧。蛇是一種柔軟的動物，正因為它的柔軟，所以才可以任意改變身體的形狀以躲避敵人，並自由前行而不受外界環境的阻撓。試想，如果蛇像木棒一樣堅硬，它還能自由前進嗎？乍聽之下這是一個十分可笑的問題，但是問題的根源就在於它違背常理，即我們所說的大道。在前面幾章，老子已一再強調，大道雖然看不見、摸不著，但卻能被我們所感知。德是道的展現，體現道的無行無為。蛇本身不是道，也不是德，牠只是萬事萬物中體現道和德的一種物體，而人類自然也是體現道和德的載體。

我們經常以青松的孤傲和柳樹的溫順來形容完全不同的處世風格，青松不畏懼嚴寒，傲然挺立，任憑外界風暴雷電的狂虐；而柳樹卻不同，它隨風舞動，姿態嫵媚。態度不同必然會造就兩種完全不同的命運，青松折幹，倒地而死；柳樹左右搖擺，保持平衡，毫髮無傷，還因此得到楊柳依

觀音圖　清代金禮嬴

圖中的觀音端坐於獅子上，萬獸之王低眉順目，像貓狗一樣溫順。這表示觀音慈悲救苦，普度眾生，連最為兇狠的動物或人也能受到感化洗禮。觀音菩薩的慈悲心腸，就像楊柳枝一樣柔軟溫順，被人們廣為尊崇而千年不朽。

依的美名。老子認為，我們應該學習柳樹，以「曲」而保「全」。

得道之人最是明白這個道理，他們永遠處於曲和枉的境界裡，所以自然而然就已經全和直，也就無所謂曲和全、直和枉了。沒有概念和分別，也就沒有矛盾產生，沒有了矛盾也就沒有痛苦，沒有了痛苦也就自在無為，和大道同步了。

聖人的眼中沒有自我，自然也就沒有他人或他物，所以不會被任何物體遮蔽，自然清澈明亮，也就什麼都能看得清晰了。聖人沒有善惡是非的標準，自己沒有對錯，對他人也就無所謂善惡。他們不自誇也不損人，自然得到他人的讚揚擁護。他們從不誇耀自己的作為，心中沒有功過的概念，自然也就不會驕傲自大。而常人則不同，常常因為一點點成就而沾沾自喜，四處炫耀。一開始，他人還能容忍，最後就覺得十分厭煩，自然無法得到他人的認可和稱頌。

最重要的是，聖人沒有區別對待的想法，對所有事物都一視同仁，無所謂名利，一切順應自然，淡然而寧靜。他們不會與人殘酷地你爭我奪，始終和大道合為一體。而萬物皆源於大道，和大道同體的人豈不是擁有宇宙萬物嗎？那還有什麼可以爭奪的呢？得道之人不與人爭，也就沒有得；沒有得，也就沒有失；沒有得失，也就無所謂患得患失；不患得患失，也就不會遭受痛苦折磨；沒有痛苦，便得以擁有美好人生。

在上一個章節中，老子提到大道和大德之間的關係。而此章節的「委曲求全」便是一則大智慧的處世方略，可以說是真正的大德。

道亦樂得

原文

希言自然。故飄風不終朝❶，驟雨不終日。孰為此者？天地。天地尚不能久，而況於人乎？故從事於道者，道者同於道；德者同於德；失者同於失❷。同於道者，道亦樂得之；同於德者，德亦樂得之；同於失者，失亦樂得之。信不足焉，有不信焉。

註釋

❶ 飄風：狂風。朝：早晨。

❷ 失：指失道或失德。

至聖先賢半身像－孟軻

孟子（西元前372年－西元前289年），名軻，鄒國人，東周戰國時期儒家代表人物，孟子之弟子萬章與其餘弟子著有《孟子》一書。孟子繼承並發揚孔子的思想，成為僅次於孔子的一代儒家宗師，有「亞聖」之尊稱，與孔子合稱為「孔孟」。《孟子．公孫丑下》提到：「得道者多助，失道者寡助。寡助之至，親戚畔之；多助之至，天下順之。」孟子和老子一樣，皆提倡「道」和「德」。

譯文

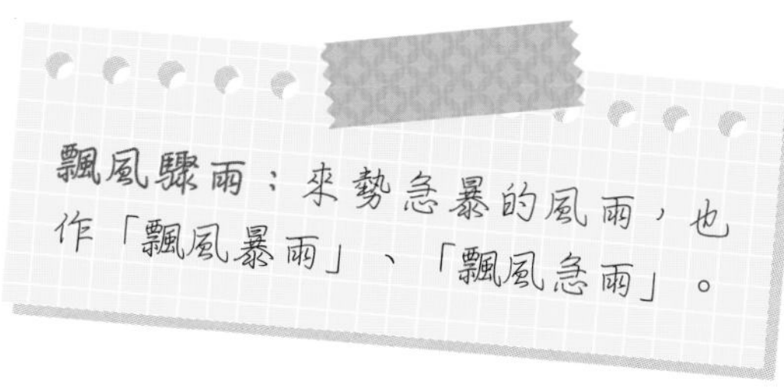

默默無聞才是合乎道。所以，狂風無法興狂一個早晨，暴雨無法落下一整日。是誰製造狂風驟雨的呢？是天地。就連天地所造成的狂風暴雨都無法持久，更何況是人的狂妄行為呢？所以，凡是舉動遵從於道的人，求道的就與道相同；求德的就與德相同，求失的就與失相同。合於道的人，道也會樂與相伴；合於德的人，德也會樂與相伴；合於失的人，失也會樂與相伴。而信用不足的人，道自然也就不會信任他。

賞析

此章節接續著上一章節的「道」和「德」，講述人們必須與道和德相一致，才能真正順應自然；唯有做到天人合一的境界，才能從自然中受益。

老子認為，對於統治者而言，減少發號施令才是合乎自然規律的。為什麼這麼說呢？我們可以發現，自然界的狂風皆無法興狂超過一個早晨，暴雨也無法作亂超過一天。這是因為自然界的萬事萬物都有相對平衡的規律：疾生疾滅、遲生遲滅、有生有滅、無生無滅。

在此章節中，老子論述為什麼統治者必須實施不言之教，並透過自然界的變化說明問題，比喻貼切，具有說服力。老子透過人們所熟悉的自然現象，闡釋遵循自然規律的大道和大德。他強調唯有人類合乎自然法則，才能存在長久，具體而言就是「少生分別而合於自然」。合乎自然也就是依照大道和大德行事，按照大道行事的人，大道也樂於伴隨他，願意和他和諧相處；按照大德行事的人，大德也樂於伴隨他，和他永遠在一起；而不合乎道德的人，道德自然遠離他。

牛耕圖磚刻　漢代

在人們還不懂得種植穀物的時候，就只能過著茹毛飲血的生活。在人們不順應天時耕作土地的時候，就只能獲得不豐足的收成。「道」亙古不變，合乎道就得益，不合乎道便受苦受難。

天地在我們的眼中總是神祕莫測，且蘊藏巨大的力量。但是，即使是蘊藏著巨大力量的天地，也必須遵循自然的道德規律。就連巨大的天地都無力對抗大自然，更何況是渺小的人類呢？我們唯有不違背自然規律，盡量做到合道合德，才能和大道大德融為一體，並從中獲得無限益處；與之相反，如果我們違背大道大德，不但無法獲得益處，甚至會受到大道大德的遺棄，和大道大德相背離，遭遇痛苦和災禍。許多事例無不證明這一點，例如，人們為了眼前的小利，亂砍亂伐地球上的森林，最後導致土石流和山崩，死傷慘重。總之，老子警惕我們，違背大道大德就等於自我毀滅。

第二十四章 自是不彰

原文

企者不立❶，跨者不行❷；自見者不明，自是者不彰；自伐者無功❸，自矜者不長❹。其在道也，曰餘食贅(ㄓㄨㄟˋ)形❺，物或惡之，故有道者不處。

註釋

❶ 企：抬起腳跟，腳尖著地。

❷ 跨：跨步行走。

❸ 自伐者：自我誇耀者。

❹ 自矜者：自吹自擂者。

❺ 餘食：殘羹冷飯。贅形：因飽食而長出多餘的肉。

至聖先賢半身像－荀況

《荀子．勸學》中提到：「積土成山，風雨興焉；積水成淵，蛟龍生焉；積善成德，而神明自得，聖心備焉。故不積蹞步，無以致千里；不積小流，無以成江海。騏驥一躍，不能十步；駑馬十駕，功在不舍。鍥而舍之，朽木不折；鍥而不舍，金石可鏤。」他的觀點和老子的觀點有異曲同工之妙。

譯文

抬起腳跟用腳尖站立，則無法站立穩固；大大跨步向前行，則無法行走快速；只看得見自己的人，則無法明辨事理；只會自以為是的人，則無法明辨是非；只會自我誇耀的人，反而無法顯出其功勞；只會自吹自擂的人，反而無法存在長久。以上這些行為，若從「道」的觀點來看，只能稱得上殘羹贅瘤，惹人厭惡。所以，有道之人是不屑做這些事的。

物極必反

物極必反是自然界的基本規律，有時候過於追求某一事物，反而會取得相反的效果。聰明的人懂得按照客觀規律行事，遵循自然之道，所以能取得預期的效果。下圖為常態分布曲線，可以作為物極必反的例子。

賞析

在上一章中，老子講述合乎「道德」和不合「道德」的不同，在此章節中，老子接著講述不合「道德」的結果，這也是老子思想中極富精義的部分。老子用精練的語言向眾人闡釋：人的主觀意志和客觀規律之間存在的矛盾。人唯有按照客觀規律行事，遵循自然大道，才能獲得利益，才能不使行為和結果太過偏離大道，才能使人類和道德之間的矛盾降低。

「企者不立，跨者不行」，此句話的意思是，用腳尖是很難站立的，這是由於人的身體結構所決定。人類身體的全部重量都落在兩隻腳上，所以我們的腳厚實寬闊，足以支撐沉重的身軀，一旦改變這種平衡，將全身的重力都集中於腳尖，腳尖便無法承擔這一重任。因為腳尖過於瘦弱，它沒有能力完成這一任務，而如果我們硬要將這一重任強加於它，這一強迫性的行為本身就違背自然規律，也就是所謂的不合「道德」。踮起腳跟，用腳尖站立，其目的是為了站得高、看得遠，但腳尖不堪重負，所以事與願違。「企」本身並沒有錯誤，錯的是人的思想和行為違背大道，其結果必然失敗。

同理，「跨」的意思是跨步行走，三步並作兩步。其實，這種走法是不合常理的，因為還沒等第一隻腳落下，就急著要走第二步，怎麼可能行走順暢呢？「跨」本來是為了快才「跨」，但這麼一「跨」卻反而無法行走了。「跨」是情緒焦躁的表現，由此可見，急於求成、焦急煩躁便無法成事。「跨」這一動作本身也沒有錯誤，關鍵在於動作和行為是否能達到目的。如果無法達到目

古帝王圖－蜀主劉備
唐代閻立本

在《三國演義》第三十七回「司馬徽再薦名士，劉玄德三顧草廬」中寫到，劉備、關羽、張飛二顧草廬時，三人與童子進諸葛草廬，至中門，劉備見門上大書一聯「淡泊以明志，寧靜而致遠」。其大意是：不追求名利，生活簡單樸素，才能顯示出自己的志趣；不追求熱鬧，心境安寧清靜，才能達到遠大的目標。此聯便是諸葛亮一生的寫照。

的，那就是違背自然規律，其行為就是違背大道和大德的行為，自然無法達到我們本來所預期的結果。

餘食贅瘤：吃剩的食物、身上的贅瘤，比喻遭人厭惡的事物。

接下來，老子提到：「自見者不明，自是者不彰；自伐者無功，自矜者不長。」其實，在第二十二章中就已出現過類似的話語，老子不斷重複這些話，就是為了強調不合道德是有百害而無一利的。而在此其中，始終貫穿著老子以退為進、委曲求全的處世哲學。既然是「曲則全」，那麼不故意表現或張揚自己，便是比較明智的行為；自以為是的人，反而無法彰顯自己的能力和優勢；自我炫耀的人，反而無法獲得自己的功勞；自高自大的人，反而無法長久生存。總之，以上的行為和結果恰恰皆背道而馳，不是行為者本來期望得到的結果。老子形容這些行為是殘羹贅瘤，是令人作嘔的作為。

從以上的言論中，我們可以從中領悟：做人不能過於虛榮、過於張揚、妄自尊大。在這個物欲橫流的社會中，人心變得越來越浮躁，虛榮心日增，我們該如何身處鬧市而拋卻浮華，做一個符合大道大德之人呢？這是很多人都關心的問題，但是卻沒有人可以給我們一個切實可行的答案。

老子，作為幾千年前的一個思想家，現代人可以借鑑於他的思想哲學，他對大道的透析和衍生而成的處世哲學，皆是人類的思想瑰寶。

第二十五章 道法自然

原文

有物混成，先天地生。寂兮寥兮❶，獨立而不改，周行而不殆❷，可以為天地母❸。吾不知其名，字之曰道，強為之名曰大❹。大曰逝❺，逝曰遠，遠曰反❻。故道大，天大，地大，人亦大。域中有四大❼，而人居其一焉。人法地，地法天，天法道，道法自然❽。

註釋

❶ 寥：廣闊無形。
❷ 殆：停止。
❸ 母：萬物之根本。
❹ 強：竭力、勉力。
❺ 逝：指道的運行周流不息。
❻ 反：同「返」，意為返回原狀。
❼ 域中：宇宙之中、空間之中。
❽ 法：仿效。

洞天問道圖　明代戴進

此圖描繪軒轅黃帝至崆峒山向廣成子問道的故事。廣成子說：「道是無窮無盡的，但人們卻誤認為它有終結的時候；道無法用法則衡量，但人們卻以為它有極致可以探究。」又說：「得到我所闡述的道，在上可以為皇，在下也可以為王；失去我所闡述的道，在上只能見到道所發出的光華，在下則只能化為塵土。當然，萬物生於土而復歸於土。」

譯文

有一個渾渾沌沌的東西，在天地形成以前就已經存在了。它寂寂無聲而又廣闊無形，它獨立長存而又永不衰竭，它周而復始而又永不停息，它是宇宙萬物的根本。我不知道它的名字為何，只能勉強為它取一個名字為「道」，我又再勉強替它取名為「大」。因為它廣大無邊而又周流不息，周流不息而又擴展遙遠，擴展遙遠而又返回本源。所以人們說，道大、天大、地大、人也大。宇宙中有四大，而人居其中之一。人取法於地，地取法於天，天取法於道，道取法於自然。

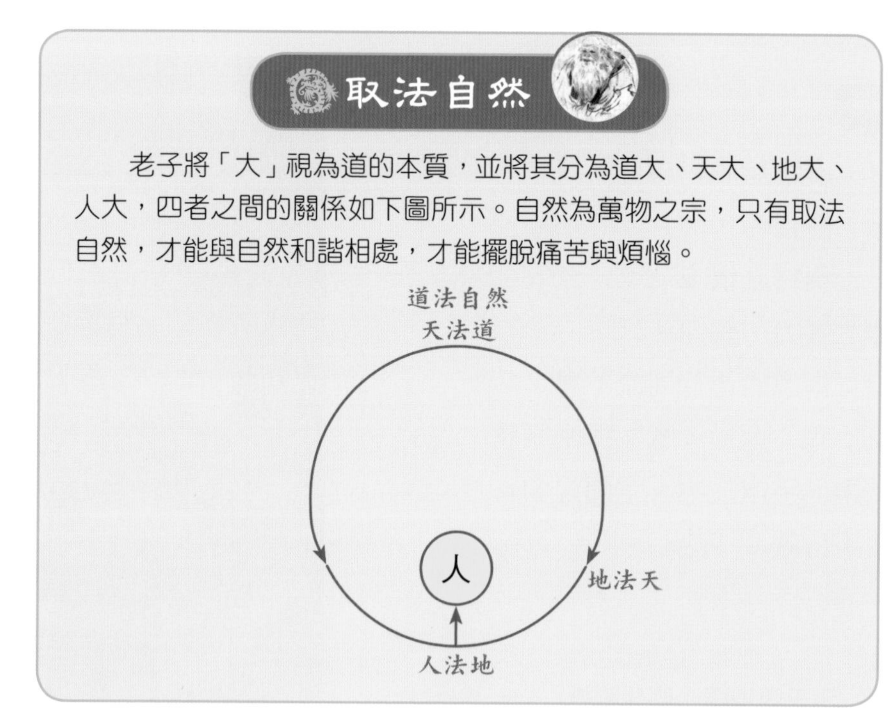

賞析

在此章節中，老子再次闡述道的性質和規律。道是一個物質，且是最先存在的實體，但這個實體看不見、摸不到，既寂靜又空虛，不因為人的主觀意志而改變，它無所不在而又永不止息。大道無形，它沒有可供我們辨認的形狀，但它確實是某一個物體，但這個物體很特別，它不同於我們之前所認識的任何東西。道是一個渾沌的整體，在天地生成之前就已經存在了，它超越任何時間和空間，我們無法用肉眼看到它的樣子，也無法用耳朵聽到它的聲音。我們看不到、聽不到，但並不代表它不存在。

道是永恆存在的，它恍恍惚惚，我們只能勉強稱之為「道」。道獨立存在，沒有等級，沒有分別，絕對獨立。正因為它沒有分別，也就沒有矛盾，因此永遠不會走向負面。它不會改變，恆久不變。道是一個整體，它無所不在，遍及整個宇宙，是衍生天地的根源。

在這一章節中，老子提出了一個新的概念——大，這個「大」不是我們平常所說的，和「小」相對而言的「大」。在此處，「大」代表一個形象，是一種虛空的形象，用以比喻大道的本質。大道必須運行，而且因為大，所以它的運行速度極快，在運行到一定極限時，它便會自動返回，所以它永遠不會枯竭。就像我們將一杯水灑在地上，水會順勢而流，當流到極限時，它便無法再往前。於是，水便會停止，然後蒸發，直至成為空氣中的一分子，回歸大自然的循環系統。和大道相同，它們永遠不會枯竭。那麼，大道為什麼不會枯竭

中國銀行五圓（左側為黃帝人像）　民國二年

黃帝向廣成子問道。第一次見面時，皇帝說：「我聽說先生明達大道，故願請問道的精粹。我想取得天地之精華，以佐助五穀的生長而養育人民。我又想獲得掌管陰陽的本領，以便利群生。該如何達到我的願望呢？」廣成子說：「如此多欲，我怎麼能與你談論道的精義呢？」黃帝頓時醍醐灌頂，而後便勤加修行，成為世間神仙第一人。

呢？其中最主要的原因是，大道能返回最初的原始狀態，從而保留自己的實力，以便於周而復始地運行。

天大地大：形容宇宙的遼闊，後用以形容極大。

因為道「大」，所以道生出的天「大」，地也「大」。而人類擁有自己的思想和意志，唯有人能認識到大道的存在，所以也可以稱得上「大」。老子將存在於茫茫宇宙間，擁有巨大能量的四種事物排序，它們的順序為：道大、天大、地大、人大。在此處，老子並列人和道、天、地，是因為人類可以體認大道的存在，能夠感知天地的力量，能夠將自己融合於道、天、地之中。

道「大」且玄奧，它生成天地萬物，那它本身又是如何產生的呢？老子認為，它是自然而然孕育而生的，即「道法自然」。意思是道是自然生成的，它向自然學習效法，並順應自然。道是至高無上的，連它都要向自然學習並順應自然，更何況是渺小的人類呢？我們還能無視自然且自高自大嗎？但是，人類確實犯了這個錯誤。人類總是自以為自己有獨立的思想和聰明的頭腦，所以就以萬物的主宰自居，大肆屠殺牲畜，恣意毀壞森林和植被。我們遺忘了在我們的頭上還有大道和天地，它們將會隨時懲罰人類的貪婪無知和狂妄自大。所以，老子提醒我們絕不可自以為是，要和天地合二為一，要學習大道包容萬物的胸襟，和大自然和諧相處。

靜為躁君

原文

重為輕根❶。靜為躁君❷。是以聖人終日行不離輜重❸。雖有榮觀❹，燕處超然❺。奈何萬乘之主❻，而以身輕天下？輕則失本，躁則失君。

註釋

❶ 重：沉重、穩重。

❷ 躁：急躁、躁動。

❸ 輜重：古代軍隊中載運器械、糧食的車輛。

❹ 榮觀：華麗的住所。

❺ 燕處：安居之地。

❻ 萬乘之主：擁有一萬輛兵車的大國之君。乘，兵車的數量。

古帝王圖－隋煬帝廣　唐代閻立本

隋煬帝楊廣，一名英，小字阿㱮，廟號世祖。在位期間加強中央集權，擴大統治的社會基礎。但他好大喜功、窮奢極欲，僅從西元604年至西元608年，短短四年就動用近五百四十萬民力修建大運河（開鑿通濟渠、永濟渠）、長城和洛陽城。又西巡張掖、「親征」吐谷渾、以厚利誘使西域商賈至洛陽，最終引發百姓乃至貴族的大規模抗爭。西元618年，楊廣在江都被部下縊殺。

譯文

穩重是輕率的控制者，靜定是躁動的制服者，因此君子行事都不敢輕舉妄動。雖然有豪華的樓台亭榭，但他安閒靜處、超然脫俗。為什麼擁有萬輛兵車的大國君王，卻以輕浮躁動的行為治天下呢？輕浮將會失去根基，躁動將會失去君位。

賞析

此章繼續緊承上一章的內容，講述自然對人的制約，以及人類為什麼必須順應自然的問題。

老子一開始就舉出了兩個矛盾的現象：輕和重、動和靜。在第二章中便曾出現過美醜、善惡、有無、難易、長短等對立概念，第十三章也曾出現寵辱的對立概念。老子提出並論述這些概念，真實且具體地反映其自身的辯證思想。他認為矛盾是普遍存在的，任何事物都無法孤立存在，事物彼此之間相互依存、相互制約。

在重和輕的問題中，老子認為重是輕的根本，輕由重決定，如果只注重輕而忽略重，就會失去根本，正是因為有了重，輕才得以存在。例如，

十八學士圖－書　宋代佚名

俗諺說：「道德傳家，十代以上，耕讀傳家次之，詩書傳家又次之，富貴傳家，不過三代。」秦二世胡亥登上帝位之前，就害死了自己的哥哥扶蘇，在登帝位後，又在咸陽處死十二個兄弟，另外，又在杜郵將六個兄弟和十個姐妹碾死。胡亥最終死於寵臣趙高之手，死時僅二十三歲，僅僅當了三年皇帝。

我們可以設想，如果地球沒有重力，那會是怎樣的一個景況呢？人類將無法站穩腳跟，無法進食，也不再可能延續生命，那是十分可怕的事情。而在動和靜的矛盾中，老子認為靜是根本，動是其次。此處的輕可引申為輕浮，動可引申為躁動不安。其實，輕浮和躁動都是人格所映射的不良行為舉止，是人類成功的大敵，此種舉止反映如果我們違道而行將帶來的後患，不順應自然大道必然受到懲治。

那聖人（得道之人）是如何合道而行呢？聖人行事從不輕舉妄動，而是慎重考慮後再行動。聖人絕不會表現出輕率焦躁的樣子，因為得道之人順應了天道，而不是恣意妄為。他們雖然有可供享受的華麗亭台樓院，但他們身居其中卻不沉迷於其中，超然對待安逸的環境，而不是心氣浮躁。在物質生活極度豐富的今日，我們該如何看待物質財富呢？是坦然地享受它們？還是依舊過著簡樸的生活呢？老子在此章節中提到的順應自然，或許能為我們帶來一些指引。物質是人所創造的，生不帶來，死不帶去，我們活在人世間，如果一味拒絕繁華富足的生活，日子未免過於單調乏味。其實，追求物質和金錢本身並沒有錯，享受雙手創造的財富也沒有錯，但我們應該如同老子一般，以超然的態度看待富有和貧窮，而不是汲汲營營。

最後，老子將矛頭指向「萬乘之主」，即大國的國王。當時的統治者大多過著縱欲奢靡、豪侈輕浮的生活，他們狂妄自大、焦躁輕率。在老子看來，一國之君應當持重守靜，而不是輕浮焦躁、輕舉妄動。當時的統治者多以沉迷於玩樂享受為重，以治理國家大事為輕，這就有違「重為輕根，靜為躁君」的天道，所以便會落下「輕則失根，重則失君」的下場。歷史上有違大道的暴君、昏君無不是以悲慘的結局收場，遭到後人的唾罵和鄙棄。

第二十七章　善行無轍

原文

善行無轍跡❶；善言無瑕謫❷；善數不用籌策❸。善閉無關楗ㄐㄧㄢˋ而不可開❹；善結無繩約而不可解❺。是以聖人常善救人，故無棄人；常善救物，故無棄物。是謂襲明❻。故善人者，不善人之師；不善人者，善人之資。不貴其師，不愛其資❼，雖智大迷，是謂要妙。

註釋

❶ 轍跡：軌跡，行車時車輪留下的痕跡。

❷ 瑕：瑕疵、缺點。

❸ 籌策：古代人們用作計算的工具。

❹ 關楗：關門的木閂。橫的為關，豎的為楗。

❺ 繩約：繩索。約，用繩捆物。

❻ 襲：承襲。明：此處指「明道」。

❼ 資：借鑑。

花卉十二員－梅雀
清代劉德六

雀聞梅香而立枝頭，就像人們看到他人的優點和善處而學習；如果雀覺得有危險便會飛走，正如人們從他人的缺點和惡習看到自己不該做的事情。因此，我們應該重視善人的教誨和借鑑惡人的言行。

譯文

善於行道的人，做事從不留下痕跡；善於言談的人，從不留下漏洞供人指責；善於計數的人，不需要使用計算的工具；善於閉合的人，沒有使用門閂也無法被他人開啟；善於打結的人，就算沒有使用繩索，旁人也無法解開。聖人善於救助他人，所以沒有被遺棄的人；聖人善於利用他物，所以沒有被廢棄的物品，這就是因循常道之理。善人可以作為不善人的老師，不善人也可以作為善人的借鑑。不尊重善人的教導，不注重不善人的借鑑價值，雖然看起來很明智，但其實是一件愚蠢的事，這是一個高深奧妙的道理。

聖人與常人的不同

善者／聖人	不同之處	不善者／常人
做事謹慎，不留痕跡	行	做事拖延，處處留痕跡
言辭嚴謹，沒有漏洞	言	言辭輕浮，處處有漏洞
只需用心計算就可以	數	用算盤計算也不一定算得好
不用門閂他人也打不開	閉	即使有門閂也能被輕易打開
不用繩子他人也解不開	結	即使用繩子也能被輕易解開

賞析

《道德經》在結構安排上十分緊湊，而且前後呼應。在此章節中，處處閃耀著老子的哲學火花，無不顯示他深藏不露的機智和智慧之心。

老子延續「道」的理論，進一步提出我們應該如何展開自己的行動。他提出「五善」，即善行、善言、善數、善閉、善結，五善是老子認為合乎大道的行為，只有達到五善的境界，才能行動自如，就如同庖丁解牛一般。以下就分別闡釋「五善」的意義：

善行無轍跡。善於行道的人，絕不會留下對自己不利的痕跡，他們善於掩蓋自己的行蹤，以達到行動的目的。像是兵書《三十六計》中的第一計就是「瞞天過海」，意思就是隱蔽自己的行跡，瞞過他人的眼睛，以達到「過海」的目的。這一計謀不僅適用於軍事領域，更適用於生活、處世、經商等各個範疇。也就是善於隱蔽自己的蹤跡，而且巧妙地瞞過他人的眼睛，絕不是大張旗鼓，就怕別人不知道。就如同狐狸一般，牠們生性狡猾，善於掩藏自己的行跡，最後保全了自己的性命。人類在行為處世上，也應該學習狐狸在一切行動中所具有的高度警惕性和敏感性。

善言無瑕謫。大多數人在不會走路時就學會了說話，甚至在三、四個月的時候，就開始用自己的語言和家人進行交流，家人雖然聽不懂我們在說什麼，但卻能明白我們的意思。語言是人類欲望的聲音，我們最先使用語言時，就是為了表達自己的欲望，除了生理上的吃喝拉撒之外，還要證明自己的存在，和表達渴望被家人安撫的欲望。當我們成長到真正會說家人能聽懂的言語時，我們更是盡情表達自己的感情，我們會大聲地嚷嚷，以表達自己的憤怒；我們會向家人撒嬌，以獲取家人的寵愛；當我們不再是孩子而完全投入社會時，我們便會和他人進行語言交流，以表達自己的觀點和想法。在運用語言進行交流的時候，如何才能充分表達自己的觀點，又不會留下漏洞讓人指責呢？這是至關重要的問題，但不是每個人都能做到。老子認為，完美表達自己的觀點，而又不被挑出漏洞的人，才是真正的善言者。我們也許會存在這樣的疑惑：小時候只要嗯啊幾聲，就能被家人理解；而長大後卻常常遭到他人的誤解和非議，究竟是什麼原因呢？因為言多必失。我們往往因為一句話，而成為他人非議的把柄。所以，真正會說話的人並不是滔滔不絕，而是能說到重點而沒有被人抓住把柄。

善數不用籌策。有一種人善於心算，他們不需要借助任何計算工具就能準確地計算出結果。在科技日新月異的今天，電腦有著驚人的計算速度而且精確度也非常高，人們無須動腦思索計算，便可得出結果。然而電腦終究代替不了人類，因為電腦只能推算有形的事物，而對於無形的東西，它根本無法掌握。但人類卻不同，人類可以默記無形事物的發展運作和各種變化，從各種變化中尋求適合自己的生存方式和狀態，這種用心默識、默算的處世態度也是老子無為處世哲學的一部分。

善閉無關楗而不可開。意思是，善於閉合的人不需要鎖和門。此處所說的「閉合」並不是平常所說的封閉自我、故步自封，而是為了防止同類殘害，不得不採用的一種手段，是為了保護自己。

善結無繩約而不可解。不用繩索就能將人牢固地捆綁起來，才是最高明的捆綁者，此處借指對事物的掌控能力。能夠獲得這種掌控能力，便是他們依大道行事的結果。

以上「五善」就是老子高深智慧的結晶，也是他對自然無為思想的引申。

聖君賢臣全身像－鬼谷子

《鬼谷子·中經》曾說：「（言）多必有數短之處。」明代張岱的《夜航船》中有這樣一個故事：有一個讀書人與一個和尚同船，讀書人侃侃而談，和尚因為敬畏而不敢挪動。後來，和尚問讀書人：「堯、舜是一個人還是兩個人呢？」讀書人說：「一個人。」和尚馬上鬆懈地說：「容我伸伸腳！」因此，我們可以得知，侃侃而談的人並不是真正的善言者。

第二十八章 復歸於樸

原文

知其雄❶，守其雌❷，為天下谿（ㄒㄧ）。為天下谿，常德不離，復歸於嬰兒。知其白，守其黑，為天下式❸。為天下式，常德不忒（ㄊㄜˋ）❹，復歸於無極❺。知其榮，守其辱，為天下谷❻。為天下谷，常德乃足，復歸於樸❼。樸散則為器❽，聖人用之則為官長❾，故大制不割❿。

註釋

❶ 雄：雄壯，比喻剛勁、強大。

❷ 雌：比喻柔弱、謙下。

❸ 式：楷模、典範。

❹ 忒：閃失、過失。

❺ 無極：最終的真理。

❻ 谷：深谷、峽谷，比喻胸懷寬闊。

❼ 樸：素樸，指淳樸的原始狀態。

❽ 器：器物，指萬事萬物。

❾ 官長：百官的首長、領導者。

❿ 大制：完善的政治制度。

東山攜妓圖　明代郭詡

東晉名士謝安才滿天下，卻隱居於會稽東山，縱情山水，每出遊必攜妓同行。朝廷屢次徵召，他皆以病辭，後出仕司馬，又升任宰相。謝安便是「知其雄，守其雌，為天下谿……知其白，守其黑，為天下式」的最佳典範。

譯文

深知自己的剛強之處，卻安守柔弱，甘願處於天下卑微之處。甘願處於天下卑微之處，便可以得到永恆的德，就可以歸於嬰孩般純真柔和的狀態。深知潔白，卻安守汙黑，便可以成為天下的典範。成為天下的典範，便可以成為天下德的典範。成為天下德的典範，便可以得到永恆的德，就可以回復宇宙的初始。深知尊榮，卻安守卑辱，便可以宛若深谷一般胸懷天下。宛若深谷一般胸懷天下，便可以得到永恆的德，就可以回復純真狀態。渾沌的原始狀態演化成宇宙萬物，聖人懂得萬物的治理法則，就可以成為萬物的統領；聖人若能完善運用大道統治天下，便可以無所損傷。

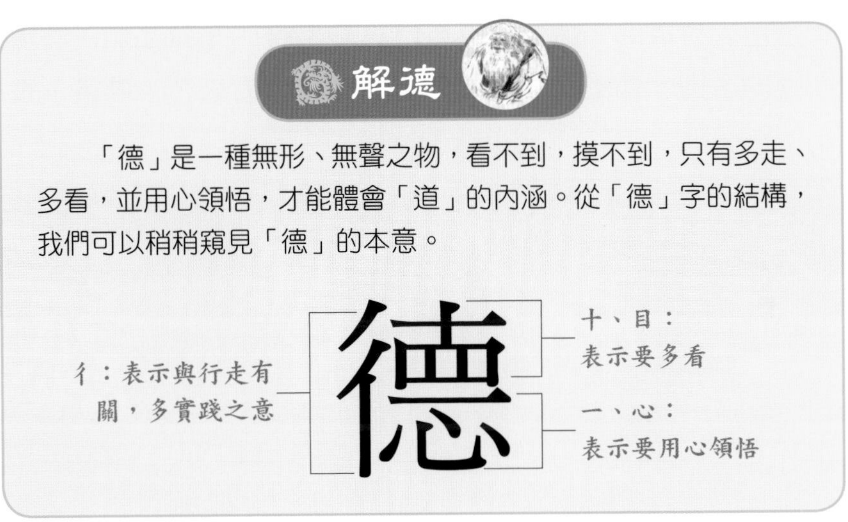

賞析

這一章是承上一章而來，上一章主要論述無為而為的思想，人能做到自然無為也就代表進入得道之境了。在此章節中，老子主要論述「道」所包含的基本內容，即柔和與虛無，此二者合起來就是樸素自然，更強調道的整體性和不可分割性。道的法則就是從無到有，再從有到無，如此循環往復、永不停息的過程。這一法則決定了人在修道時，無法一次完成，而是必須進行永不停息的修練。即便修得完滿後，也必須繼續保持道德不流散，確保它的完整性。因為一旦流散，道就會再次進入從無到有、從有到無的循環往復之中。

老子認為剛強是有為的表現，柔弱是無為的表現，柔弱是合於道的，而剛強是不合於道的。他希望人們了解剛強是不合道之法則的，所以要堅守柔弱。人們常用溫柔似水形容女子的美好性格，水性本柔，所以能承載天下萬物，人如果能達到如溪水般柔順，也就符合道的要求了，也就能回歸嬰兒般的自然狀態，也就可以得道了。

老子認為真正的知識不是靠別人的傳播，也不是靠自己的經驗累積，這在常人看來理所當然之處，卻與老子的觀點恰恰相反。老子認為不管是他人傳播的知識，或靠自己經驗累積的知識都無法體現道的本質和道的法則，都不是真正的知識。在常人看來，「糊塗」就是沒

難得糊塗　清代鄭燮

《紅樓夢》第二回「賈夫人仙逝揚州城，冷子興演說榮國府」寫到，賈雨村在淮揚郊外的一個破廟中，見到一位龍鍾老僧在「煮粥」，問他話則答非所問。「粥」是「糊塗」一鍋，此處即以「粥」說老僧糊塗。其實，這位老僧並非是不明事理的糊塗，而是歷盡滄桑的淡定。他看透世情，對賈雨村這種追名逐利之人一看便知，毫無興趣。

有知識和經驗，但老子認為「糊塗」才符合道的真諦，「無」便是道的真諦，無知無識便是道的精神體現。因此，老子主張得道之人應保持糊塗狀態，並以此作為天下的楷模。

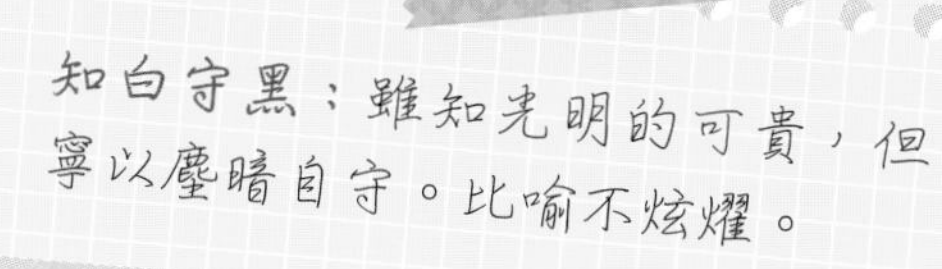

清代畫家鄭板橋最為膾炙人口的匾額就是「難得糊塗」。根據民間傳說，某一年，鄭板橋前往一座雲峰山上看碑，由於天色漸暗而來不及下山，於是不得已借宿山間的一座茅屋。茅屋的主人是一位儒雅的老人，自命糊塗，言談之間，出語不俗。老人請鄭板橋題字，以便鐫刻在硯背之上，鄭板橋欣然慨允，題了「難得糊塗」四個字。因硯石過大，還有不少的空隙，鄭板橋便請老人作一跋語，老人也很興至，便題筆寫下：「得美石難，得頑尤難，由美石轉入頑石更難；美於中，頑於外，藏野人之廬，不入富貴之門也。」鄭板橋大吃一驚，心知這位老人必不是等閒之人，當下見硯台尚有空隙，便再補寫一段：「聰明難，糊塗尤難，由聰明轉入糊塗更難；放一著，退一步，當下心安，非圖後來福報也。」老人見了大笑不已。這便是「難得糊塗」的由來，也是老子所提倡的無為之道。

接下來，老子提到：「為天下式，常德不忒，復歸於無極。」忒，是差錯的意思；無極，是無邊無際、無始無終的意思。此處強調楷模的力量，得道之人要實施無言之教，而不是將自己的觀點強加於人，這正體現老子無為而為的處世哲學。

人是有欲望的動物，貪慕榮華富貴是人的本性。唯有在了解榮華富貴終歸於「無」之後，才能泰然處之，無所不容，無所不能容，最後達到道的境界，修得圓滿。然而，修得圓滿後也不是大功告成，而是必須繼續保持對道的堅守，否則又會進入從無到有的循環往復之中。

道經

第二十九章 為者敗之

原文

將欲取天下而為之❶，吾見其不得已❷。天下神器❸，不可為也；為者敗之，執者失之❹。故物或行或隨❺，或歔ㄒㄩ或吹，或強或羸ㄌㄟˊ❻，或載或隳ㄏㄨㄟ❼。是以聖人去甚，去奢，去泰❽。

註釋

❶ 取：治理。

❷ 不得已：達不到、得不到。

❸ 神器：神聖的物品。

❹ 執：把握、執掌。

❺ 隨：跟隨、隨從。

❻ 羸：瘦弱。

❼ 載：安穩。隳：毀壞、損毀。

❽ 泰：極、大。

乾隆皇帝大閱圖軸
清代郎世寧

清代乾隆皇帝在位六十年，曾六次南下巡視。他在《欽定南巡盛典》中說：「予臨御五十年，凡舉二大事，一曰西師，一曰南巡。」乾隆皇帝將南巡視為自己平生最重要的事功之一，他六下江南，開支浩繁。在整治地方事務的表象之下，其實也是為了滿足個人玩樂和炫耀功績的私欲。

道經

譯文

要想治理天下而又故意有所作為的人，我認為他無法達到目的。天下是神聖的造化之物，是不能憑主觀意識而改變的。憑主觀意願而故意有所作為的人，必定失敗；把持天下並意圖將它據為私有的人，也必定失去。世間之物，有的前行，必定有的跟隨；有的溫暖，必定有的寒冷；有的強壯，必定有的瘦弱；有的安穩，必定有的危險。因此，聖人要消除極端，消除奢侈，消除過度。

賞析

這一章主要論述順應自然的重要意義，自然界的一切事物都有它獨特的存在方式，不能人為地強加干涉。如果強加干涉就是違背大道，便會受到大道懲罰，註定遭受失敗。任何事物皆是如此，任何事物都不能違背大道的運行規則。

老子在《道德經》中多次提及統治者應「無為而治」，實施不言之教。唯有這樣才能定國安民，國家才能長治久安，其統治地位才能安穩無憂。

國家政權是一種代表群體的權力，君主也就是具有超然地位的權力象徵，他不但可以裁斷國家內部的一切矛盾，亦能夠全權處理國家的外部糾紛。而國家政權的操縱者們當然也會產生個人的欲望，因此，他們固然可能帶領國家迎向輝煌局面，但也經常因為獨斷專行，而引起國家覆滅。老子認為，雖然國君免不了有一些大有作為的舉動，但任何君主都不能把國家視為施展個人理想的工具。老子態度嚴厲地警告那些野心勃勃的統治者，若以國家作為賭注，就必定會失敗；若以國家作為個

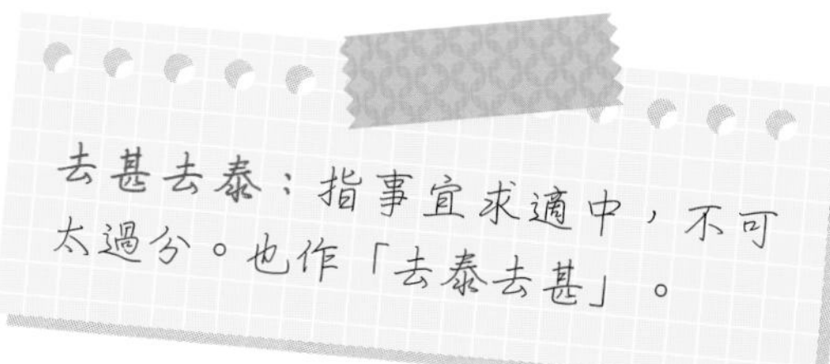

人的長久私產，就必定會失去。因此，聖人們治理國家時，都在努力消除偏執、奢華、過分的行為。聖人（得道者）明白這個道理，所以便採取無為的方針治理國家，也就不會失敗；因為聖人不輕易支配百姓，所以也就從來不會失去。如此一來，天下也就得到大治了。

俗話說：「一樣米養百樣人。」有一百個人，便會有一百種迥然不同的性格特徵。有些人特立獨行，有些人隨聲附和；有些人吹出熱氣，有些人吹出寒氣；有些人剛強好鬥，有些人羸弱好欺；有些人喜歡安靜，有些人喜歡冒險。天下芸芸眾生，而各人的性格又不相同，那麼聖人該如何治理才能確保人心歸順呢？老子反復強調唯有順其自然，讓每一個人按照他們的不同特性生存發展，而不要強行干涉，以確保人心安穩。

所以，聖人治理國家的首要任務就是消除那些極端的事情，消除那些奢侈的東西，消除那些過分的行為。如此一來，天下人就得到平衡和安定了。沒有那些極端的人事物干擾天下百姓，天下百姓也就能自由自在地生活了。

百鹿圖　清代艾啟蒙

圖卷中描繪塞外草原風光，滿山丹楓黃葉，群鹿遨遊其間，或行走游水，或跪臥憩息，或抵角而鬥。天下眾人就像百種不同的鹿一般，統治者應順其自然，讓每一個人適性發展。

第三十章

以道佐主

原文

以道佐人主者❶，不以兵強天下。其事好還❷，師之所處，荊棘生焉；大軍之後，必有凶年。善者果而已❸，不敢以取強❹。果而勿矜，果而勿伐，果而勿驕，果而不得已，果而勿強。物壯則老❺，是謂不道，不道早已❻。

註釋

❶ 佐：輔佐。
❷ 還：還報、報應。
❸ 果：勝利、成功。
❹ 取強：逞強，顯示其強大之處。
❺ 壯：強盛、強大。
❻ 早已：很快就完結。

譯文

依照道的原則輔佐君主的人，不會依靠兵威而威脅天下。用兵必然會得到報應，軍

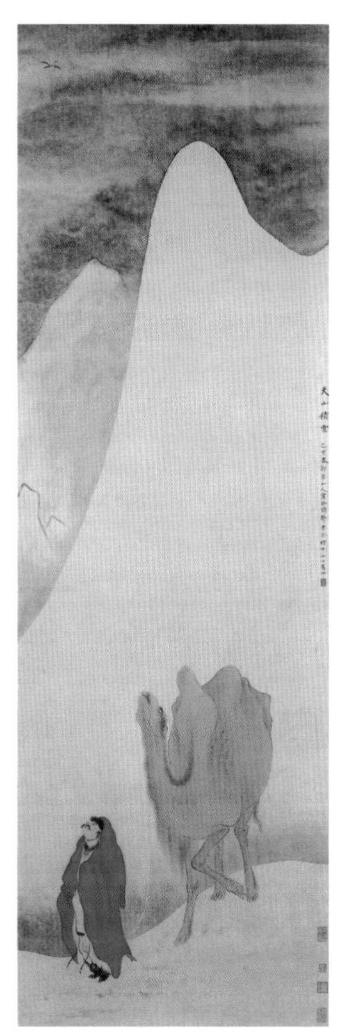

天山積雪圖　清代華嵒

天山腳下，一個身披大紅斗篷的單身旅客，牽著一匹雙峰老駝，艱難地行走著。天色昏暗，四野空曠，道路漫漫，白雪皚皚，圖中的人和天地都給人冷冰冰的寒意。但是，正因為冬天來了，所以春天也已將近，物極必反，冬天的冰冷並不能摧毀世界，反而能帶來溫暖的春天。

隊停駐的地方，田地裡必然荊棘叢生；大戰之後，必定會迎來凶荒的年歲。善用兵者只要達到基本目的，就會立即停止戰事，不會因為兵力強盛而耀武揚威。達到目的後，不自大、不誇耀、不驕傲、不自鳴得意；達到目的後，認為戰事乃是不得已的；達到目的後，不自以為強大。事物一旦達到強盛之極點，就會走向衰亡，這就不是「道」；若不是「道」，就會迅速敗亡。

老子的用兵之道

老子主張反戰，但他依然支持正義的戰爭。他的「戰」是為了「不戰」，所以老子的用兵之道與兵家的用兵之道有著本質上的區別。

老子	區別	兵家
不得已而為之	戰爭的起因	人為引起
保家衛國，維護社會安定	戰爭的目的	保家衛國，爭奪天下
達到目的後就停止戰爭	達到目的後的表現	戰爭永無休止
泰然處之	勝利後的表現	耀武揚威
社會安定，國富民安	最後的結果	國破家亡

賞析

在這一章和下一章中，老子所論述的重點都圍繞在戰事。但《道德經》並不是一部兵書，而是一部哲學著作，所以，老子論兵多從哲學的角度，而不是從軍事的角度。在講到許多哲學問題時，也會涉及軍事，因為哲學與軍事雖不屬於同一類別，但仍有許多內在相通之處。老子在此處強調戰亂讓眾多百姓背井離鄉、妻離子散，論述戰爭是人類最殘酷、最愚昧的行為，從反戰的角度出發。

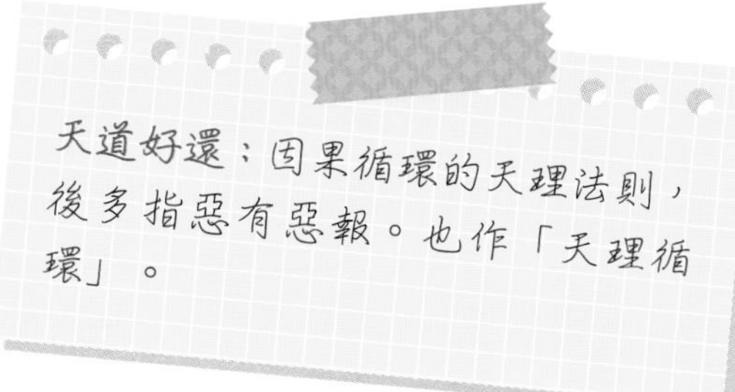

君王治理天下時，必然有許多在身邊輔佐他的人，這些人在輔佐君王、管理臣民的同時，通常也操縱著軍事大權。一旦他們過分誇大軍事在統治體系中的作用和地位，勢必會影響君王的想法，甚至使得君王主張以爭奪天下、窮兵黷武的政策治國，如此一來，不論是勝是敗，都將遭到報應。

話又說回來，一個國家若沒有自己的軍隊，就會遭到其他國家侵略，也就無法保證自身國家的安定祥和。所以，老子主張學習用兵之道不是為了戰爭，不是為了強兵天下；而是為了保家衛國，為了確保百姓的安全和政治的穩定，是不得已而為之，是被動而不是主動。一旦發生戰爭必須用兵之時，也必須遵循大道的原則，那就是不過分用兵逞強，只要達到保全自身利益的目的就可以了。在達到目的之後，也不自滿、不驕縱、不誇耀，如此一來，便不會引起他人的嫉恨，也不會使敵人放鬆警惕，使自己放縱腐化。總而言之，做任何事都要追

秦始皇陵兵馬俑

秦始皇登基後，好大喜功，濫用民力，修驪山墓，建阿房宮，開靈渠，築長城，拓直道，舉國上下彷彿成了一個巨大的工地。據史書記載，秦始皇嬴政即位次年，即開始修建陵園。至西元前 208 年完工時，共歷時三十九年，徵集七十二萬人力，動用最多修陵人數近八十萬。如此勞民傷財，壓榨百姓，終使秦國帝位傳萬世的夢想化為泡影。

求合理的範圍，過度用兵以逞強和誇耀，就會落得一敗塗地的下場。因此，統治者在治理國家時，應採用自然而然的做法，而不採取過分的行為，才能確保天下太平、國富民安。

雖然老子表面上在論述軍事，但其實也是向我們說明人生的道理：做事情不能超過，超過就會走向負面；當取得成績時，不可沾沾自喜，更不可妄自尊大，應該保持適當的態度，否則就會使得事情轉為相反的方向，這便是「盛極而衰」。

我們常用樂極生悲形容得意忘形的人，快樂到忘形的人在日常生活中隨處可見，而悲傷過度的人也不在少數。人類為什麼總是難以把握自己的情緒呢？其實答案很簡單，因為我們都離大道太遠了，無法和大道合而為一。在掌控情緒方面，大部分的老年人較年輕人成熟，老年人在殘酷的現實生活中經歷過許多大風大浪，情感受到磨礪，不容易衝動，也不會感情用事；而年輕人卻不同，他們經不起風吹草動，稍遇挫折便會痛苦不已，特別是在情感方面。大多數年輕人在遇到情感問題時，往往一味地忍著傷痛，想起一次痛一次，而不是將這次傷痛視為一次經驗教訓，不懂得化悲痛為力量。其實，失敗和痛苦正是成就成功的關鍵，我們絕不能讓情緒毀了自己的一生。生命是多彩多姿的，關鍵在於我們是否有欣賞的眼光和快樂的心情。

華清出浴圖　清代康濤

楊貴妃是中國古代四大美女之一。唐代天寶四年，楊玉環被唐玄宗封為貴妃，從此楊門一族權貴顯赫。天寶十五年，安祿山起兵造反，沉迷於酒色歌舞之中的唐玄宗倉皇南逃。途經馬嵬坡時，大將陳玄禮及其部下認為楊家禍國殃民，怒殺楊國忠，再迫使唐玄宗賜死楊玉環，楊門自此盛極而衰。

第三十一章 有道不處

原文

夫佳兵者❶，不祥之器，物或惡之❷，故有道者不處。君子居則貴左❸，用兵則貴右。兵者，不祥之器，非君子之器。不得已而用之，恬淡為上。勝而不美，而美之者，是樂殺人。夫樂殺人者，則不可以得志於天下矣。吉事尚左，凶事尚右。偏將軍居左，上將軍居右❹，言以喪禮處之。殺人之眾，以哀悲泣之；戰勝，以喪禮處之。

註釋

❶ 兵：此處指兵器。

❷ 物或惡之：人所厭惡、憎惡的東西。物，人。

❸ 貴左：古人以左為陽，右為陰，陽生而陰殺。

❹ 尚左、尚右、居左、居右：皆為古人的禮儀。先秦時期，古人的觀念為「左主吉，右主凶」，即以左為上、為尊；以右為下、為卑。因為古代認為天道尚左、地道尚右；即天道左行、地道右行。

越王勾踐劍

此劍為越王佩劍之一，素有「天下第一劍」、「青銅劍之王」的美譽。古往今來，多少英雄人物與劍一同成就了愛恨情仇、家國天下。老子認為劍是不祥之物，皆是因為他處於戰亂頻仍的時代，心中懷有無數對戰爭的憎惡。

譯文

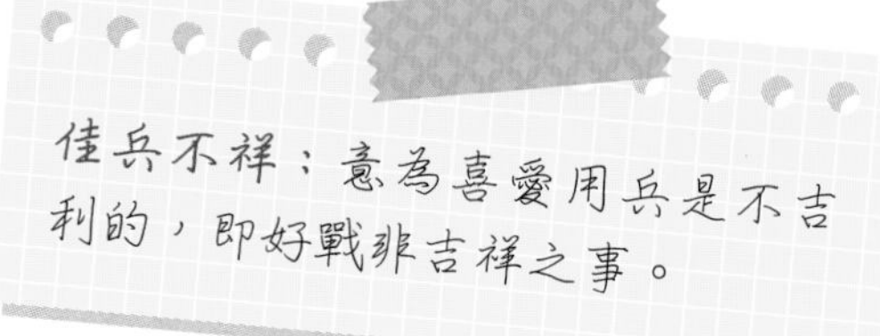

兵器是不吉利的東西，所以人們都厭惡它，有道的人也不依靠它。君子平時居處以左邊為貴，用兵時則以右邊為貴。兵器是不吉利的東西，不是君子應該使用的，若不得已必須使用它，就應該心存平靜淡泊，戰勝也不自滿。如果因此而自滿，便會淪為喜歡殺人者；喜歡殺人者，便無法成為平天下的聖人。所以，一般的吉事以左邊為大，凶事則以右邊為大；在對待戰事方面，則以偏將在左，上將在右。也就是說，要以對待喪禮的態度，對待戰爭。負責殺敵的將士，要以悲哀的心情對待殺人之事；就算戰勝，也要用處理喪禮的方式對待這場勝利。

古代在站或坐時，都有嚴格的尊卑概念。一般情況下，北為尊，南為卑；東為尊，西為卑；左為尊，右為卑。

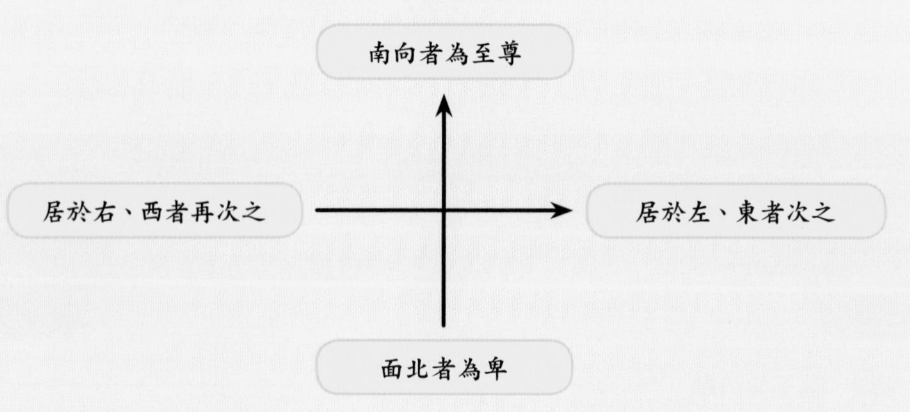

賞析

此章和上一章緊密相連，寫老子對戰爭所抱持的態度。他反對戰爭，犀利地批判兵器，認為兵器是不祥之物。老子將對於兵器的看法融入高深的哲理之中，他認為戰爭是有悖於大道的，為得道之人所不為，甚至是深惡痛絕。

在老子看來，就算是在統治者的召集下，任何個人、國家或社會手執武器戰鬥，都是迫不得已的行為。因此，應以恬淡的心境參與和對待戰事，即使勝利也不值得慶幸和讚美。如果自滿於勝利，就表明他是樂於殺人者，而樂於殺人者或許能逞強於一時，但絕對無法得志於天下。

老子所生活的時代戰爭頻仍，他親眼目睹了戰爭為眾多百姓所帶來的禍患，各個國家也遭到不同程度的破壞，人民生活在水深火熱之中，民不聊生，生靈塗炭。所以，老子站在時代的高度發出振聾發聵的反戰呼喊，這一呼喊，震天動地。

最後，老子提到：「吉事尚左，凶事尚右。偏將軍居左，上將軍居右，言以喪禮處之。殺人之眾，以哀悲泣之；戰勝，以喪禮處之。」古代習慣將左邊的位置視為尊貴和吉祥的象徵，而不祥的事物則擺在右邊的位置。在戰場上，副職將軍居於左，而上將軍則居於右，就表示要以舉辦喪事的規矩對待戰爭，這也體現古代對於戰爭的審慎態度。一旦戰爭爆發，無論戰敗或戰勝，都像處理喪事一樣處理戰事。

第三十二章

知止不殆

原文

道常無名，樸雖小❶，天下莫能臣也❷。侯王若能守之，萬物將自賓❸。天地相合❹，以降甘露❺，民莫之令而自均。始制有名。名亦既有，夫亦將知止❻，知止所以不殆❼。譬道之在天下，猶川谷之於江海。

註釋

❶樸：質樸。
❷臣：使……為臣、使……服從。
❸自賓：自動服從。賓，服從。
❹天地相合：古代認為降雨是天地之間性行為的產物。
❺甘露：雨水。
❻知止：知道適可而止。
❼殆：危險。

譯文

道是沒有固定名稱的，道雖然樸實無華，且幽微不可見，但天地沒有一物可以

江帆樓閣　唐代李思訓

畫中松樹勢態蔥郁，水紋起伏均勻，江帆片片，生活與自然交相輝映，一派明媚春光的景象。而主導這一切的，正是大道。

支配它。若王侯能堅守於道，萬物就會自然地歸從；天地陰陽也會自然相合，降下潤澤萬物的甘露；也無須命令民眾，國家便會自然而然國泰民安。天地萬物在建立初始制度時，便有了名位；名位既已制定，就應該遵守份際行事；能夠了解自己的限度，守好本份，就不會發生危險。道在天地間與人相互應和，就猶如江海與小河互相流通一樣自然，是本該如此的事情。

知止不殆：適可而止的人就不會遭遇危險，古代意為勸人行事不要過分。殆，危險。

賞析

道德在萬物之中，而萬物也都受到道德的支配與調節。如果合乎大道和大德，那麼一切事物都會順其自然，天下安定，人民幸福。然而，大道和大德到底是什麼呢？

老子認為，我們永遠也無法為大道命名，無法用固定的概念描述它，但它確實存在。道可以大到無窮大，也可以小到無窮小。若非要用人類所能理解的概念為它命名，那就是「樸」。雖然「樸」微小精緻，但誰也無法支配它或使它臣服，它始終主宰著人類萬物。

如果王侯能夠守住純真的「樸」，那麼天下萬物都會自然而然地為他效勞。不僅如此，就連天與地也會陰陽相交合，普降甘霖，澤潤萬物。而百姓也無需帝王侯公命令，自然生活和睦、無爭無奪。

但是，人類最大的一個特點，也是最大的一個局限，就是必須設立概念和名相。如果沒有概念和名相，人類便無法思考和辨認。所以，對任何一件事物，我們都必須為它找出一個概念和名相，然後才能在人類的思維系統中運作，包括老子在內。儘管老子不斷強調名相的局限，但他也一樣在運用名相。因為一旦沒有名相，就連老子也無法說話，他人也無法聽懂他在說些什麼。

周文王在位五十年，他的主要功績是為後世滅商作好充分準備。他勤於政事，發展農業生產，禮賢下士，廣羅人才，拜姜尚為軍師，問以軍國大計，使「天下三分，其二歸周」。天下人才歸之於賢明君主，就如同千川匯海般自然而然。

大道生出天下萬物，但也存在於天下萬物之中。也就是說，天下萬物生於大道，但又回歸於大道，生生滅滅，永不偏離大道。王侯治理天下，也應該像大道一樣，善於處在下方，能夠容納天下萬物。但是，人們都習慣分別，喜歡美而厭惡醜。而那些帝王貴族、侯王公卿更是縱欲無度，如何能夠心甘情願處於下位，接受天下萬物呢？若王侯心中不平衡，愛恨分明，那百姓又如何能夠得到他們的庇護呢？又如何能服從於他們的統治呢？

所以，老子提醒我們，若要治理天下，就必須像大道之樸，善於處下而容納天下萬物，萬民百姓便會心甘情願服從於他。如此一來，便能順利治理天下，永保萬年。

第三十三章 知人者智

原文

知人者智，自知者明。勝人者有力，自勝者強。知足者富，強行者有志❶。不失其所者久，死而不亡者壽❷。

註釋

❶ 強行：堅持不懈，持之以恆。

❷ 死而不亡：身雖死，而道猶存。

畫花卉一／石榴梔子杏花梨花　清代董誥

宋元期間，有一人名為許衡，有一年夏天他外出，天氣炙熱，口渴難耐。這時，剛好路旁有一棵梨樹，眾人爭相摘梨解渴，只有許衡不為所動。有人問他為什麼不摘梨解渴呢？他回答：「這不是自己的梨，豈能亂摘！」那人勸解他，說：「亂世之時，這梨是沒有主人的。」許衡正色說：「梨無主人，難道我心中也無主嗎？」面對飢渴之誘惑，許衡因心中有「主」始終無動於衷。人的一生中，常會有許多抉擇的時機，我們必須與自己的心博弈，權衡利弊善惡，而後做出決定。

譯文

能夠了解他人者，只是擁有小聰明而已；能夠了解自己的人，才是真正有智慧且高明。能夠戰勝他人者，只是擁有力量而已；能夠戰勝自己的人，才是真正的強者。能夠知足者，就會是富有的；能夠努力不懈去奮鬥者，就能成功達成自己的志向。若能遵循大道而行，便能長長久久；聖人軀體雖然已經死亡，但精神卻永存於世，這便是真正的長壽。

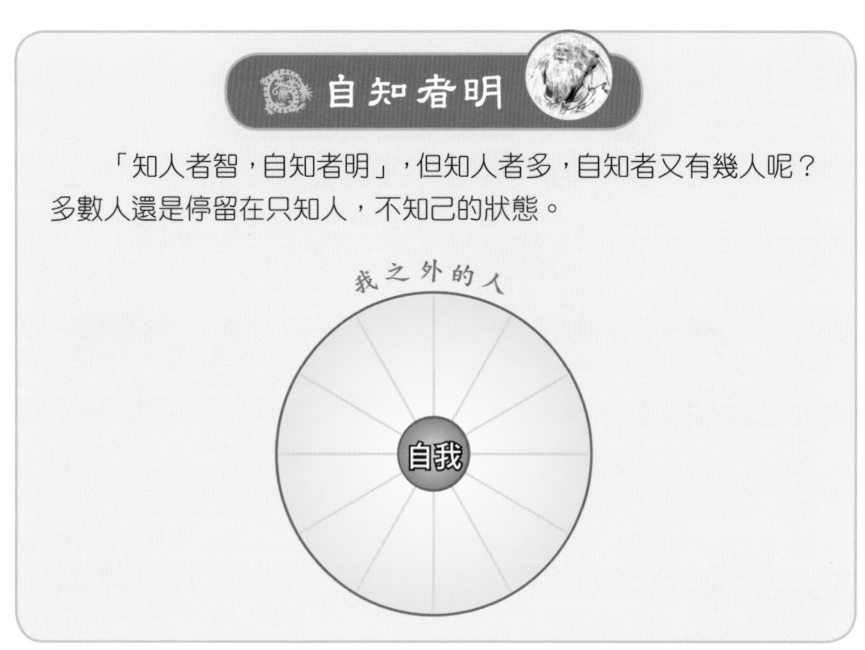

賞析

此章節雖只有寥寥數語，且看似淺顯易懂，但其實老子要向我們傳達的是極其深奧的道理。老子指出，能理解並判斷外人、外物的人，只能稱其

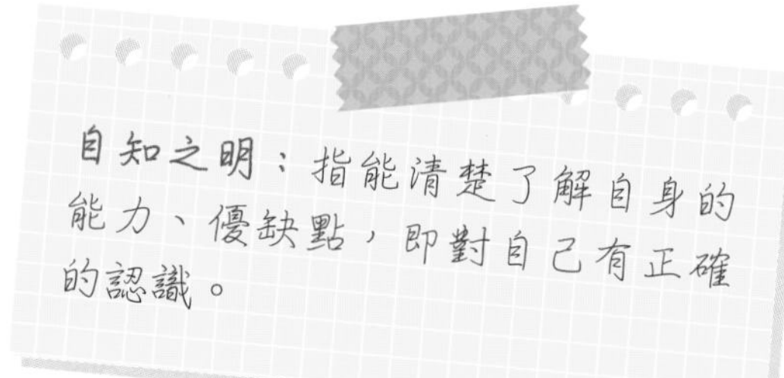

為擁有世間的庸俗智慧；而透過外事、外物反觀自己，從而悟出生命面貌的人，才配稱為擁有大智慧，也就是「明」。能夠以武力戰勝他人者，只能稱其為有力量；能戰勝自己的私欲和成見者，才是真正的強者。人的私欲是無窮無盡的，而且其危害極大。一個能戰勝私欲的人，便已達到物我兩忘的境界，我是誰，誰是我，這已不再重要。只有達到此種境界的人才能無所不容，萬物皆容，自然是強大的。

其實，老子在此章節所提出的「知足者富」，和我們平常所說的「知足常樂」不同。知足常樂是庸俗的道德教條，和老子思想大相逕庭。那麼，什麼是真正的富有呢？真正的富不是擁有千萬豪宅，不是擁有寶馬香車，不是擁有萬貫家財，真正的富有不是實際擁有什麼，而是能拋棄私心雜念，拋卻妄想。真正能拋卻私欲的人，才能擁有真正的富有。

何謂妄想呢？首先，我們必須了解大道的生命運行軌跡。在這個軌跡以內的事物，就是大道所給予我們的，是我們理應獲得的，也是我們必然能得到的。而在大道生命運行軌跡以外的任何事物，都不是我們應該得到的，一旦有了

無量壽佛像　宋代陳居中

唐代禪宗慧能大師詩云：「菩提本無樹，明鏡亦非台。本來無一物，何處惹塵埃。」無量壽佛歷經千劫萬難，卻依舊保持鶴髮童顏，即因他無欲無念，不癡心妄想，自然也就不被俗家凡世所糾纏。

渴望獲得它們的想法，就是「妄想」，是不可能實現的。即使實現了，也不會為我們帶來好處，即使一時獲得眼前的少許利益，也不會是長久的。

大道既然生了我們，就必然會給予我們所需要的一切，我們還有什麼好擔憂的呢？如果有了擔憂的念頭，就是不理解也不信任大道，是違背大道的行為，將會受到大道懲罰。如果我們的頭腦中不去妄想得到什麼，無所謂得與失，我們自然無所有也無所不有，也就是真正的富有。

與前幾章連繫，我們可以推斷「強行者有志」中的「強」，並不是自恃武力高強而妄自逞強的意思，而是「自知者明」的「強」。為什麼呢？所謂自知者，就是能以外事、外物反觀自身，從而察覺生命真實樣貌的人。這種人非常明白生命本身的意義，他們對於自我和他人都十分了解，只有對自己真正有把握的人，才能徹底摒除心中的私心雜念。

但是，值得一提的是，老子在這裡所講的並不是要人類完全束縛自己，反而是要徹底解放人性。「天理」和「人欲」向來是互相矛盾的，它們互相爭鬥、互相抉擇。「天理」，

釋迦牟尼佛涅槃圖
日本鎌倉佚名

圖中畫出佛祖圓寂涅槃的場景。眾多佛門弟子、道家神仙、精怪鬼異及凡界男女，紛紛前來弔唁。神情或悲慟，或肅然，或驚詫，與佛祖平和安詳的神態形成鮮明對比。聖人知道涅槃是道之所在，而凡人則沉浸在個人感情中。

就是事物本來合於生命之道的東西；「人欲」，就是主觀滋生且不合乎大道的東西。天理和人欲，一是客觀，一是主觀，二者往往會產生衝突。誰能夠克制自己心中主觀滋生的、不合乎大道的「人欲」，誰就是老子所謂的「強者」。

此章節的最後一句，「不失其所」，也就是葉落歸根的意思。不僅樹木的枝葉會回歸生它養它的根系中，人類最終也會回歸孕育我們的天地之中。若按照現代科學的解釋，人的一生，從生到死只有短短幾十個春秋，眨眼之間，我們已被生命驅逐出境，而且我們沒有選擇的權利。按照老子的說法，這種被動的局面就是大道，是我們無法掌控的，是大道的生命要求。「不知其所」的「所」是我們最終要去的地方，是自然之所，是人類與大道合而為一的終點。人類從最初不願接受人要死亡的這一事實，到讀懂人生、看破紅塵，心中逐漸接受人終歸死去的事實。

但是，不管接受不接受，誰也無法違背天道。唯有不違背大道，自覺而平靜地接受大道的安排，與大道合為一體，才是真正的「久」和「死而不亡」。就像一滴水歸入它的生命之所——大海，它們自然永遠不會消亡。

其不為大

原文

大道氾兮❶，其可左右。萬物恃之而生而不辭❷，功成不名有。衣養萬物而不為主❸，常無欲，可名於小；萬物歸焉而不為主，可名為大。以其終不自為大，故能成其大。

註釋

❶ 氾：同「泛」，廣泛。

❷ 辭：推辭、推讓。

❸ 衣養：也作「衣被」，意為覆蓋。不為主：不自以為主宰。

圓明園四十景圖詠－九洲清晏　清代唐岱等人

「圓明園」的「圓」是指個人品德圓滿無缺，超越常人；「明」則是指政治明光普照，完美明智。清代雍正皇帝崇信佛教，號「圓明居士」，並對佛法研究頗深。在清初的佛教宗派中，雍正皇帝以禪門宗匠自居，並以「天下主」的身份對佛教施以影響，提倡「三教合一」和「禪淨合一」。

譯文

道廣博無際，它能左右宇宙。萬物依靠著道生存，而道也不會因此推讓；它成就妙化萬物的大功，但從不居功；養育萬物，但從不會藉此宰制萬物。道永遠沒有私欲，它的野心非常小；萬物都依靠它運行，它卻不主宰萬物，胸襟真是廣大啊！道之所以能成其大，就是因為它從不認為自己是偉大的。

有些人類自作聰明，自以為是萬物的主宰，殊不知忍氣吞聲的大自然，也會有反擊的一天。就像光線照射到某一平面時，平面又會再將光線反射出去一樣。所以，「不自為大，故能成其大」。

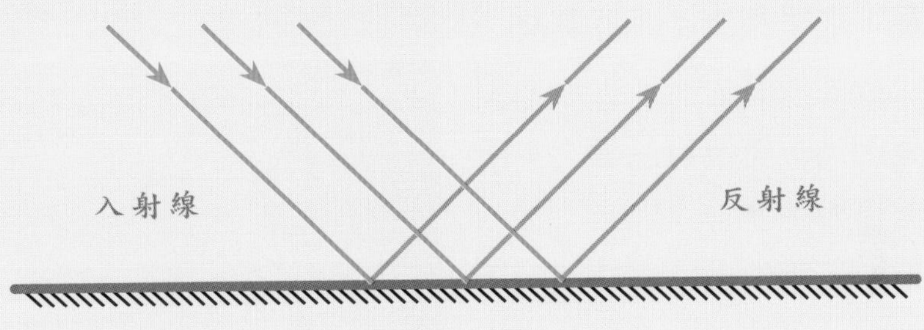

賞析

在此章節中，老子將大道人格化，藉此告訴統治者該如何帶領眾人成為符合大道的社會。此處的核心內容就是老子對「小」和「大」的闡述，老子認為，統治者治理社會的能力與統治者的個人人格修為緊密相關，個人人格修為是小道，而以個人人格修為的小道去治理社會，就能成就大道。「常無欲」是個人人格修為的核心，只要統治者沒有私欲，那就不會將天下萬物視為己有，也就會自然出現「萬物歸焉而不為主」的理想社會。老子的這一思想，其實與儒家的「溥天之下，莫非王土；率土之濱，莫非王臣」針鋒相對，可以說是批評儒家的這一思想，也是對古代傳統社會制度的否定。老子所追求的是人人平等的理想烏托邦。

老子在章節開篇便指出:「大道氾兮，其可左右。」什麼是大道呢？老子在此處非常形象且具體地描繪大道的形態。在老子眼中，天地之間的大道就像河水一般，廣泛暢行，周延四方，世間萬物沒有任何東西是和大道一樣如此存在的。

「常無欲，可名於小；萬物歸焉而不為主，可名為大」，老子在這兩句話中將道的性質刻畫得淋漓盡致，什麼東西能夠永遠沒有自己的欲望呢？唯有道能夠永遠沒有自己的欲望，沒有欲望也就不必追求名聲。也因此，道在自然萬物和人類的眼中，始終是微乎其微的渺小存在。

最後，老子指出：「以其終不自為大，故能成其大。」古代的聖人們就是因為不認為自己偉大，所以終成其偉大。

但是，人類的做法有時卻與大道截然不同。我們認為自己是萬物之靈，我們有獨立的思想和意識，

元世祖出獵圖　元代劉貫道

在原始社會中，人類為了獲取食物，不得不想方設法獵取野獸。當農業和畜牧業充分發達，足以滿足人類的需求時，狩獵活動便不再是為求溫飽，而開始具有多方面的意義。像是古代統治者便藉由狩獵活動，練兵、娛樂甚至選拔人才。但在現代社會中，狩獵已不是必需，保護野生動物和環境資源則成為人類的要務。

我們可以創造事物，也可以改變事物。所以人類就自認為是世界的主人，可以任意命令和指使他人，主宰萬物的生長和發展。其實，人類也必須依靠萬物才得以生存和發展，我們也是從大道中衍生而出。換言之，大道是我們的主宰，萬物則為我們提供生機和能量。

如果我們真的是萬物之主宰，那麼在人們肆意蹂躪萬物的時候，它們就應該只能忍氣吞聲，但是，人類又為什麼會遭到大自然的報復呢？例如，我們大量砍伐樹木、毀壞植被，造成水土流失，結果大地乾旱、河流乾涸、狂風肆虐、黃沙漫天。例如，我們任意捕殺野生動物，結果導致生態鏈被破壞，使生存環境日益惡劣。所以，這種想法是多麼幼稚無知，這種心態是多麼可悲可嘆啊！

百駿圖　清代郎世寧

此圖卷繪於雍正六年，於一橫幅山水景致中描繪百匹姿態各異的駿馬，呈現壯闊的牧放場面。人類應和大自然和平共處，如此一來才能維持此番桃花源的景象。

第三十五章 用之不既

原文

執大象❶，天下往。往而不害，安平太❷。樂與餌❸，過客止。道之出口，淡乎其無味，視之不足見，聽之不足聞，用之不足既❹。

註釋

❶ 大象：大道之象。象，物象、景象。

❷ 安：乃、則、於是。太：同「泰」，安寧、安泰。

❸ 餌：美食。

❹ 不足既：沒有窮盡。既，盡。

譯文

掌握大道法象的人，天下的人都會自然而然地投靠他。投靠大道之人，便不會輕易受到傷害，國家天下也會因此和平安泰。音樂和美

漢殿論功圖　明代劉俊

此圖是描述漢高祖劉邦初登帝位時，功臣們爭相邀功請賞的故事。清代的紅頂商人胡雪巖認為：從古至今，人之心意在於利。正如《史記．貨殖列傳》所說：「天下熙熙，皆為利來；天下攘攘，皆為利往。」凡事須從「利」字考慮，若不以其為政，國之大害也。胡雪巖以此理念經營一生，顯赫一時，最終卻還是一貧如洗。

食能令過路人駐足，但大道卻平淡而無味，看也看不見，聽也聽不到。然而，道的作用卻享用不盡。

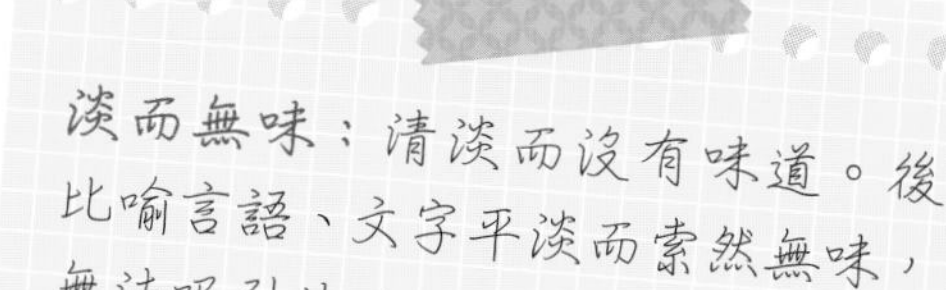

淡而無味：清淡而沒有味道。後比喻言語、文字平淡而索然無味，無法吸引他人。

賞析

在此章節中，老子提出「大象」的概念，此處的「大象」當然不是動物，而是道的法象。老子認為統治者若能掌握道的「大象」，天下人便會順從、歸附於他。承接上一章，老子提到聖明的統治者不以萬物的主宰自居，不自高自大，卻能獲得天下人的尊敬和愛戴。聖明的君王就如同大道一般氣象宏大，不爭名奪利，不計較個人得失，不以天下的統治者自居。正因為如此，才成就他的地位和聲望，人們才爭相投靠他。他對於來投靠他的人也不會加以干涉，不採取強硬的措施限制他們的自由，人們遂感到安全可靠，反而更加崇敬他。

在前述的章節中，老子反復提到大道的特徵，它無處不在，卻又無法被人們看見、聽到。就像平凡且默默無聞的人，悄無聲息，不為人所知。大道沒有華麗的外表，不會引誘他人，也不會被人所誘惑。高明的統治者和大道同步，他們具有大道的一切特徵，人們自然心甘情願地歸順於他。此處所說的歸順不同於世俗的歸往，一般意義上的歸往是因為名利的驅使。人類有追名逐利的需求和欲望，一旦有某人可以滿足此種欲望，人們便趨之若鶩。就如同在必經的路旁設置可供娛樂的設施，或擺放散發誘人香氣的美味佳餚，有幾個人能抵擋這種聲色誘惑呢？

大道無聲無形，根本不可能對人們構成誘惑，我們看不見它、摸不著它，無法對它執著追求，更無所謂爭奪或佔有，但它卻能使我們受用不盡。高明的統治者和大道同步，他們不會對人們施以聲色誘惑，因為聲色誘惑是無法長久的。統治者深知一旦誘惑結束，勢必引起人心不安，天下大亂也就成為必然。所以，高明的統治者會採取和大道統一的方式，無為而治，百姓自然受益無窮。

> 視之不見，聽之不聞：形容不注意、不關心。也作「聽而無聞，視而無見」、「視而不見，聽而不聞」。

追求享樂是人的一大本性，人類常常無法克服自身的欲望。當今社會，物質豐富，人們在追求精神享受之前，必將滿足自己對物質的佔有。在波濤翻滾的商海中，頭腦成了制勝的關鍵，有些人看到他人輕鬆致富便蠢蠢欲動，但是，滿腦子賺錢的欲望卻使他無法發揮自己的聰明才智，最後往往一敗塗地，狼狽不堪，失魂落魄。有些人受不了這種煎熬，便走上歧途，自毀前程；有些人甚至從此一蹶不振，生不如死。生活在大好機遇中的現代人為什麼會活得這麼疲憊呢？為什麼許多接受高等教育的大學生還會產生自殺的念頭呢？其實，真正擾亂人心的罪魁禍首就是欲望。是欲望挑撥人的內心，使人不得安寧，而人心不安必然生是非。整日生活在欲望中，能有什麼幸福可言呢？

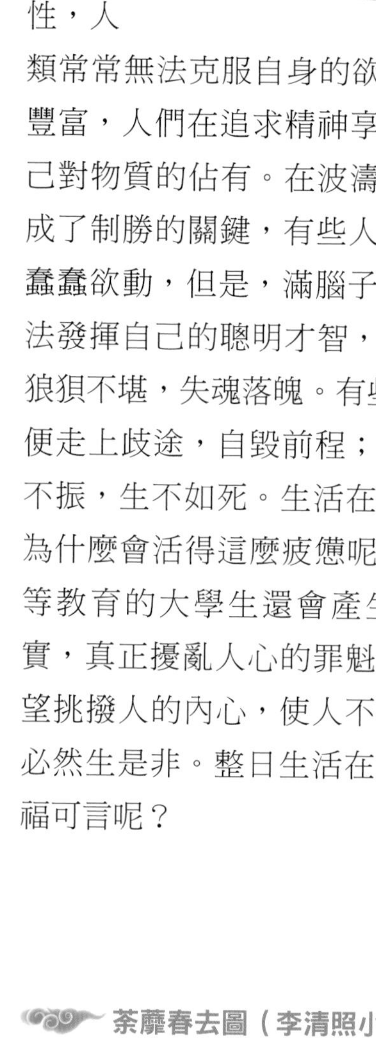

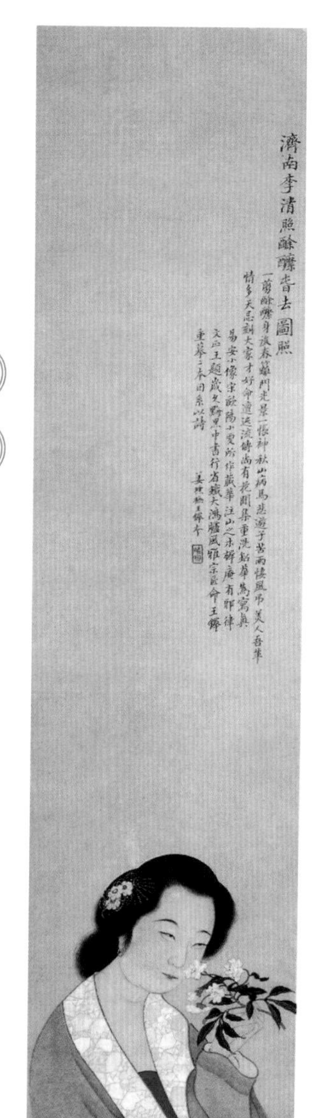

荼蘼春去圖（李清照小像） 清代姜壎

李清照是南宋傑出的女詞人，少年有才，婚後與丈夫琴瑟和諧。但在歷經喪偶之痛後，國家淪陷，被迫背井離鄉。她無依無助，貧困憂苦，最後寂寞地死在江南。

欲歙固張

原文

將欲歙ㄒㄧˋ之❶，必固張之；將欲弱之，必固強之；將欲廢之，必固興之；將欲奪之，必固與之❷，是謂微明❸。柔弱勝剛強，魚不可脫於淵❹，國之利器不可以示人。

註釋

❶ 歙：收斂、吸進。

❷ 與：同「予」。

❸ 微明：微妙、明通。

❹ 淵：深水。

譯文

若欲收攏，必先擴張；若欲削弱，必先增強；若欲廢除，必先推舉；若欲奪取，必先給予。以上四個道理雖然微不足道，但若正確使用，就會產生很強大的效果。由此可

摩訶般若波羅蜜多心經　唐代歐陽詢

《摩訶般若波羅蜜多心經》：「舍利子，是諸法空相，不生不滅，不垢不淨，不增不減。是故空中無色，無受想行識，無眼耳鼻舌身意，無色身香味觸法。無眼界，乃至無意識界，無無明，亦無無明盡，乃至無老死，亦無老死盡，無苦集滅道，無智，亦無得。」這和《道德經》中關於「道」的描述有異曲同工之妙。

知，柔弱能夠戰勝剛強。魚不可以離開水，就像國家的精銳武器不可以向外人展示一樣。

滿招損，謙受益

「過猶不及」是老子在本章節所強調的重點。謙虛，不僅可以保全自己，而且還能容納更多；反之，驕傲自滿往往無法包容任何事物。就像水桶中的水，在尚未滿溢時，才能接納新注入的水；水太滿了，便無法容納任何一滴水了。

謙虛，才能接納新的事物，才能讓自己不斷進步

驕傲，容不進任何新事物，只能使自己停滯不前

賞析

在此章節中，老子主要論述事物的兩重性和矛盾相互轉化的辯證關係，透過矛盾的辯證分析以說明社會現象，引起人們的警覺。

人類存在於有形世界，其所適用的法則是相對因果律，也就是矛盾的雙方相互轉化、互為生滅，有生就有死，有好就有壞，誰也無法改變。而大道則不同，就如佛教《摩訶般若波羅蜜多心經》中所說：「不生不滅，不垢不淨，不增不減。」大道超越於有形世界的一切事物，它沒有生也無所謂死，不會骯髒也無所謂乾淨，不會減少也無所謂增加。

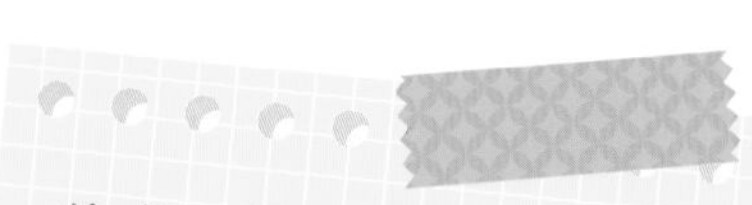

將奪固與：若想奪取佔有，就必須暫時放棄。是為軍事或外交上常用的策略。固，同「姑」。

在事物發展過程的最後，都會走到某一個極限，此時，事物必然會向相反的方向變化。本章節的前四句，老子具體分析了事態發展，其中貫穿著老子物極必反的辯證思想。在歙、張；弱、強；廢、興；奪、與，這四對矛盾的對立概念中，老子選擇居於柔弱的一面。在對人和物作出深入而普遍的觀察研究後，老子認為柔弱的東西反而蘊涵著內斂，富於韌性，生命力旺盛；相反，看起來強大剛烈的東西，由於它的顯揚外露，往往失去其發展的前景，因而不能長久。在柔弱與剛強的對立之中，老子認為柔弱往往勝於剛強。

我們知道，大道是無言、無形、無聲、無處不在。大道對於我們的控制，我們可以意識到，卻無法感覺到，這就是大道的平凡之處。它不以聲色相誘，不以名利引誘，不以武力威脅，一切自然而然，使我們不得不順從於它的規則，歸屬於它的懷抱。只要順應大道，便可以得到永久的安詳和平靜，永遠不會受到傷害，這就是大道的偉大之處。而大道之所以偉大，正是因為它的平凡，這就是老子所說的大道根本——無為而無所不為的真諦。如果領導者們能夠掌握大道的根本，能效法大道無為而無所不為的做法，那就無須使用各種手段籠絡人心，費盡心機地控制他人了。

史記善本

《史記．孟嘗君列傳》曾記載「雞鳴狗盜」的故事。戰國時期，齊國的孟嘗君喜歡招納各種人才作為門客，號稱「賓客三千」。他對賓客來者不拒，有才能者就讓他們各盡其能，沒有才能者也提供食宿。有一次，孟嘗君出使秦國，被昭王扣留，一個平常沒有什麼長才的食客假裝成狗，鑽入秦營，偷出狐白裘獻給昭王的寵妾，藉此說情釋放孟嘗君。而後，孟嘗君逃至函谷關，昭王又下令追捕。另一個平常也沒有什麼長才的食客假裝成雞，引眾雞齊鳴，騙開城門，孟嘗君終於得以逃回齊國。所以，柔弱或無用的外表，並不代表其內心或內在空無一物。

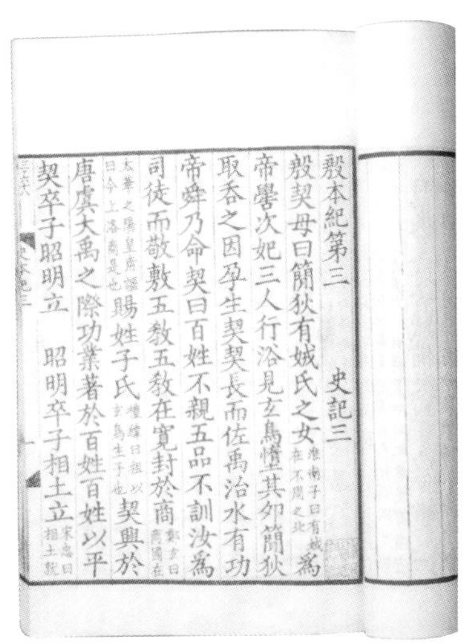

殷本紀第三　史記三
殷契母曰簡狄有娀氏之女淮南子曰有娀在不周之北為
帝嚳次妃三人行浴見玄鳥墮其卵簡狄
取吞之因孕生契契長而佐禹治水有功
帝舜乃命契曰百姓不親五品不訓汝為
司徒而敬敷五教五教在寬封於商鄭玄曰商國在
太華之陽皇甫謐曰今上洛商是也賜姓子氏禮緯曰祖以玄鳥生子也契興於
唐虞大禹之際功業著於百姓百姓以平
契卒子昭明立　昭明卒子相土立宋忠曰相土契

第三十七章 道常無為

原文

道常無為而無不為❶。侯王若能守之❷，萬物將自化❸。化而欲作❹，吾將鎮之以無名之樸。無名之樸，夫亦將無欲。不欲以靜，天下將自定❺。

註釋

❶ 無為而無不為：無為，指順其自然、不妄為。無不為，指沒有一件事是它所不能做的。

❷ 之：道。

❸ 自化：自我化育、自我生長。

❹ 欲：貪欲。

❺ 自定：走向安定，也作「自正」。

明代帝后半身像－憲宗純皇帝

唐代道家領袖杜光庭曾說：「無為之理，其大矣哉。無為者，非謂引而不來，推而不去，迫而不應，感而不動，堅滯而不流，捲握而不散也。謂其私志不入公道，嗜欲不枉正術，循理而舉事，因資而立功，事成而身不伐，功立而名不有。」由此可見，道家所提倡的「無為」，並非明憲宗玩物喪志一般的「無為」，而是指凡事「順天之時，隨地之性，因人之心」，不憑主觀私欲和妄想行事。

譯文

道永遠是不作為的，但它又無所不能。若王侯能遵守道的無為法則，天下萬物就會自然而然按自身規律發展。若在王侯遵守無為的情況下，有人私欲大作，那就應該以道的真樸去整治他。如此一來，人們又將無欲無求，國家也就太平安樂。無欲無求就清靜，天下萬物也就自歸安定。

賞析

此一章節是老子《道經》的最後一章，《道經》共三十七章，主要講述大道的概念、樣貌、意義、價值和規律。人們的行為如果順從自然大道，就會無災無害，甚至永恆不朽；若違背自然大道，就會受到懲罰。

老子在此章節中再次強調，治國之道在於無為，治民之道在於使民無欲。對於百姓的違道作亂，不能一味採取刑罰之法，更不能採取武力鎮壓之法，而是要以淳樸和無欲教化百姓。

老子在第一章提出了「道」的概念，而《道經》的數個章節則將「道」落實在現實社會中，成為老子心目中的理想世界和政治理念，也就是「自然無為」。老子認為，統治者若可以依照道的法則為政，順任自然，不妄加干涉，百姓們就可以自由自在，自我發展。而老子在第二十五章也提到「道法自然」，自然是無為的，所以道也是無為的，靜、樸、無欲都是無為的象徵。統治者如果可以依照道的法則為政，不危害百姓，不胡作非為，百姓就不會滋生更多貪欲，他們的生活也就自然平靜。

德
經

上德不德

原文

上德不德❶，是以有德；下德不失德❷，是以無德。上德無為而無以為❸；下德為之而有以為。上仁為之而無以為❹；上義為之而有以為❺。上禮為之而莫之應，則攘(日尤)臂而扔之❻。故失道而後德，失德而後仁，失仁而後義，失義而後禮。夫禮者，忠信之薄而亂之首❼。前識者❽，道之華而愚之始。是以大丈夫處其厚，而不居其薄；處其實，而不居其華❾。故去彼取此。

德經

註釋

❶ 上德：上等的品德。

❷ 不失德：不失去德的機會。

❸ 無以為：無心作為。

❹ 上仁：上等的仁慈、仁愛。

❺ 上義：上等的義氣。

❻ 攘臂：伸出手臂。

❼ 薄：不足、輕薄。

禦龍而行圖

老子將政治分為五個層次，分別是道、德、仁、義、禮。道、德是無為；仁、義、禮是有形的。若能擁有合乎道的德，就能擁有禦龍而行一般的暢快自由，合道合德，便會覺得宛如與天地同在。

❽ 前識者：不知而言知者。

❾ 華：虛華、虛飾。

譯文

真正擁有高尚品德的統治者，不會以德教化百姓，而是會任其自然而然地發展，這才是真正的大德。而次一等的、追求道德之名的統治者，則會以有形的德教化百姓，反而達不到真正的德。上德之人，順其自然、無心無為；下德之人，強調有所作為，但卻無以能為。上仁之人，努力博施於人，無私心意圖；上義之人，勉力施為，但常有私心目的。上禮之人，努力於禮，但卻因為虛偽造作，所以得不到回應，於是就拉著他人的胳膊，強迫他人順從。道衰敗之後，就出現德；德衰敗之後，就出現仁；仁衰敗之後，就出現義；義衰敗之後，就出現禮。「禮」啊！是忠信衰敗的象徵，也是社會動亂的禍首。那些不知而言知的人，只理解道的表面，而不理解其樸實的內涵。得道之人

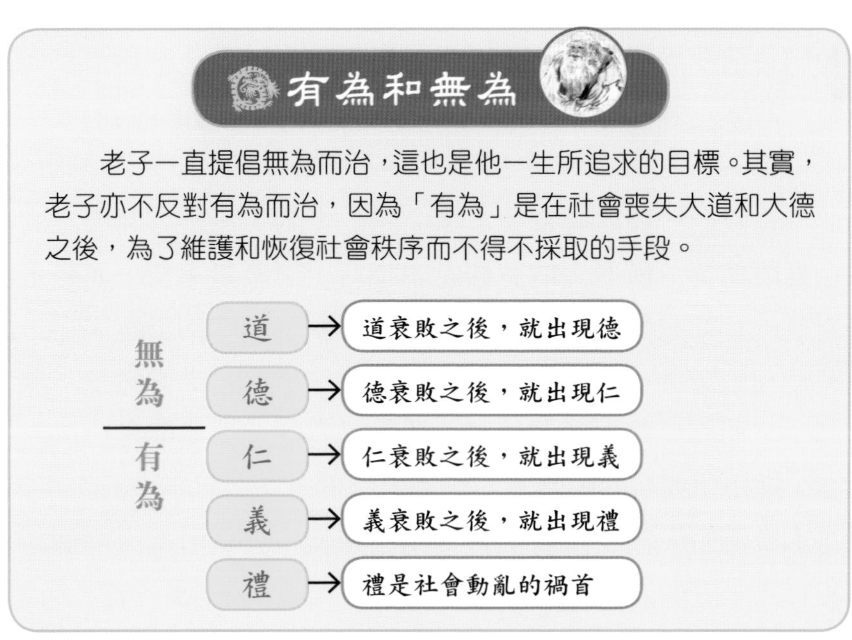

有為和無為

老子一直提倡無為而治，這也是他一生所追求的目標。其實，老子亦不反對有為而治，因為「有為」是在社會喪失大道和大德之後，為了維護和恢復社會秩序而不得不採取的手段。

應該淳樸無華，不違背大道；應該忠厚，不要只在乎表面。得道之人應該捨棄虛華的表面，遵從淳樸忠厚。

賞析

從第三十八章開始是《道德經》的第二部分——《德經》。在前面的章節中，老子已經帶領我們探討了《道經》，向我們闡明天道，即自然規律。而下篇的《德經》則是向我們揭示人德，即人生的行為準則。天道和人德二者共同建構了老子的思想哲學體系，時至兩千年後的今天，老子的道德思想依然深深地影響著我們，並成為人類的行為指南和道德標準。

第三十八章作為《德經》的開篇，老子首先為我們闡述有德與無德的概念與行為的區別。真正具有大德的人，根本就沒有德或不德的概念，但是在別人看來，他的行為依然是最合乎道德的。也就是說，大道無言無名，大德同樣無言無名。一旦有名，那就是後天人為的區分，而有分別心的人就是凡夫俗子。所以，那些並非真正具有大德的人，他們將道德看得很重，害怕失去道德，所以做什麼事情都要用道德衡量。這樣一來，他所做的事情反而不合乎真正的道德了。

換一個角度來說，我們從政治方面分析和理解「上德」。其實，「上德」並不是我們一般所認為儒家所主張的德政。老子認為儒家的德政不符合實際情況，僅憑人的主觀意志推行，這不是上德，而是不德。老子認為的上德是無以為、無為，它並不脫離客觀的自然規律，施政者沒有功利的意圖，不憑主觀意志。如此一來，結果當然是「無為而無不為」，即充分體現道的精神，所以是有德。下德則是自以為無為的有為，抱持功利目的，憑著主觀意志做事。

在本章節中，老子將政治分為兩個類型、五個層次。兩個類型即無為和有為，道和德屬於無為的類型；仁、義、禮則屬於有為的類型。五個層次是道、德、仁、義、禮，在這五個層次中，道和德是最高的層級，這裡的德專指上德，而不包含下德。「失道而後德」，雖然道和德都屬於無為的層級，但失道就已淪為下德，和上仁相差無幾；「失德而後仁」，此處是指脫離無為的層級就是仁，仁就已經是有為、為之了。最後，「失仁而後義」、「失義而後禮」，都是有為範圍內的不同層次而已。

在茫茫宇宙間，所有生命都只是一次偶然的發生和或然的出現，猶如虛空、寂寞、清冷大自然中的一時過客，來去匆匆，既無法對大自然的生生不已有所助益，也無法構成任何重大危害。生命自認為豐富多彩的瞬間，在大自然中卻連一絲痕跡都不會留下。其實，所有生命都只有存在當下的意義，而沒有原始的或終極的意義。人類常常為生命的短暫和自身的渺小而扼腕嘆息，但嘆息本身也是毫無價值的，它只會空耗我們的生命。在這短暫的時間中，我們該如何有意義地度過自己的一生呢？這是我們都十分關心的問題。人類之所以相較於其他動物高等，正是因為人類擁有自我思想和意志，可以區分善惡美醜；正是因為心中有了區別對待，所以人類社會才存在道德的標準。當然，這種標準也是人為規定的。老子認為，真正的德是沒有任何形式的，這為我們提供了足以參考的指標，若人類能參透這一思想，也就明白什麼是該做，什麼是不該做的。只有這樣，我們才不負自己的一生。

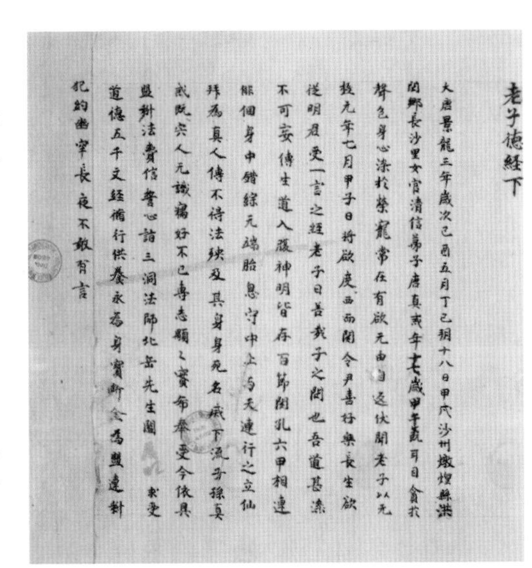
老子德經下
大唐景龍三年歲次己酉五月丁巳朔十八日甲戌沙州燉煌縣洪
閏鄉長沙里女官清信弟子唐真戒年十七歲甲午生，右目貪於
聲色身心染於榮寵常在有欲无由自返伏聞老子以无
數元年七月甲子日將欲度西函關令尹喜好樂長生欲
從明君受一言之經老子曰善哉子之問也吾道甚深
不可妄傳生道入腹神明皆存百節關孔六甲相連
臍個身中錯綜无端胎息守中上与天連行之立仙
拜為真人傳不得法殃及其身身死名滅下流子孫真
戒既宿人无識竊好不已專志願之賫帋奉受今依具
盟誓法賫信誓心詣三洞法師北岳先生閻　求受
道德五千文經脩行供養永為身寶斷金為盟違科
犯約幽牢長夜不敢有言

老子道德經－德經

老子言「德」，認為「德」乃「道」的體現，而「德」應服從於「道」，故謂：「孔德之容，唯道是從。」道家的「德」強調不脫離客觀、沒有功利意圖，與儒家所主張的「功利之德」大不相同。

一為始祖

原文

昔之得一者❶：天得一以清❷；地得一以寧；神得一以靈❸；谷得一以盈；萬物得一以生；侯王得一以為天下貞❹。其致之，天無以清，將恐裂；地無以寧，將恐發；神無以靈，將恐歇❺；谷無以盈，將恐竭；萬物無以生，將恐滅；侯王無以貴高，將恐蹶❻。

故貴以賤為本，高以下為基。是以侯王自謂孤、寡、不穀❼。此非以賤為本邪？非乎？故致數輿無輿❽。不欲琭(ㄌㄨˋ)琭如玉，珞(ㄌㄨㄛˋ)珞如石❾。

註釋

❶ 得一：得道。
❷ 清：清澈、清明。
❸ 靈：靈妙。
❹ 貞：首領。
❺ 歇：消失、絕滅。
❻ 蹶：跌倒、失敗。
❼ 孤、寡、不穀：古代帝王自稱孤、寡、不穀。不穀，不善。
❽ 輿：車中裝載東西的部分，後泛指車。
❾ 珞珞：形容石頭堅硬的樣子。

平苗圖冊　清代乾隆時期

戰爭中的血雨腥風並不符合「道」的要求，與「道」不統一。所以，戰爭在人類的歷史長河中只是片段的過程，而不是人們的生存方式，與道合為一統的事物才得以永存。

譯文

自古以來，有以下事物與大道相符：天得道而清明，地得道而寧靜，神得道而靈驗，川谷得道而盈滿，萬物得道而生存，侯王得道而成為天下的君主。推究其理，若天不清明，恐怕就會崩裂；若地不寧靜，恐怕就會爆發；若神不靈妙，恐怕就會消失；若川谷不盈滿，恐怕就會乾竭；若萬物無法生存，恐怕就會滅亡；若侯王無法成為正統，恐怕就會瓦解。

高貴必須以卑賤為基礎和根基，所以，君王都自稱孤家、寡人、不穀，這不就說明以賤為本的道理嗎？難道不是嗎？所以，古人提到車子的時候，往往稱呼車子為輿；就像君王不需要自稱自己為君王，仍然可以彰顯自身的尊貴。因此，不應追求美玉的尊貴華麗，反而應像石頭那樣堅硬質樸。

一為萬物之始

「一」為萬物存在的基礎，是萬物的始祖，這也是老子反復強調的概念之一。就像我們所熟知的細胞分裂，一可以生二，二可以生四，四可以生八，以至無窮盡。

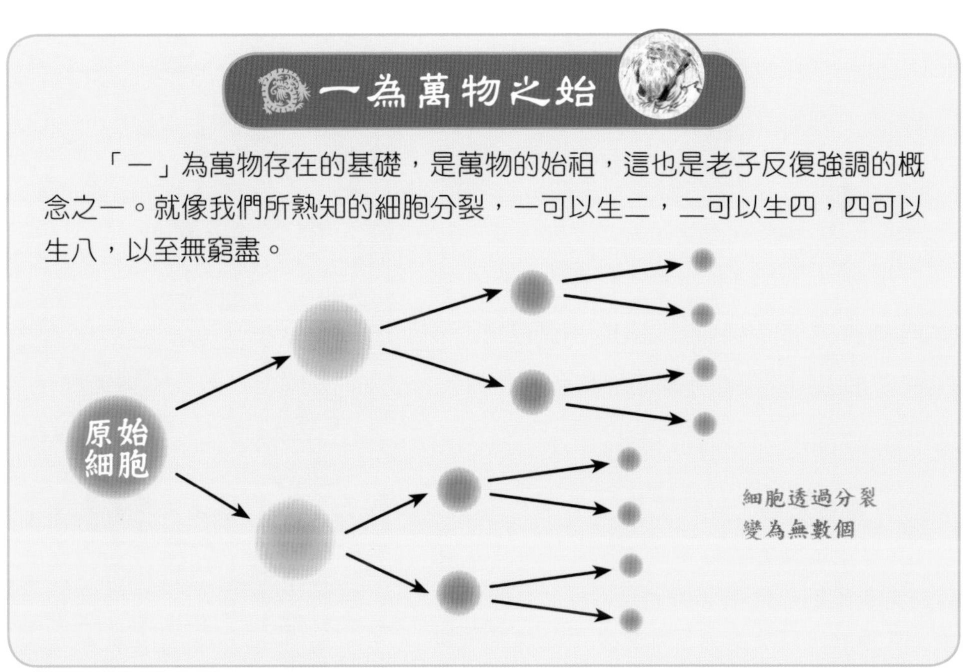

賞析

在此章節中，老子不斷強調「一」的概念，並反復使用「一」。什麼是「一」呢？若從狹義方面理解，「一」就是唯一、統一；而從廣義上來說，「一」則是物質的唯一性，物質的最早起源；若從普遍性來說，宇宙萬物全都是由「一」產生，並慢慢衍生出個別的物種，「一」是萬物所共有的，也是萬物的共同起源；從個別性來說，每個物種都是從「一」開始，「一」是每個物種單獨擁有的。

接下來，老子列舉天、地、神、谷、萬物、王侯。若天和道統一，就會變得清明；若地和道統一，就會變得寧靜；若神和道統一，就會靈驗；若川谷和道統一，就會盈滿；若王侯和道統一，就能使天下安定。透過這些自然物和人物的論證，無疑是在向我們闡明宇宙萬物都以「一」作為存在的基礎，「一」就是萬物的始祖。

那麼，若沒有「一」會如何呢？老子認為若沒有「一」，這些自然物和人物就會發生下列情況：若天沒有清明，

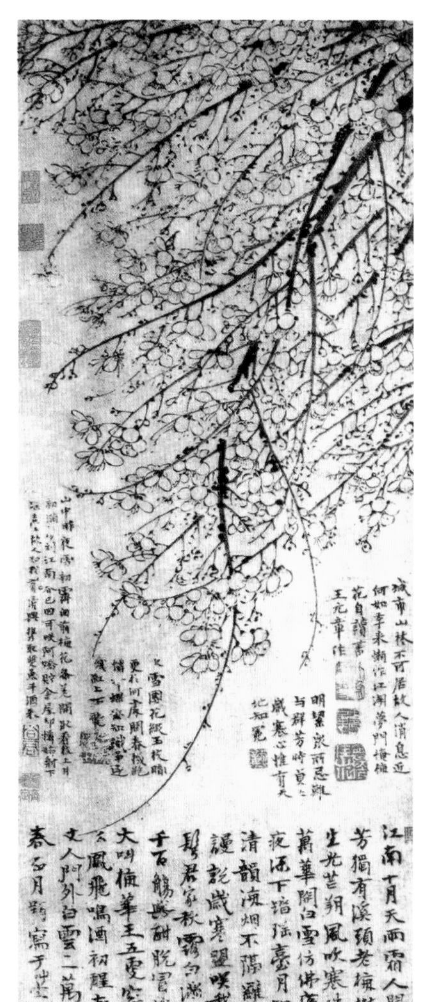

墨梅圖軸　元代王冕

「一」是抽象的概念，我們只能從萬事萬物的生長變化中體會它的玄妙，我們只能間接感受它綿綿不絕的威力。就像畫中的梅花，燦爛地綻放在枝頭，無拘無束，恣意瀟灑。「一」主宰世界，卻像小雨般「隨風潛入夜，潤物細無聲」。

就會崩裂；若地沒有安寧，就會廢止；若神沒有靈氣，就會消失；若川谷沒有盈滿，就會枯竭；若萬物無法生存，就會滅亡；若王侯無法使天下太平，就會傾覆。由此可見，「一」是萬物存在的基礎，也是萬物的生命源泉。

「一」不是一個實體，而是一個抽象的概念，只能被感知，但無法被看見或感受，也無法用語言形容。「一」是統一且規律的，它無形無狀、無聲無息、無色無味，它存在於萬物萌發的開始，是宇宙萬物得以生成的根源。

「故貴以賤為本」，此處是承接「昔之得一者」。人類如果也想如同上述萬物一般，與玄妙、偉大的「一」合而為一，就必須拋棄分別心和私心雜念，達到「物我兩忘」的至境。也就是說，外物與我無分別，心中無所謂美醜、善惡、榮辱，沒有這些概念，也就沒有分別對待；沒有分別對待，也就沒有爭奪；沒有爭奪，也就沒有不達目的之痛苦和煩惱，人生也就達到了無欲無

元章題石　清代吳友如

北宋書畫大家米芾，字元章，他酷嗜奇石的態度，被當世視為癲狂，因此又有「米癲」之稱。他收集了許多奇岩異石，並且一一品題。由此可見，石頭不必豔羨花朵的美顏、樹木的蔥郁，每一塊石頭都有自己的奇特之處。即使不奇特，亦可堆積成山而絕豔天下。人亦是如此，不應設定許多欲望讓自己無所適從，而是要找到適合自己的道路。

求的境界，達到和大道的完美合一。只要沒有妄想，也就不會妄為；不妄為，也就不會違背道德規範。我們常說的「缺德」，指的就是違背道德規範的行為。大道和大德無處不在、無所不在，它們無言無為，沒有分別，自然而然，無所謂喜歡或不喜歡，萬物都是經由它們而衍生，它們無所謂追求和索取，自然也就無所謂執著。但是人類卻不同，貪欲是人的本性，追名逐利也是人類與生俱來的特性，這是任何人都無法否認的事實。雖然，此種特性可以推動人類社會的進步，但若從人性的角度分析，欲念是人類必須捨棄的東西，因為它終將使我們感到不幸福。人生一世，短短十數個春秋，如果終其一生都只為滿足自己的貪欲，難免會陷入痛苦的境地。在欲望的驅使下，人類甚至會做出傷天害理的事情，不僅傷害他人，更傷害自己的良知，並將自己的幸福毀於一旦，何苦呢？因此，只要沒有欲望的驅使，我們就會甘於做一塊厚道、樸實、毫不張揚的石頭；而不是一塊精雕細琢、華貴無比的美玉。

仿刁光胤寫生冊－竹菊泉石　清代楊大章

就算不追求如璀璨美玉一般的光彩奪目，也可以如同堅硬的樸石一樣大智若愚。

無中生有

原文

反者❶，道之動；弱者❷，道之用。天下萬物生於有，有生於無❸。

註釋

❶ 反者：循環往復。

❷ 弱者：柔弱、渺小。

❸ 無：超越現實世界的形上之道。

譯文

循環反復是道的內在動力；堅守柔弱是道的運動法則。天下萬物從「有」中產生，「有」又從「無」中產生。

螳螂捕蟬　清代蔣廷錫

蟬在每一年的八月份產卵，卵至次年六月中孵化。幼蟲孵出後，由枝上落於地面，隨即鑽入土中。幼蟲在土中生活若干年後，蛻皮五次。每年六月份，幼蟲將要羽化時，便在黃昏及夜間鑽出土表，爬到樹上，蛻皮羽化為成蟲，最長的壽命約六十至七十天。如此循環往復，這就是大道。

道的迴圈

大道在循環往復中得以成長、發展、運行，如同老子所說：「反者，道之動」。就像月亮在「圓→缺→圓」中，成就了月；氣候在「冷→暖→冷」中，成就了年。

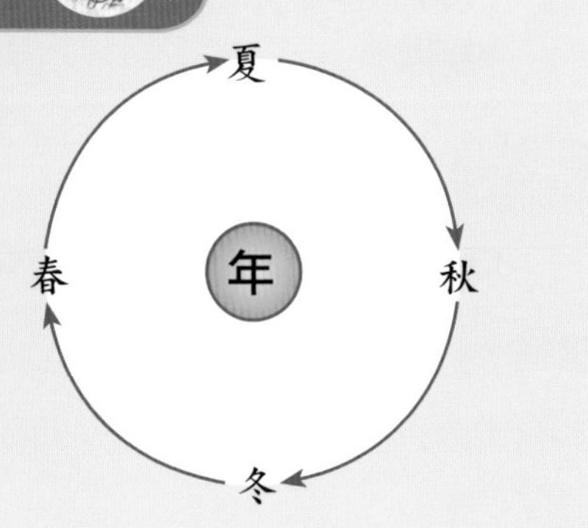

賞析

雖然此章節只有短短兩句話，但含義豐富深邃。老子在此段落中重申了道和德的關係，道無形、無言、無為，我們最多只能掌握道的德性而已，終究無法真正掌握道。

「反者，道之動」，意思是事物運動變化的規律是循環往復的。如果善於觀察的話，便不難發現生活周遭的事物都處於永不停息的運動變化之中。蟬皮掛在枝頭，而蟬卻沒了蹤影，我們四處尋找，發現樹木深處傳來蟬的鳴叫。原來牠早已揚起翅膀，躲到密葉深處歌唱了。但是，好景不長，隨著夏天的飛逝，牠的生命也走到了盡頭。第二年的夏天，蟬聲又起，如此循環往復，永不衰竭。

「弱者，道之用」，意思是道發揮力量的時候，用的是最為柔弱的方法。它順應事物的一切發展變化，任由萬物自然而然地發生和生長，絕不強加自己的意志，不妄加干涉，給萬物足夠的發展生長空間。道孕育萬物，而不據為己有，不使萬物感到壓迫。如果，天下的統治者也能

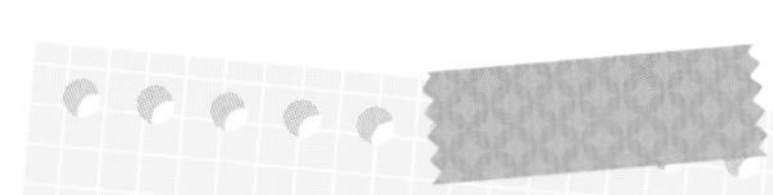

無中生有：原指道家學說，「有」是從「無」產生出來的。後來語義一轉，指本無其事，憑空捏造。

善用此種柔弱的手段治理天下，順應民心民意，那就會自然而然得到民眾的擁護和愛戴，且能擁有大道的力量而永不枯竭。

由此可見，大道的德性就是循環往復和柔弱順應。宇宙萬物由道而生，自然也應該合乎大道的德性，才得以正常生長、發展、運行；一旦違背道的德性，就會無法運作，被淘汰出局。這是因為宇宙萬物皆由大道孕育而生，也就是老子在《道德經》開篇提到：「有名萬物之母。」另外，我們也必須了解，大道的孕育狀態來自於無的渾沌未開，也就是老子在第一章中所說：「無名天地之始。」所以，無的狀態就是道的德性。人類是萬物中的一份子，在這宇宙萬物之中，就如同滴水藏海一般微不足道。但是，人類卻總是喜歡誇大自身存在的價值，心中的虛妄致使我們忽略了自然規律而恣意妄為。恣意妄為是對大道的公然叛逆，例如，任意砍伐森林、任意捕殺野生動物、污染環境、自虐和虐他等等。人類自認為擁有強大和睿智，但其實這就是不自知的表現，其結果必將自我殲滅。人類應該順應自然之道，明曉生死皆自然。短暫的人生不容許我們蹉跎歲月，也不容許我們陷於無謂的紛爭之中。人生一世，草木一秋，生命就如同一次短暫的旅遊，從起點出發，最後又復歸於起點。此種循環往復不會因為我們的主觀意志而轉移，有生就有死，這就是大道的規律，沒有人能夠改變它。既然無法改變，我們何不換一種方式看待大道呢？順應大道，也就合乎道的大德，就能活得自然、坦然、悠然。

王羲之觀鵝圖卷　元代錢選

人是萬物之靈長，可以順從道的指示，利用某些事物實現自我，但絕不能因此隨心所欲地主宰世界。晉代書法家王羲之靠著他的墨寶而揚名萬世，但其本人仍然消散在歷史的風雲之中。

第四十一章　善貸且成

原文

上士聞道❶，勤而行之；中士聞道，若存若亡；下士聞道，大笑之。不笑不足以為道。故《建言》有之：「明道若昧❷；進道若退❸；夷道若纇ㄌㄟˋ❹；上德若谷；大白若辱❺；廣德若不足；建德若偷❻；質真若渝❼；大方無隅ㄩˊ❽；大器晚成；大音希聲；大象無形；道隱無名。夫唯道，善貸且成❾。」

德經

註釋

❶ 上士：西周的士大夫分為上士、中士、下士三個等級，此處指擁有上等智慧的人。

❷ 昧：暗昧、幽暗不明。

❸ 進道：前進的道路。

❹ 夷道：平坦的道路。纇：瑕疵、缺點。

❺ 辱：污垢。

孔子問禮圖　漢代畫像磚

孔子問禮於老子後，回到魯國，眾弟子好奇地問老子長什麼樣子呢？孔子說：「鳥，吾知牠能飛；魚，吾知牠能游；獸，吾知牠能走。走者可用網縛之；游者可用鉤釣之；飛者可用箭取之；至於龍，吾不知其何以？龍乘風雲而上九天也！吾所見老子也，其猶龍乎！學識淵深而莫測，志趣高邈而難知；如蛇之隨時屈伸，如龍之應時變化。老聃，真吾師也！」

❻ 偷：惰。
❼ 渝：變汙。
❽ 隅：棱角。
❾ 貸：施予、給予。

若存若亡：有時記在心裡，有時則忘掉。用以形容若有若無，難以捉摸。

譯文

上等悟道之人聆聽了道，便會勤於實踐它；中等悟道之人聆聽了道，會對它半信半疑；下等悟道之人聆聽了道，便捧腹大笑以示嘲諷。其實，不被嘲笑就不足以為真正的道了，所以，《建言》一書提到：「光明的道好似昏暗不明；前進的道好似在後退；平坦的道好似凹凸不平；崇高的德好似峽谷；潔白無瑕的東西好似藏汙納垢一般；廣大的德好似不足；剛健的德好似怠惰；純真質樸的品格好似混濁；最方正的東西好似沒有棱角；珍貴的器物總是最晚完成的；最大的聲響反而不被聽到；最大的形象反而不被看見。大道幽隱而默默無聞、無名無狀。只有大道，善於給予萬物，並且成全萬物。」

賞析

在上一章中，老子論述了道的德行，即循環往復、柔弱順應。而萬物為大道所生，就應遵循大道所具有的德性，順應自然，循環往復，不違背自然的規律，達到無言無為的境界。如此一來，才能免受自然的懲罰，領略生命的充實和美好。

在這一章節中，老子則闡述該如何依道修德。老子將人類分為三個等級，即上士、中士、下士。在古代社會中，上士是指高等的貴族階級；中士是指普通的貴族階級；下士是指卑賤的貴族階級。但是，老子在此處所區分的並非是等級差別，而是對於道所開悟的程度高低。上士，就是悟道較深的人；中士，就是對道半信半疑的人；下士，就

是對道不開悟的人。由於他們對道的領悟水準不同，所以也就產生了對道不同的看法和行為。上士聆聽他人講述道的德性時，能立即領略其中的妙處，並反應在自己的實際行動中，積極努力地實踐，做到與大道完全融合。中士聆聽他人講述道的德性時，由於思想的局限，所以不能完全理解大道的德性，總是半信半疑。因此，中士時而實踐，時而疑惑，不能完全投入，他們在半信半疑之間徘徊，所以很難領會真正的大道和大德。下士則完全否定大道的存在，他們一旦聽到道的德性，就會哈哈大笑，以表示對大道的嘲諷。他們認為修道者都是瘋子，認為修道者所說的話是胡言亂語、信口開河。

大器晚成：貴重的器物往往需要較長時間才能完成，後用以比喻卓越的人才往往成就較晚。

究竟該如何讓下士們理解道這樣淺顯而又玄妙的東西，而不是因為無知而嘲笑呢？老子在此章節展現對下士的極度寬容，他認為如果沒有下士的嘲笑，道就不能稱為真正的大

陋室銘圖　清代黃應諶

唐代劉禹錫的《陋室銘》透過對居室、交往人物、生活情趣的描繪，極力形容陋室不陋，表現作者不與世俗同流合污的生活態度，流露他安貧樂道的隱逸情趣。但是，「談笑有鴻儒，往來無白丁」，顯然不是得大道者的作為。因為大道包容萬物，而不排斥任何下士。

道了。為什麼這麼說呢？老子引用了十二句古語以佐證自己的觀點，即：「明道若昧；進道若退；夷道若纇；上德若谷；大白若辱；廣德若不足；建德若偷；質真若渝；大方無隅；大器晚成；大音希聲；大象無形；道隱無名。夫唯道，善貸且成。」意思是光明的道好似昏暗不明，前進的道好似在後退，平坦的道好似凹凸不平，崇高的德好似峽谷，潔白無瑕的東西好似藏汙納垢一般，廣大的德好似不足，剛健的德好似怠惰，純真質樸的品格好似混濁，最方正的東西好似沒有棱角，珍貴的器物總是最晚完成，最大的聲響反而無法被聽到，最大的形象反而無法被看到。這麼隱晦難懂的話有幾個人能夠理解呢？即使是有人能夠理解，又有幾個人能夠參悟其中的深意呢？畢竟得道之人是少數，而下士則佔多數，如果不對下士們採取寬容的態度，那老子修道又有什麼意義呢？老子之所以可以對下士們採取寬大包容的態度，其實都是他悟道和修德的結果，因為大道包容萬物、給予萬物、成全萬物。

在日常生活之中，我們難免必須和各式各樣的人打交道，他們或粗俗、或高雅、或單調乏味、或幽默風趣。面對形形色色的人，我們該如何處之泰然呢？有人採取極端的方式，就是完全不與低俗之人交往，擺出一副自命清高的架勢，見了粗俗之人就冷眼相對。其實，他們的姿態正是忘記了什麼才是真正的高雅，不自覺將自己推向低俗的深淵。我們為什麼不能是一株出淤泥而不染的白蓮呢？如果我們擁有如同蓮花一般的高潔，我們就應該以自己的品行感化他人，使他們脫離低俗；擁有一顆包容心是人類的無價之寶，亦是處事的最佳方略。

大音希聲：指最大、最美的聲音就是無聲之音。

第四十二章 以為教父

原文

道生一❶，一生二❷，二生三❸，三生萬物。萬物負陰而抱陽❹，沖氣以為和。人之所惡，唯孤、寡、不穀❺，而王公以自稱。故物或損之而益❻，或益之而損。人之所教，我亦教之。「強梁者不得其死❼」，吾將以為教父❽。

註釋

德經

❶ 一：萬物皆由一開始，它既是第一，也是唯一。老子用一這個數字代替道的概念，表示道是絕對無偶的。

❷ 二：二是偶數，代表事物有對稱後才得以孕育，如陰陽、雌雄等。陰陽二氣所形成的統一體就是「道」，表示對立的雙方都包含在「一」之中。

❸ 三：兩個對立且相互矛盾的物體衝突後，所形成的第三者，進而生成萬物。三，形容多數，不是實指。

❹ 陰：與陽相對，構成宇宙的其中一面。陽：與陰相對，構成宇宙的其中一面。

❺ 孤、寡、不穀：古代君主用以自稱的謙詞。

❻ 損：減損。益：增添。

❼ 強梁者：強暴者、橫行霸道之人。

❽ 教父：教育的根本或思想。父，一解為「始」，另一解為「本」。

欲益反損：原想有所得益，結果反受損害，形容事與願違。益，得益。損，損害。

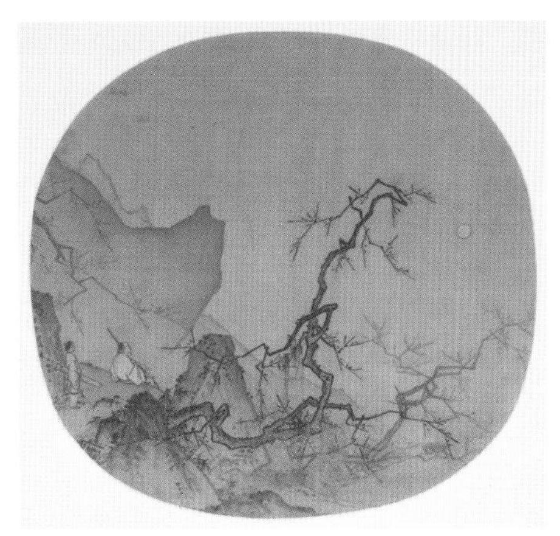

月下賞梅圖（團扇）　宋代馬遠

一持杖高士，悠然自在地坐於山石一角；一攜琴童子，緊隨高士身後而立於山石旁。兩者皆瞭望前方，靜靜賞梅，整幅圖充滿孤寡冷冽之感。歷代帝王自稱「孤家寡人」，本意是表達自己孤才寡德，以藉此籠絡人心，但更多的則是暗暗流露的高貴優越感。帝王認為，世界上越稀有的東西，越被「寡人」所用，與畫中高士童子的淡然平和截然不同。

譯文

道生出初始的一，初始的一又生出陰陽的二，陰陽二氣交合而生三，混合的三生萬物。萬物都背陰而抱陽，陰陽二氣交互作用，生成和諧狀態。人人都厭惡鰥寡孤獨，但是王公貴族卻用「孤」、「寡」、「不穀」謙虛地稱呼自己，因為越是自謙，便越受他人擁戴。所以，世界上的事物有損必有益，有益必有損。古人以此教誨後人，我亦以此教誨他人。「橫行霸道者終究不會有好的下場」，我以此話作為教育的開端。

賞析

老子在此章節中講述了大道的衍生規律：大道生出一，一生出二，二生出三，三生出萬物。這和前述第一章所說的意思大同小異：大道之無而生出妙一，妙一生出天地的二，二生出徼三，三生出宇宙萬物。我們從而可以推斷萬物都在道中，既然萬物都在道中，那麼萬物自然會懷抱著天，背負著地；天為陽，地為陰。老子在此處將陰陽理論和道理合在一起，難免有些晦澀難懂，但若能細細理解，或許就離老子的智慧更近一步了。《易經》曾提到：「太極生兩儀，兩儀生四象，四象生八卦。」其中的太極，也就是老子所說的道，它渾沌未開，渾然一體，無所謂兩儀，也無所謂陰陽。陰陽是相對的，又是相互統一融合的。它們之間的對立表現在二者相互排斥，是分隔裂變的產物；它們之間的融合表現在它們本是一個物體，來自同一種物質——太極，也就是道，也就是一。正因為陰陽的這一特性，所以我們可以將它們揉合在一起，成為「和氣」。天氣陽而地氣陰，萬物生於天地之間，自然帶有陰陽二氣。萬物之所以生，是因為陰陽相合而生成的和氣所致，和氣使萬物得以安寧並且生生不息。

人類生存在這個宇宙空間之中，萬物都有陰陽之分，各種生物，包括人類在內，也都有雌雄之分，就是老子所說的陰陽。雄性都有陽剛之氣，而雌性則相反，都具有陰柔之氣。陽剛和陰柔是萬物的特徵，也是萬物得以延續的基礎。陽和陰相輔相成，相互獨立存在而又不可分割，二者相合而成「和氣」。「和氣」是陰陽二氣的中和，因此，無論是黎民百姓，還是王公貴胄，只要和氣為人，就能夠合乎大道的規律要求，就是一個有道德的人。任何兇神惡煞的行為都無法得到天地之道的認可，更談不上擁有人格和尊嚴。人和萬物的特性就是「和」，和氣的人就合乎大道，合乎大德，就會受到大道的擁護；相反的，不和氣就是不合乎大道，自然會受到自然規律的懲罰。

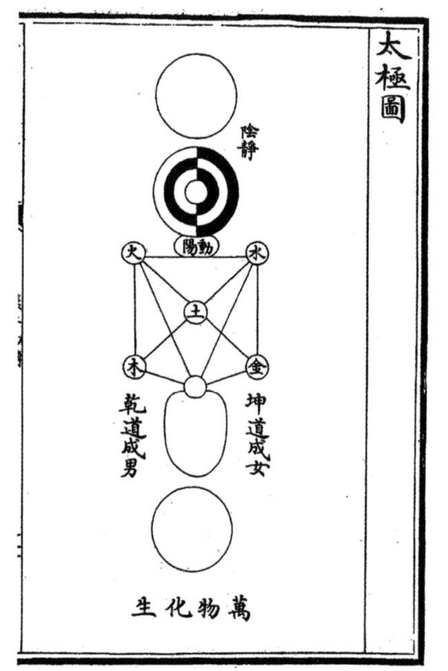

漢上易傳卦圖　宋代朱震

道家認為「道生一，一生二，二生三，三生萬物」，就是「無極生太極，太極生兩儀，陰陽化合而生萬物」。太極是源源不絕的，動則產生陽氣，動到某個程度便靜止；靜則產生陰氣。陰陽之氣互為太極之根，運轉於無窮。人之於陰陽而言，「乾道成男，坤道成女」，陰陽交合則化生萬物。萬物皆按此規律，生生不已，故變化無窮。

太白醉酒圖　清代蘇六朋

圖中李白疏放不羈、瀟灑行吟的個性躍然紙上。李白生活在唐代極盛時期，具有「濟蒼生」、「安黎元」的理想，畢生為實現這一理想而努力。但也許李白並不適合從政，他多次被政敵排擠。這在成就他大量詩篇的同時，也表現了他逃避現實的生活態度。李白的理想和浪漫精神只能在詩歌中長存，卻解救不了他在官場的失意。

我們往往喜歡風和日麗的天氣，而厭惡陰雨潮濕的天氣，也就是趨陽避陰。誰都不喜歡鰥寡孤獨，不喜歡被人遺棄，但是王侯公卿卻喜歡稱呼自己為「孤、寡、不穀」，為什麼呢？其實，這是他們自謙的說法，他們越自謙，就越能得到眾人的擁護和尊敬，也就是損之有益。我們常說「和氣生財」、「家和萬事興」，此處的「和」就是「和氣」，也可以稱為「人氣」。一個人氣充足的人，不計較個人得失，不貪佔便宜，自然也就減少許多痛苦和煩惱，千萬不要因為一時的得失而大喜大悲。如果我們正處於人生的低谷，被不如意甚或恥辱包圍，面對這樣的窘境，我們該消極躲避還是積極應對呢？答案顯而易見。唯有我們冷靜、平穩、和氣地面對，才能戰勝狂風驟雨，迎來美麗彩虹。

不言之教

原文

天下之至柔❶，馳騁天下之至堅❷，無有入無間❸。吾是以知無為之有益。不言之教，無為之益，天下希及之❹。

註釋

❶ 至柔：最柔弱。

❷ 至堅：最堅硬。

❸ 無有：觸摸不到的東西。無間：沒有空隙。

❹ 希：同「稀」，稀少。

譯文

水，是天下最為柔弱的東西，反而能夠征服天下最堅硬的東西。水，是空虛無形之物，反而能進入沒有縫隙的東西之中。因此，我了解到順應自然、無所作為是有益的。

水此番無言的教誨、無所作為的益處，天下很少有人能夠如它一般。

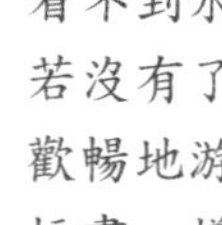

金魚 佚名

圖中只見金魚自由自在地遊弋，雖然看不到水，但我們卻可以很明顯地知道，若沒有了水，就沒有魚的生命，魚更不會歡暢地游來遊去。大道潤澤萬物，就像這幅畫一樣，我們可能看不到，但卻能從萬物的生機繁榮中感受它的存在。大道造福萬物，但從不邀功自誇。

賞析

在上一個章節中，老子論述萬物的「和氣」，而這一章則緊接著闡述柔和無為的妙處。什麼是天下至柔之物呢？毫無疑問，水是最為柔軟、順從的物體。

在前面的章節中，老子已論述過關於水的許多特性，它可以柔順地任憑我們將它放到不同的器皿中，依舊泰然自若、無欲無求。水是最柔和的物體，它象徵著大道的德行，無欲無求的水總是安靜地繞開繁華，沿著低窪河谷緩緩而下。它絕不會在地勢的險峻之處、壯觀之處駐足停留，搔首弄姿，賣弄風情；它默默無聞，順流而下，滋潤田地山谷；它絕不居功自傲；它造福萬物，而不主宰萬物；它甘於卑下的地位，且毫無怨言。

但是，這些水至柔的一面，都還不足以說明水的本質。水雖然柔弱得近乎虛無，但絕不意味它軟弱可欺，老子說：「天下之至柔，馳騁天下之至堅。」意思是水雖然柔弱，但它卻可以在最為堅硬的東西中馳騁、奔流，又有誰能阻止它前進呢？

唐代詩人李白的《宣州謝朓樓餞別校書叔雲》中寫道：「抽刀斷水水更流，舉杯消愁愁更愁。」是啊！無論是多麼鋒利堅硬的刀，柔順的水都不會畏懼害怕。還有，像是「滴水穿石」的故事，或許一滴、兩滴水的力量微不足道，但隨著時間的累積，水就足以將堅硬的岩石穿成孔洞。石頭可以說是沒有任何空隙可供外力侵襲，但是水卻能在不佔有絲毫空間的情況下，侵入石頭內部，這是多麼柔弱而又堅硬的力量啊！

從遠不可知的宇宙洪荒年代起，水就以自己的柔順攻無不克，戰而不勝，它幾乎侵佔了世界上的所有領域，包括陸地、平原、丘陵、溝壑、沼澤、低谷、深潭。水成了萬物的生存之源，而作為萬物之靈的人類同樣也依賴水的哺育才得以生存。當人類在母體內時，需要羊水的供養，羊水亦同時保護著我們免受外物的擠壓。水，可以說是孕育我們的泉源；沒有水，人類就無法孕育生長，也無法在世間存活。水在世界上扮演如此重要的角色，但它卻從不居功自傲，反而表現出無為、素樸、默然的柔和姿態。

人類若能像水一樣自然無為，便能心靜如水，不與他人無止無休地爭名奪利、日復一日地汲汲營營，自然就減少許多痛苦和煩惱。水是柔和的，它無為不止、順勢而流，永遠不會受到傷害；即使受到傷害，也不會在其身上留下任何陰影。人類為什麼不能學習水的處世態度呢？面對傷害究竟該如何處理呢？是寬容對待？還是睚眥必報呢？老子建議我們應該效法水的與世無爭。

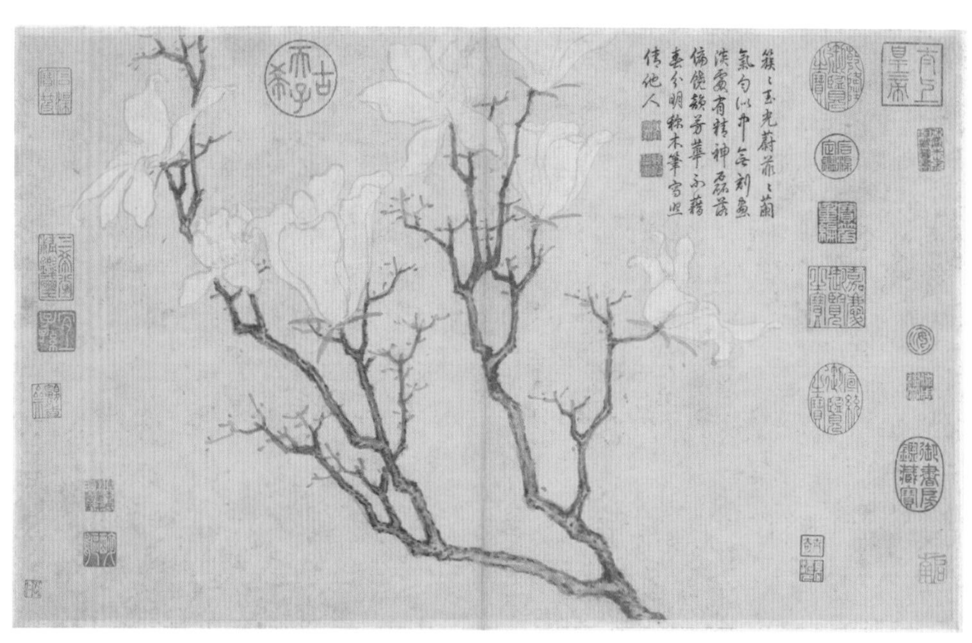

玉蘭　明代沈周

唐代詩人白居易在《祭李侍郎文》中說：「浩浩世途，是非同軌，齒牙相軋，波瀾四起，公獨何人，心如止水。風雨如晦，雞鳴不已。」心如止水，才能避免世俗的紛爭。就像畫中的空谷幽蘭一般，花香自有蝶來採，何必庸人多煩惱。

知足不辱

原文

名與身孰ㄕㄨˊ親？身與貨孰多❶？得與亡孰病❷？是故甚愛必大費❸，多藏必厚亡❹。知足不辱，知止不殆，可以長久。

註釋

❶ 貨：財富。多：重要。

❷ 得：得到名利。亡：喪失生命。病：有害。

❸ 甚愛：非常珍惜。

❹ 厚亡：重大的損失。

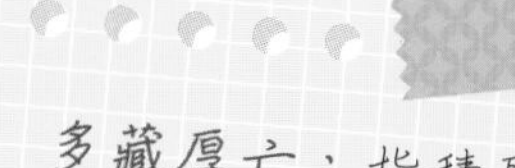

多藏厚亡：指積聚很多財物，卻不願救濟他人，因此引起眾人怨恨，最後導致損失更大。厚，大。亡，損失。

譯文

名譽和身體，哪一個更值得珍惜呢？身體和財物，哪一個更加重要呢？獲得名利和喪失生命，哪一個更加有害呢？

竹鶴圖　明代邊景昭

晉代葛洪《神仙傳》記載：「（彭祖）年七百六十歲而不衰老。」《莊子‧刻意》記載：「（彭祖）吹呴呼吸，吐故納新，熊經鳥申，為壽而已矣。」意為彭祖用意念調節呼吸，模仿動物形體（熊、鳥）的動作。道家認為天是仁慈的，在賦予人類生命的同時，也給予人們長壽之術。但是，人們卻沉浸在各種物欲功利所帶來的膚淺快樂中，無法自拔，於是漸漸失去長壽的本能。

過分珍惜必定會造成極度耗費，豐厚的貨藏必定會造成慘重的損失。知道滿足便不會受到恥辱，適可而止就不會產生危害，因此能長盛不衰。

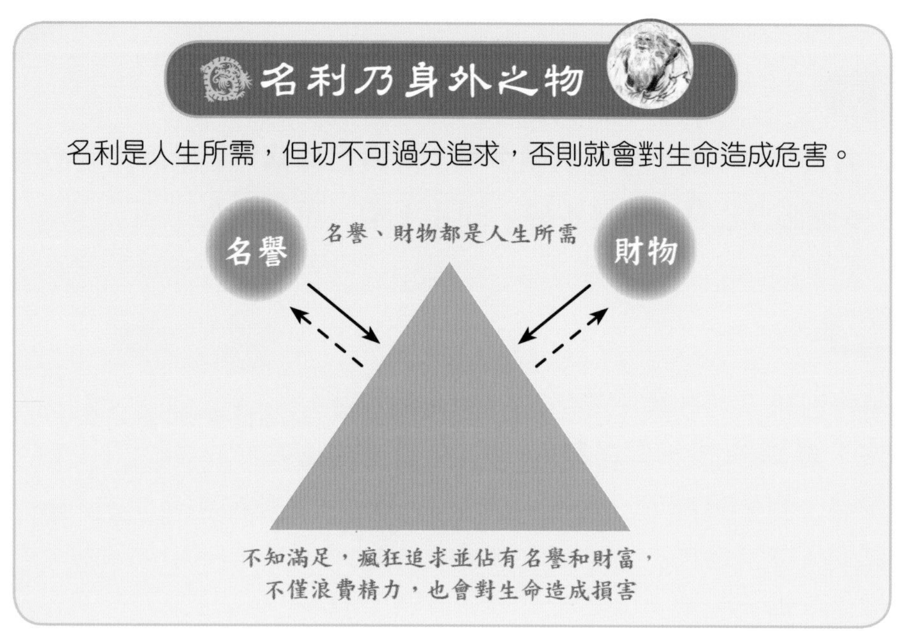

賞析

在這一章節中，老子探討應該如何看待人生的目標。以老子的觀點而言，人的最高目標應該是健康長壽，而不是對名利財物的瘋狂佔有。過分追求名利地位和財富，只會消耗大量精力，而人的精力是有限的，過分耗費精力對生命百害而無一利。所以，老子並非反對我們追求物質財富和名利，而是反對人們對於財富和名利的不知滿足。不知滿足是一切禍患的根源，如果能做到適可而止，那將對人生產生不可估量的價值。

老子的思想是一個完整的體系，各章節之間皆有著密切的關聯，孤立理解任何一章都是非常不合理的。而此章節和前述的第

知足不辱：知足就不會受到他人污辱，意為不要貪心。

十三章都是講述人的尊嚴，第十三章將寵辱榮患和人的生命相比，此章節則將名利財富與人的生命相較，兩章都是為了說明人應該自重自愛，並且教導我們該如何選擇人生的最高目標。

知止不殆：知道適可而止的人，就不會遭遇危險。古代用以規勸他人行事不要過分。殆，危險。

名譽和生命哪一個更加重要呢？財富和生命孰輕孰重呢？得到和失去哪一個的害處更大呢？老子在這裡向我們提出了這幾個大哉問，這些都是非常棘手，但卻是每一個人都必須面對的生命課題。如何將這幾個問題圓滿回答，並且身體力行呢？老子告訴我們他的觀點：人應該尊重並珍惜自己的生命，對待名利和財富則淡然處之，不可以無限制地追求，必須知足常樂，不可貪婪成性。老子所提倡的「重生貴己」，並不是貪生怕死，他所說的重視自己的生命，是建立在尊重生命的基礎上，而不是渾渾噩噩、苟且偷生。老子要強調的是，不貪慕虛華美名，珍惜自身的價值和尊嚴，不可自賤自輕。

「甚愛」，就是過度貪愛虛名和地位，這樣的人會有什麼結果呢？必然會「大費」，也就是耗費大量的精力，付出極大的代價。「多藏」，就是對財物過度追求，有的人為

千秋絕豔圖　明代佚名

從歷朝歷代的許多詩歌中，我們可以發現皇帝天子對後宮粉黛的重視程度，就算不及軍隊朝政，也可與之相媲美。皇帝為了充實後宮佳麗，將選妃列為正式制度，從全國百姓中挑選，耗費無數精力和錢財。清代同治皇帝大婚時，甚至花費兩千多萬兩白銀。

了滿足自己的私欲，不惜出賣靈魂，甚至走上犯罪的道路。最後，雖然得到財物，但也失去了人格與自由，實在是得不償失啊！

「知足不辱，知止不殆」，這句話是老子處世觀的高度濃縮和最確切的表達。我們常常提到「物極必反」，任何事物都有其自身的發展極限，一旦跨過這一限度，就勢必向對立面轉化。所以，老子提醒我們應該知足。若能夠知足，便能減少恥辱；適可而止正是大智慧的表現，唯有知道滿足方能長盛不衰。

人生在這個世間，本身就是許多偶然因素的組合，我為什麼是我，我為什麼不是他呢？正是因為有「自己」和「他人」存在於這個世界上，所以人類才變得如此爭強好勝。我們愛面子，所以處處與他人爭強，比名譽、比地位、比財富、比這些最能彰顯自己強大的標誌。為了比別人強大，有些人甚至不惜利用各種見不得人的手段，以爭取大量的財富和名位。而在這樣的過程中，他們出賣了自己的人格、自己的靈魂，更耗費自己的精力，最後換來什麼呢？只有一點點可悲的自尊。以如此沉重的代價換回的尊嚴，真的值得嗎？我們可以讚美那些利用聰慧頭腦和勤勞雙手爭取而來的財富和名譽，但必須適可而止，以損耗自身生命作為代價所得來的財富和名位，是大大不值得的。

淵明採菊圖　民國王震

陶淵明生活在東晉這個天下大亂的年代。青年時期，他也曾希望進入仕途、博取功名。但是，陶淵明很快就對仕途生活感到厭倦，幾度辭官。最後，他回鄉躬耕，終於在生活的困苦與自然的旨趣之中達到和解。「晨興理荒穢，帶月荷鋤歸」，「採菊東籬下，悠然見南山」，陶淵明的詩句證明，他已在躬耕生活中找到屬於自己的「桃花源」。

第四十五章 大成若缺

原文

大成若缺❶，其用不弊❷；大盈若沖❸，其用不窮。大直若屈❹，大巧若拙❺，大辯若訥。躁勝寒，靜勝熱，清靜為天下正。

註釋

❶ 大成：最為完滿的東西、極大的成就。

❷ 弊：破敗。

❸ 沖：虛、空虛。

❹ 屈：同「曲」。

❺ 拙：笨拙。

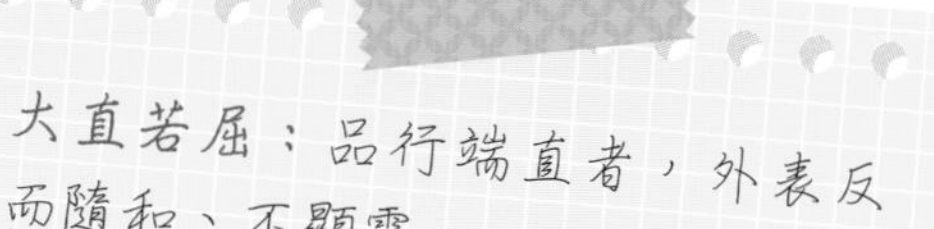

大直若屈：品行端直者，外表反而隨和、不顯露。

譯文

最完滿的東西往往看似有些殘缺，但它的作用卻永遠不會衰敗；最充盈的東西往往看似空虛，但它的作用卻永遠不會窮盡。最筆直的東西往往看似彎曲，最靈巧的東西往往看似笨拙，最善辯的人往往看

明人花果冊－藕菱蓮蓬

果實成熟之後，便會垂下頭；如果一個人擁有極大的成就，也應該如此。只會仰頭看天而不知自省的人，遲早會掉進腳下巨大的陷阱之中。

似不善言辭。躁動可以戰勝寒冷，冷靜可以克服炎熱，清靜無為才能使天下太平安寧。

賞析

此章節從內容和行文結構上，都可以說是第四十一章的延續。第四十一章主要論述「道」，這一章則主要論述「人格形態」，老子認為「大成、大盈」的人「若缺、若沖」。什麼是大成呢？有兩種解釋：一種是「最圓滿的東西」；另一種是「獲得極大的成就或成功」。何謂大成若缺呢？意思就是，一個獲得極大成就的人，必須表現得有所欠缺。為什麼要表現得有所欠缺呢？因為，唯有他保持自身欠缺，他才能繼續保持自己的成就，而永不衰退，這和老子在上一章所主張的「知足不辱，知止不殆」有相同的淵源。那此處的「有所欠缺」指的是什麼呢？意思就是，做事留有餘地。留有餘地的好處是使自己進退自如，而且能讓自己所開創的事業得以源源不斷地發展。

「大盈若沖，其用不窮」，其中的「盈」是充盈、豐滿之意，「沖」是虛、空虛之意。整句話的意思是，豐盈卻看似空虛，所以永不枯竭。這一句和上一句「大成若缺，其用不弊」的道理相同，都在論述物極必反的道理。老子告訴我們，凡事不可追求圓滿無缺，必須保持「大成若缺、大盈若沖」的狀態，才不至於走向極端，最後一敗塗地。

「大巧若拙」，意思是最靈巧的人往往看起來很笨拙。在前面的章節中，老子已不斷提及自己對於靈巧、機巧的看法。他憎惡機巧，老子認為機巧是將人類從樸素引向奢華的歪門邪道。然而，機巧雖然不值得讚許，但內心靈巧卻又表現笨拙，難道就不是另一種小聰明嗎？縱觀老子的思想，我們不難發現老子的「無為」並不是無所事事，無為是果

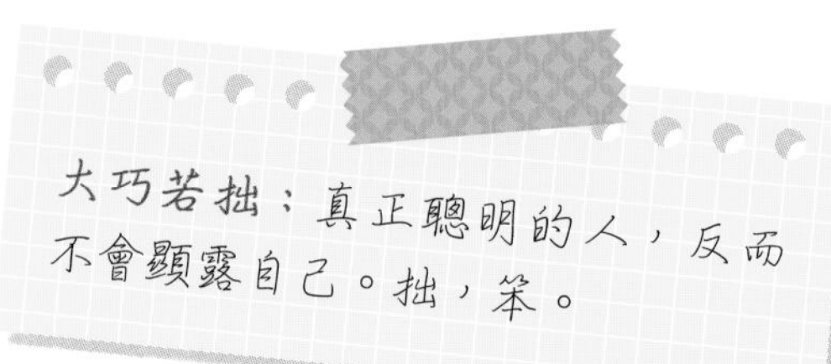

孔雀開屏圖
清代郎世寧

孔雀不開屏時，就和雞沒有什麼不一樣；但牠美麗的羽毛就隱藏在顏色灰暗的外羽之下。雄性孔雀開屏是為了吸引雌性孔雀的注意，是一種求愛的表現。但如果牠總是在炫耀自己的美麗，那就很容易遭遇危險。

皮，而無不為才是果實的真正核心。老子主張應如柔水一樣與世無爭，但並不是說要任人宰割，而是沒有人能與之爭的不爭。機巧也是如此，它本身並沒有改變，只是披了一件笨拙的外衣，而老子認為這層外衣有利於保護自己。

下一句的「大辯若訥」和「大巧若拙」道理相同，老子要告訴我們的也是生存的技巧和策略。其主張就是隱藏自己高明的面目，裝出軟弱、無能、愚笨、木訥的樣子，而不是表現強硬、鋒芒畢露。老子反對張揚，他認為當強壯者、富足者、當權者刻意炫耀自己的權位和財富時，那他的財富和地位就已岌岌可危了。

我們常說「心靜自然涼」，「靜」有安靜之意，「涼」則是指心安定之後的清涼感受。人們常常在心煩意亂時，感到心的煩悶和燥熱；有欲望就有爭奪，有爭奪就有失敗，有失敗就有痛苦；苦海無邊，而人生短暫，何苦在苦海裡啜泣一生呢？

知足常足

原文

天下有道，卻走馬以糞❶；天下無道，戎馬生於郊❷。罪莫大於可欲❸，禍莫大於不知足，咎莫大於欲得。故知足之足，常足矣。

註釋

❶ 卻：摒去、退回。

❷ 戎馬：戰馬。

❸ 可欲：放縱欲望。

如果統治者能夠遵循道的規律治理天下，那就可以讓戰馬不再爭戰，退回田間耕種、施肥；如果統治者不遵循道的規律治理天下，那就連懷胎的母馬都必須被派上戰場打仗。沒有比放縱欲望更大的罪惡了，沒有比不知滿足更大的禍害了，

牧馬圖　元代趙孟頫

馬，本是農耕生活的好幫手，但在戰爭中卻馱運戰時物資，在戰場上與敵方廝殺。統治者為了擴張領土、滿足私欲而挑起戰爭，實屬罪大惡極；統治者理應使人民安居樂業，而不是讓天下人為自己勞役。

也沒有比貪婪更大的過錯了。所以，能夠了解欲望必須有度，不貪得無厭，才能平安富足。

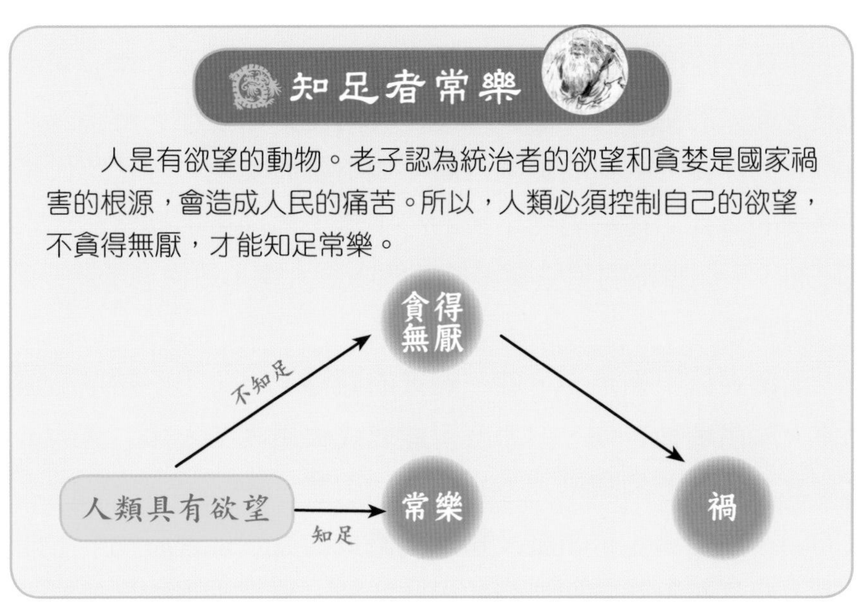

賞析

在這一章節中，老子重申自己的反戰思想。在老子生活的春秋時代，各國諸侯紛爭四起，征戰不斷；而處於社會底層的無數無辜百姓則深受戰爭之苦。老子站在百姓的立場，對於統治者接連不斷地發起戰爭，表達自己的不滿。老子分析戰爭的起因，他認為戰爭是因為統治者的貪婪和不知足引起。如果想要消滅戰爭，就必須改變統治者的思想，讓他們體認到戰爭並不能使國家強大，反而會削弱國家的實力。唯有讓統治者清楚地明白這一點，他們才會收束心中貪婪的欲望，實行無為而治。無為而治才是合乎大道

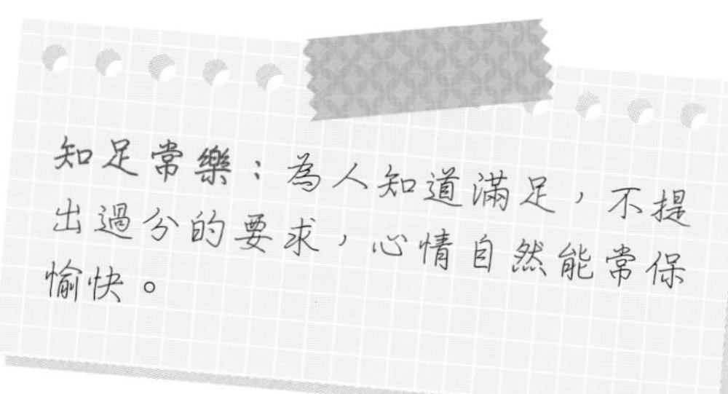

的，合乎大道之後，天下就會太平安定。否則，國家將戰爭頻仍，百姓戰死沙場、血流成河，戰況慘不忍睹。老子對於戰爭深惡痛絕，他同情百姓疾苦，遂發出振聾發聵的呼聲：停止戰爭，無為而治！

「罪莫大於可欲」，「罪」是罪惡、罪行、犯罪。那什麼是可欲呢？意思是，最大的犯罪就是放縱欲望。《河上公老子注》解釋為：「好淫色也。」其實，欲望的範圍很廣，並不限於女色。春秋時代是一個欲望沸騰的時代，從國君到平民的心中無不蕩漾著對欲望的渴求。種種實際的、不切實際的欲望彌漫於整個中原大陸，致使老子將「可欲」視為一種罪惡。

「禍莫大於不知足」，就一般人的觀點認為，「不知足」雖然很容易使人產生種種苦惱，但怎麼可能變成禍患呢？人類心靈的重要特徵之一就是永遠不知滿足，不知滿足指引著人類跨越人與野獸之間的巨大間隔，不知滿足帶領著人類走出漫長的原始蠻荒時代，不知滿足鼓動著人類逐漸脫離無知無識的愚昧狀態。其實，不知足正是人類勃勃野心的反應，亦是人類磅礴欲望的映照。所以，老子主張人類應該回歸樸素時期和無知無識的狀態，如此一來，才能避開「不知足」這個極大的禍患。

「咎莫大於欲得」，「咎」是禍咎、過錯、過失；「欲得」就是渴望得到。整句話的意思是，最大的過失就是貪得無厭。如果說可欲與不滿足都會引起罪惡、禍患的下場，那麼貪得無

關羽擒將圖　明代商喜

圖中所畫的是陳壽《三國志》中「關公水淹七軍、生擒龐德」的故事。關羽義薄雲天，廣受人民愛戴，但不管是什麼樣的戰爭，結局都是流血犧牲，一將功成萬骨枯。

簪花侍女圖　唐代周昉

明代《解人頤》中有詩云：「終日奔波只為饑，方才一飽便思衣。衣食兩般俱已足，又思嬌柔美貌妻。娶得美妻生下子，恨無田地少根基。良田置得多廣闊，出入又嫌少馬騎。槽頭扣了騾和馬，恐無官職被人欺。七品縣官還嫌小，又想朝中掛紫衣。一品當朝為宰相，還想山河奪帝基。心滿意足為天子，又想長生不老期。一旦求得長生藥，再跟上帝論高低。要問世人心田足，除非南柯一夢西。」這首詩便是對貪得無厭且永不知足者的最佳寫照。

厭就非常可憎，而且會造成極度嚴重的後果。「縱欲」是不知加以收斂的放肆行為，「不知足」是不知內斂的進取行為，而「貪得無厭」則是人心不知滿足的無限擴大。所以，若一個國家的統治者貪婪，往往會令國家走向無窮無盡的災難；若一個普通人貪婪，則必然會使自己陷於眾叛親離的下場。

雖然貪婪是人類的本性，但也是一切災禍的根源。統治者的貪婪會引起連年戰亂，人民深受其苦；普通人的貪婪，則會使自己付出沉重的代價。人類對外在事物的貪婪欲求是一個無底洞，而為所欲為的代價是無法估量的。我們為什麼不能吸取教訓，從貪婪中解脫呢？大道的德性就是無欲無求，唯有遵循大道，才能合乎大道的德性而無欲無爭，無欲無爭便是人生快樂的泉源。我們常說知足常樂，快樂便是知足給予我們的最佳獎賞。

不行而知

原文

不出戶，知天下；不窺牖❶，見天道❷。其出彌遠❸，其知彌少。是以聖人不行而知，不見而名，不為而成❹。

註釋

❶ 牖：窗戶。

❷ 天道：日月星辰運行的自然規律。

❸ 彌：益、愈。

❹ 不為：無為、不妄為。

譯文

了解大道的人就算足不出戶，也能推知天下的事理；了解大道的人就算眼不望窗外，也能了解大自然的法則。越常向外奔逐的人，他所知道的反而越少。所以，

錦囊

元末明初的《三國演義》第五十四回中，有一則關於「錦囊妙計」的精彩故事。東吳大將周瑜聽說劉備的妻子剛剛去世，就設計將孫權的妹妹許配給劉備，伺機囚禁他，以換取荊州。諸葛亮對趙雲說：「汝保主公入吳，當領此三個錦囊。囊中有三條妙計，依次而行。」最後，劉備果然成功帶著新的夫人平安歸來。諸葛亮運籌帷幄，當屬「不行而知」的典範。

得道之人不需遠行，即可預知；不用窺望，就能知曉；不妄加施為，就能成功。

賞析

在上一個章節中，老子一再強調道的德性是無欲無求且不爭，如果能做到不爭、無為，那便是合乎大道德性的聖人。聖人知曉天下萬物，包括人類，都來自於宇宙天地自然，都在「大道無為，天道也無為」的規律之中，人道、物道都應如此。所以，老子說：「不出戶，知天下；不窺牖，見天道。」

老子在這一章節的最後指出：「是以聖人不行而知，不見而名，不為而成。」正是出於對生命的維護，所以老子堅決反對人們盲目行動。他認為行動的跨度越大，所獲得的真知就越少；真正的智者無須行動，不必招搖過市，就可以獲得正確的知識。

若只從膚淺的表面理解老子的最後一句話，可能會覺得老子是一位足不出戶，也不贊同他人走出戶外的人。其實，這是對老子的誤解。老子是一位博學多識、見聞廣博之人，他有豐富的生活經驗，在之前的若干章節中，我們也可以看到許多涉及社會生活和自然界的內容，這些都表示老子極為重視生活實踐。但更重要的是，老子是一位極富智慧之人，是天才的哲人。老子這句話的意思是，並不是每一件事都必須經過本人實踐才能了解，那也是人類所無法窮極的。因此，老子建議我們採取「不出戶」、「不窺牖」這類間接獲得知識的方法，從古到今皆普遍適用。

但是，當一般人採用老子「不出戶，知天下；不窺牖，見天道」的方法時，常常會弄巧成拙，原因是什麼呢？因為我們不是聖人，無法時時與大道同步，無法時時合乎道的德性；我們在做事情時，常常會摻入自己的主觀臆斷或妄想，所以常常和大道背道而馳。如此一來，不但達不到預期的目的，反而南轅北轍，距離目標越來越遠。我們常常自以為自己走在正確的道路上，總愛自作聰明、投機取巧。而老子一向反對利用機巧，他主張「絕聖棄智」、「絕巧棄利」。老子認為聰明總會反被聰明誤，利用心機大肆投機取巧終究會走上迷途。因為任何利用機巧的作為都是違背大道的，其結果必然事與願違。我們應銘記老子的諄諄教導，所作所為應合乎大道的德性，如此一來，我們才能「不出戶，知天下；不窺牖，見天道」。

雍正十二美人圖－撫書低吟
清代佚名

此圖卷為清代雍正皇帝尚未登基前所收藏的十二幅美人圖，分別為裘裝對鏡、烘爐觀雪、捻珠觀貓、立持如意、桐蔭品茗、撫書低吟、消夏賞蝶、燭下縫衣、博古幽思、持表對菊、倚榻觀鵲、倚門觀竹。若與大道德性相融合，便能如畫中的美人一樣，「秀才不出門，能知天下事」。

第四十八章 為道日損

原文

為學日益，為道日損❶。損之又損，以至於無為，無為而無不為。取天下常以無事❷，及其有事❸，不足以取天下。

註釋

❶ 損：減損。

❷ 取：治、奪取。無事：無作為、無擾攘之事。

❸ 有事：繁苛政舉、騷擾民生之事。

譯文

追求學問的人，知識一天比一天增長；追求大道的人，欲念一天比一天減少。減少再減少，以求達到無為的境界，若最後能夠不妄為，那也就無所不為了。統治者若想取得天下，就必須「無為而治」；統治者若任意「有為」，就不足以取得天下。

二祖調心圖（局部）　宋代石恪

此圖中表現唐代高僧豐干調心師禪的景象。「高僧本是悠閒客，佛祖膝前坐苦禪。朝去雷音十萬里，夕來紫氣四平川。凌霄大殿清風醉，玉宇樓台雲海觀。睡眼惺忪一猛虎，黃梁夢醒澗中還。」佛教的修禪與道教的修道有異曲同工之妙，都是使人清心寡欲，方得正道。

人的學問在一天天中增長，而道則在一天天中減少。其實，老子在此處也是強調「無為」，即在修道的過程之中，消除自己內心的雜念和欲望。

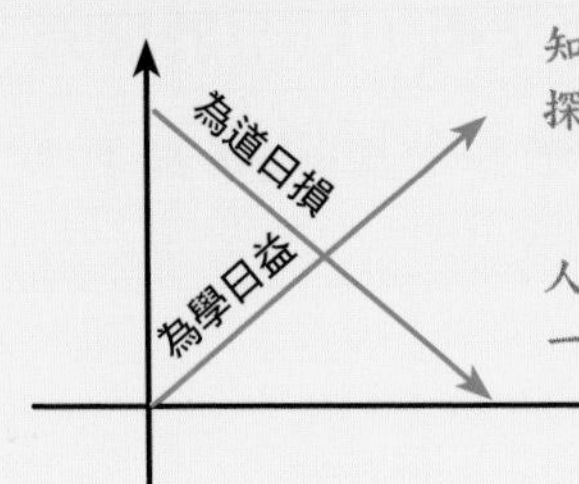

知識沒有盡頭，人類對知識的探求也無法終止

人的欲望在追求道的過程中，一天天減少，以至於無為

賞析

經

老子在此章節主要論述為學和為道的不同。「為學」就是不斷地向外界探索新知，知識是永無止境的，無所謂開頭也無所謂結尾，而人類對於知識的探求也永遠沒有盡頭。莊子就曾說過：「吾生也有涯，而知也无涯。以有涯隨無涯，殆已；已而為知者，殆而已矣。」即使我們窮盡一生的時間學習，也無法將知識窮盡。儘管如此，我們還是要「活到老學到老」，因為知識能使人們對自身和宇宙的認識更接近真理。但是，無止境的知識決定了我們永遠也不可能達到真理的所在地，人類只能「望理興嘆」。老子比我們更早且更清楚地了解到這一點，所以他理智地從向外界追求轉而向內在追求。

人類無止境的欲望決定了我們的追求永遠沒有終點，而且人類的貪欲是無限膨脹的，這也就決定了人類永遠也無法得到滿足，不滿足就會心生懊惱或邪念，最後走上迷途。然而，短暫的人生不容許我們犯下太多過錯和留下太多遺憾，所以，我們應該時刻剔除心中的雜念，保持一顆平常心。修道之人在修道的過程中，欲念一天天減少，直到最後達到無為的境界。無為不是所謂的無所事事，而是不妄為；做到不妄為，也就合乎大道的德性；合乎自然規律的不妄為，也就無所不為了。「無為而無不為」是老子所提出的、極富大智慧的命題，貫穿了整部《道德經》的始終。雖然在春秋時代，還有其他許多學者也提出了「無為」的主張，但真正將「無為」思想發揮到極致的只有老子，他從哲學的角度論證「無為」在現實中可以發揮的具體作用。表面上看起來，「無為」是消極的、倒退的。但是，其實「無為」是在前進中避開矛盾的對立，使前方的道路暢通無阻，化被動為主動，最終達到「無為而無不為」的境界。

最後，老子將思想連繫現實，他認為統治者也應該採取無所作為的態度。若想贏取天下人的擁護和愛戴，就必須採取「無為」的態度治理天下，不對天下人實施強硬的手段，不對天下人實行人為的干涉，順應百姓自身的特點和德性，他們便會自然服從統治者。相反的，如果統治者以人主自居，自然得不到百姓的擁護和愛戴，當然也就不可能長治久安，其統治地位也就不攻自破。

消夏圖　元代劉貫道

清代張潮的《幽夢影》中有這麼一句妙語，點出老莊哲學的精髓：「莊周夢為蝴蝶，莊周之幸也；蝴蝶夢為莊周，蝴蝶之不幸也。」莊周夢為蝴蝶，是從喧囂入逍遙；蝴蝶夢為莊周，則是從無為步入有為。幸與不幸，可窺一二。

第四十九章　善者吾善

原文

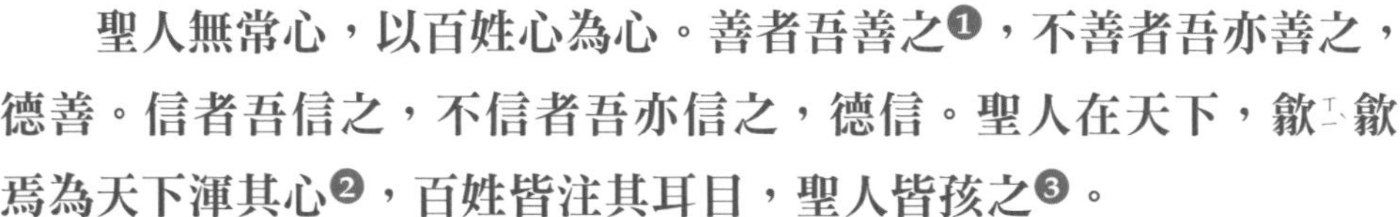

聖人無常心，以百姓心為心。善者吾善之❶，不善者吾亦善之，德善。信者吾信之，不信者吾亦信之，德信。聖人在天下，歙歙焉為天下渾其心❷，百姓皆注其耳目，聖人皆孩之❸。

註釋

❶ 善：善良。

❷ 歙：吸氣，此處指收斂意欲。渾其心：使人的心思歸回渾樸。

❸ 皆孩之：使動用法，即「皆使之孩」。聖人使百姓回歸至如初生嬰兒般的淳樸狀態。

譯文

聖人沒有自己的私心，他們以百姓的意志為自己的意志。聖人善待善良的人，也善待不善良的人，這才是真正的良善。聖人

雍正行樂圖　清代宮廷畫家

雍正曾詩云：「長伴予遊鶴與松，何煩扈蹕得從容。」圖中的雍正身著便裝，觀看山景和瀑布，和其他帝王的風花雪月相比，顯得寧靜而又恬淡。雍正在這一系列的行樂圖中，遠離權力爭奪的朝野，勉勵自己靜心修道，以百姓之憂為憂，以百姓之樂為樂。

信任守信的人，也信任不守信的人，這才是真正的信任。得道的聖人統治天下時，便會收斂個人的私欲和偏見，與天下百姓的心意相合。百姓將他們的視聽都專注於聖人，而聖人則使百姓都回歸如嬰兒般的淳樸自然狀態。

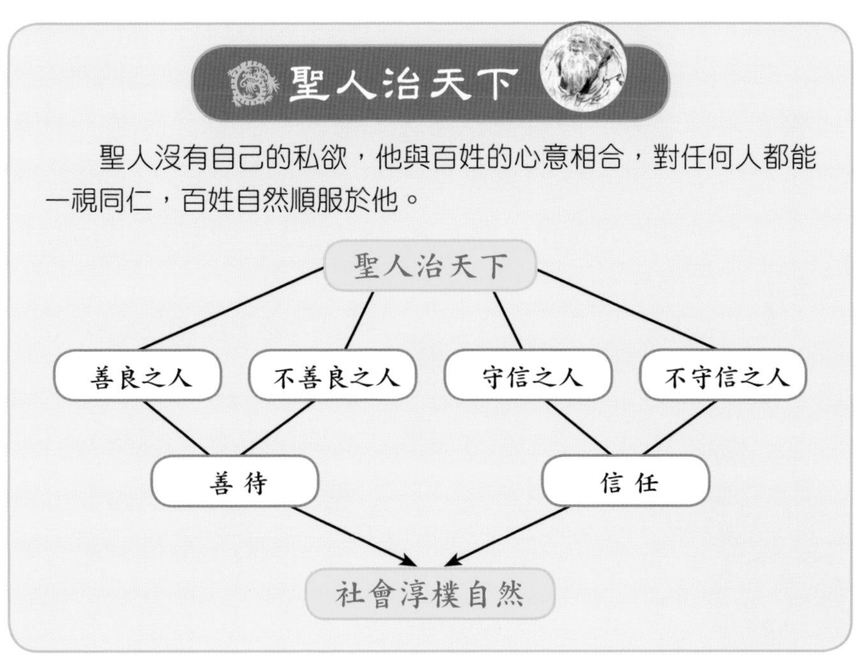

賞析

「聖人無常心，以百姓心為心」，此處的「常心」意為恆心，恆心是人類所特有的，一種持久不懈的生命意志力之具體表現，是一種由知識所引發的磅礴欲望。按照現在的一般說法，也就是進取心或上進心。這種心理伴隨時代演進的腳步，日益滲透到人生中的各個階段和各個領域。

恆心依靠毅力支撐，而在毅力支撐下的恆心則演變為勃勃雄心，最終成為追求知識和滿足欲望之無窮動力的發源地。在「常心」推動之下的人類，其急功近利的表現可謂驚天動地。少部分以恆心化為動力的人，或死命追求知識，索天究地、上下探求；或無止境地聚斂財富，四方奔走、櫛風沐雨；或明目張膽地擴大權力，排除異己，殘殺無辜。在常心的推動之下，絕大部分的人都被裹挾進欲望的滾滾洪流中；在恆心的指使下，人類的心靈和身體漸漸走向二元對立。老子在此提到，古代的聖人們從來沒有自己的恆心，也就是說他們沒有屬於自己的雄心壯志，而是以百姓的心（即百姓的追求和願望）為自己的常心。

「善者吾善之，不善者吾亦善之，德善。信者吾信之，不信者吾亦信之，德信」，這句話的意思是，聖人善待善良的人，也善待不善良的人，這才是真正的善良；聖人信任守信的人，也信任不守信的人，這樣才是真正的信任。

老子所說的聖人，也可以指國家的領導者。如果領導者能夠以百姓的喜樂為自己的喜樂，無疑是極其難能可貴的行為；同時，他們若還有能力抵制百姓心中的某些不正常感情或心理，那就可以稱之為高人一等。其實，社會上普遍流行的許多準則或規範，並不是真

蓬萊仙境圖　清代袁耀

統治者清靜無為，才能使人民像生活在仙境裡一般無憂無慮。漢代初年的文帝和景帝，堅持躬修節儉的政策，形成吏安其官、民樂其業的社會環境，史稱「文景之治」。後世對於景帝在政治上的評價是「清靜恭儉」：清，為政少事；靜，安定百姓；恭，善待臣民；儉，節省汰用。

實的價值判斷，例如善和信。什麼是純粹的善呢？什麼又是真正的信呢？這些準則和規範都存在著大量的人為謬見，可見，聖人並不是完全追隨大眾的輿論而隨波逐流。聖人對所有的事物都擁有自己的看法和立場，所以，他才能掌握真正的「善」和「信」。

「百姓皆注其耳目，聖人皆孩之」，這句話的意思是，百姓的心靈不但已經淨化，而且達到渾一。他們沒有任何自私的理想和追求，只專注著自己的耳朵和眼睛，留心著聖人的舉動；而聖人自然沒有任何舉措，所以百姓也就回歸到如嬰孩般的自然淳樸狀態。

柳陰高士圖　宋代佚名

圖中的高士在柳蔭下袒胸露背，跣足而坐於豹皮之上，瀟灑超脫，充滿雅逸逍遙之趣。就像聖人也不會遵從社會普遍流行的準則或規範，而是擁有自己的看法和見解，因而能掌握真正的大道。

第五十章

出生入死

原文

出生入死❶。生之徒❷，十有三❸；死之徒，十有三；人之生，動之死地，亦十有三。夫何故？以其生生之厚❹。蓋聞善攝生者❺，陸行不遇兕ㄙˋ虎，入軍不被甲兵。兕無所投其角❻，虎無所措其爪，兵無所容其刃。夫何故？以其無死地。

註釋

❶ 出生：人出世為生。
❷ 生之徒：長壽之人。徒，類。
❸ 十有三：十分之三。
❹ 生生之厚：求生的欲望過於強烈，因而奉養過厚、營養過剩。
❺ 攝生：養生。
❻ 兕：古代一種似牛的野獸。

四仙拱壽圖　明代商喜

圖中的四位仙人凌波渡海，拱望壽星南極仙翁駕鶴凌空，四位長壽神仙都以自己的品德、才能、特長追求無限歡樂和福氣。神仙的靈丹妙藥反應凡人求長生、極力逃避死亡的生活態度，可嘆人們卻不知道妙藥就在自己手中。此圖告誡人們，唯有心境開闊才能健康長壽。

譯文

人出世為生，入地為死。長壽的人佔十分之三，短命的人佔十分之三，本來可以長生，但最後自己走向死路的人佔十分之三。為什麼會這樣呢？就是因為他們對生命過於執著了。我聽說，善於養生的人在陸地上行走時，不會遇到猛獸和老虎；進入戰場時，不會受到殺傷。猛獸和老虎無法用角或爪施加傷害於養生之人；戰場上的兵器也無法用鋒芒利刃施加傷害於養生之人。為什麼會這樣呢？因為他遵循大道，所以不會走入死亡的境地。

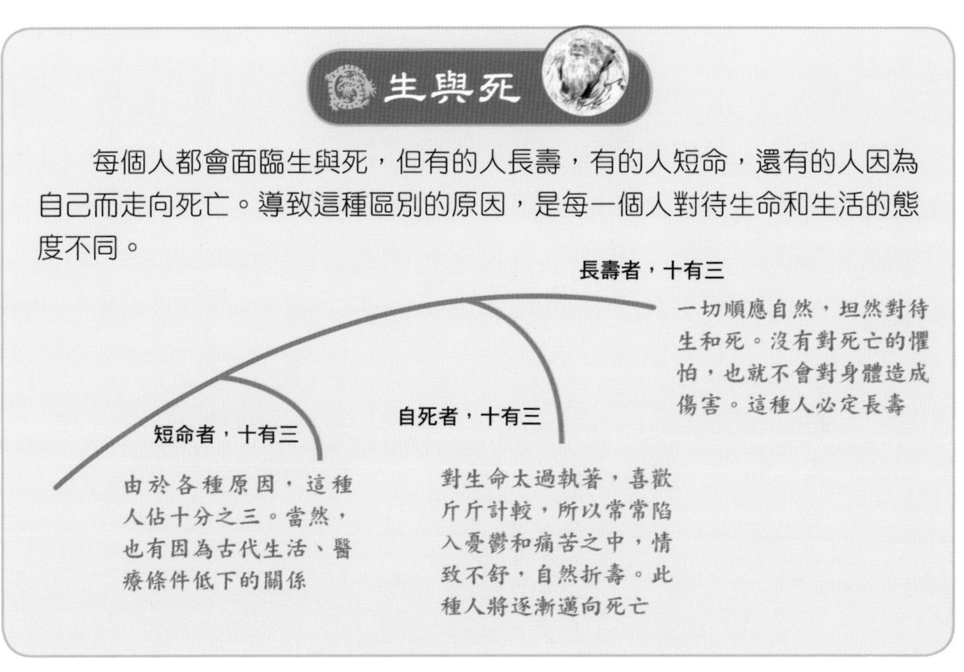

賞析

老子在此章節中，主要探討人的生死問題。生和死是很沉重的話題，很多人皆採取回避的態度，「生」為我們帶來歡喜，而「死」則帶給我們陰鬱。許多人都談「死」色變，但無論我們如何懼怕死亡，死亡都不會對我們心生憐憫。它不會因為我們懼怕而避開，它會在某個無法預料的瞬間降臨在我們身上，這是誰也無法逃脫的。死和生相對而生，因為我們降生，所以死亡也就隨之而來，無生也無死，有生就有死。

老子說：「生之徒，十有三；死之徒，十有三。」意思是，天生長命的人佔十分之三，天生短命的人佔十分之三。老子認為這是天命，無法被人類所破解，我們只能淡然處之，任何人為的干預都於事無補，甚至會產生相反的效果。為什麼呢？因為老子說：「人之生，動之死地，亦十有三。」也就是說，本來可以長壽的人，因為各種原因而早亡的則佔十分之三。這裡所說的各種原因又是指什麼呢？是自己的分別心、貪心、執著心，這些都使人鬱鬱寡歡。人是有思想意識的動物，發達的思想意識是人類擺脫蒙昧進入文明的標誌。但是，人類的智慧亦使我們擁有分別心和私欲，而人類常常在無限膨脹的私欲和無法滿足的渴望之間徘迴，兩者之間的矛盾就是我們痛苦的根源。例如，我們都希望自己過得比他人好，什麼都和他人比較，別人有別墅、汽車，自

紅衣羅漢圖　元代趙孟頫

羅漢，阿羅漢的簡稱，是佛的得道弟子，也是小乘佛教修行的最高境界。羅漢者皆身心六根清淨，無明煩惱已斷，了脫生死，證入涅槃，堪受諸人天尊敬供養。於壽命未盡前，仍在世間梵行少欲，戒德清淨，隨緣教化度眾。

出生入死：人類從出生到死亡的過程。後比喻冒險犯難，隨時有喪失生命的危險。

己沒有；別人有高學歷，自己沒有；別人有姣好的容貌、價格不菲的名牌時裝，自己沒有；別人的另外一半聰明過人、出手闊綽，自己沒有。他人什麼都有，但自己卻什麼都沒有。思來想去，總覺得自己非常倒楣，甚至覺得自己枉來世間走一遭，越想越氣憤，越想越覺得生命對不起自己，鬱悶的情緒總是揮之不去。長此以往，身體便會毀壞，也會因此折壽。

老子認為，真正懂得養生之道的人，在道路上行走便不會遇到傷害他人的猛獸和老虎。此處的「不遇」除了指客觀上的不會遇到之外，亦指即使遇到也無所懼怕，沒有懼怕的分別心也就無所謂傷害了。兕和老虎都是十分兇猛的動物，牠們不會懼怕他人，更沒有分別心，不會因為人類怕或不怕而決定自己的行動。對於順應大道的人來說，即使野獸使用牠們的利爪和尖角，也不會傷害大道之人，因為他們心中沒有傷害的概念，野獸的兇猛對他們來說也沒有任何意義。同樣的情況，若換成其他場合也是如此。即使身在戰場之上，合乎大道德性的人也不會懼怕敵人的刀劍，他們衝鋒陷陣，絲毫沒有對於死亡的畏懼，一切順應自然，刀劍的鋒刃也就失去了它固有的威力。與之相反，貪生怕死的人不敢與敵人搏鬥，自然會受到敵人鋒利刀劍的攻擊，刀劍的利刃在貪生怕死之人身上便有了用武之地。

最後，老子以「以其無死地」一句深刻的話語，概括善於養生之人為何使鋒利的刀劍、兇猛的野獸沒有一展神威的餘地。善於養生之人依照天道行事，任何外患也就無法接近他的身軀、無法施展威力，他也就自然不會走向死亡的領域。若聯想老子生活的時代，老子生逢亂世，生活在戰火不斷的春秋時代。當時，人的生命隨時都有覆滅的危險，此情此景，又有誰不害怕死亡的降臨呢？老子針對時局提出自

達摩像　元代趙孟頫

圖中所描繪的景物構成一個靜謐清幽的境界，彷彿就是禪家的「清涼境地」。禪宗達摩祖師說：「直指本心，見性成佛。」禪僧們大多透過自然萬物參悟禪機，「青青翠竹，盡是法身；鬱鬱黃花，無非般若」，禪師們徹悟後，達到無生無滅的境界，與清境之地渾然一體。

己對於生死的看法，他不贊同以你殺我奪的戰爭保護自己，因為戰爭的勝負誰也無法預料，而且刀槍無眼，誰也不知道下一個死亡的會是誰；他也不贊同以奢侈的生活方式保養生命，因為奢侈對生命沒有任何益處，只會傷害生命。老子主張清靜無為、恪守大道的原則、合乎大道的德性，他期許人們少私寡欲、淳樸自然。老子認為，任何有違大道德性的行為，其後果都是害人而且害己，是造成壽命縮短的重要人為因素。

在此章節的一開始，我們談到人們對死亡的普遍恐懼。其實，這是可以理解的。任何生命的形成皆具有極大的偶然性，此種偶然性決定生命是來之不易的，應該好好珍惜。但老子提醒我們，對生命的珍惜不可以單純表現在怕死之上，而是應該透過讓生命釋放最大的價值和能量，以表達對生命的珍重。

第五十一章 是謂玄德

原文

道生之，德畜之❶，物形之，勢成之。是以萬物莫不尊道而貴德。道之尊，德之貴，夫莫之命而常自然。故道生之，德畜之、長之、育之、亭之、毒之、養之、覆之❷。生而不有，為而不恃，長而不宰❸，是謂玄德❹。

註釋

❶ 畜：畜存、畜養。

❷ 亭之、毒之：也作「成之、熟之」。覆：維護、保護。

❸ 宰：主宰。

❹ 玄德：深厚的恩德。

譯文

道生萬物，德養育萬物，物質構成萬物的各種形態，勢態成就萬物，所以萬物尊崇道也敬重德。道之所以受萬物尊崇，德之所以受萬物敬重，並不是他

三娘教子圖

明代儒生薛廣有妻、妾及三娘王春娥，妻生了一個兒子，名叫倚哥，家中有一僕人薛保。薛廣外出做生意，托朋友送錢回家，但朋友卻將錢私吞，謊稱薛廣已死，妻、妾均傷心離去，獨留三娘扶養倚哥長大。後來，倚哥在學堂被同學譏為無母之兒，遂不認三娘為母。三娘以刀立斷機布，以示決絕，二人才得以和好。倚哥之生合「道」，而三娘教子是「德」。

人賜予它們的，而是出乎自然。道生育萬物，德畜養萬物、長育萬物、成熟萬物、照顧萬物、保護萬物。它們生育萬物卻不據為己有，施澤萬物卻不自恃己功，養育萬物卻不為其主宰，這就是深厚的恩德。

☯賞析

老子在此章節中，將「道」和「德」二者並立論述，當然，在前面的章節中老子已有粗淺論及，而這一章則主要解說道德和萬物之間的關係。

萬物皆順應著客觀的自然規律生長、發展，而客觀的自然規律也就是大道，老子稱其為「道生之」。但在生下來之後，又該由誰撫養孕育呢？這是一個很關鍵的問題，因為生而不養，必然滅亡，這是毫無疑問的。「德」便承擔起撫養的職責，老子稱其為「德畜之」。「道」和「德」共同建構起完整的「道德」體系，萬物由道生，由德養，就如同生養我們的父母一般，我們又怎麼會不尊敬他們呢？所以，我們也就不難理解老子所說的「萬物莫不尊道而貴德」了。

老子在前面的章節中已多次論述「德」的性質和作用，所謂「德」，其原意就是「得」，後來引申為萬物在謀求生存的過程中，所應具備的道德品質；而落實到現實社會，則表現在人類的行為準則。如果人類的行為可以符合道德的標準，那人類就得以繁衍生息，否則將自取毀滅。

但是，值得特別注意的是，萬物對「道」和「德」的尊敬和愛戴，僅僅是對自然界客觀規律的遵從，而不是如同主宰者一般的刻意命令和安排，是自然而然的。萬物透過自然而然的途徑誕生，又遵從於自然無為的道德而生生不息。

大道生成萬物，而不據為己有；撫育萬物，而不自恃有功；引導萬物，而不對他們強加自己的意志；不以萬物的主宰自居，這就是大道的德性。大道深厚無私，可以成為人類行動的楷模。但在這數千年來，人類反而追求「禮尚往來」，甚至將「往而不來，非禮也；來而不往，亦非禮也」作為行動的標竿，其實這是悖逆於大道的。大道遵循自然，絕不強求，它在付出時從未想得到回報，無所謂付出也無所謂回報，所以在付出得不到回報時，亦不會有所煩惱和怨懟。而人類卻不同，當我們付出愛和關懷時，便渴望得到他人的愛和關懷作為回報。此種渴望一旦得不到滿足，便會心生怨恨，有的人甚至由愛生恨，產生極端的行為，結果不僅害人，也害己。

在現實生活中，每個人都無法逃避他人有意或無意的傷害，我們有時候甚至會從怨恨傷害我們的人，進而怨恨整個社會，變得憤世嫉俗，用充滿仇恨的眼光看待這個世界，看什麼都不順眼。但是，仔細想想，每一個生活在世間的人都是不完美的，又有誰能保證不傷害他人呢？當我們有意或無意地傷害他人之後，又怎麼能保證不被他人有意或無意地傷害呢？所以，我們必須冷靜地看待得失，客觀地分析傷害，不可因得不到回報而盲目心生怨恨，怨恨就是人類生命的最大殺手。在上一個章節中，老子提出他的「生死觀」，他主張要努力減少生命中因主觀因素而造成的折壽。連繫到此章節，只知付出不求回報便是老子為我們提出的智慧處世哲學，對每一個人都是有益的教導。

達摩面壁圖　明代宋旭

相傳，達摩祖師在石洞中面對石壁，盤膝靜坐，一坐就是九年。在這段時間裡，他不說法，不持律，雙眼閉目，五心朝天。當達摩離開的時候，他所面對的那塊石頭甚至留下他面壁的影子，後人便將這塊石頭稱為「達摩面壁影石」。即使我們還達不到達摩這樣的境界，亦可以此為鑑，努力排除惡念、邪念、雜念，方可求得生活的寧靜。

第五十二章 天下有始

原文

天下有始❶，以為天下母。既得其母，以知其子；既知其子，復守其母，沒身不殆❷。塞其兌❸，閉其門，終身不勤。開其兌，濟其事，終身不救。見小曰明❹，守柔曰強。用其光，復歸其明。無遺身殃❺，是謂習常。

註釋

❶ 始：本始，此處指「道」。

❷ 殆：危險。

❸ 兌：口，引申為孔穴。

❹ 小：細微。

❺ 殃：災禍。

貴妃上馬圖　元代錢選

楊貴妃每次乘馬時，都由宦官高力士親自執鞭。楊貴妃的織繡工就高達七百人，更有許多爭相進獻珍玩者。因為楊貴妃喜愛嶺南荔枝，所以眾人便千方百計地急運新鮮荔枝到長安，唐代杜牧《過清華宮》就曾描寫：「一騎紅塵妃子笑，無人知是荔枝來。」貴妃之「貴」，乃是對五色、五味、五音之戕害。

譯文

天下萬物皆有源頭，這個源頭就是天下萬物之母。既已得知其母，就可以知其子；既知其子，又回復守其母，不捨本而逐末，就終身不會有危險。若能堵塞嗜欲的孔竅，關閉欲望的心門，就終身沒有勞煩之事；若開啟嗜欲的孔竅，增添心中紛雜的事務，就終身無法救治。從細微處覺察事物之理，名為明，能守持柔弱，名為強。運用外在智慧之光，復歸內在規律，不為自己留下禍患，這就是因襲自然之常道。

賞析

此章節意義深邃，整篇文字都在表述深奧、抽象的理論，而沒有比較具體的物象，所以較難以理解。其中的「塞其兌，閉其門，終身不勤」一句，「兌」在《易經》的八卦中意為「口」，此處則解釋為口、耳、鼻，泛指和外界相通的器官。「勤」則解釋為「覲」較合情合理，「覲」為「見」之意。此句話可以解釋為，將自己的感覺器官（口、耳、鼻）都關閉，將自己的心門也封閉，一輩子再也不見任何人事物。但是，這樣的解釋讓人感覺很古怪，莫非老子要我們假裝死人嗎？而且，口、耳、鼻生來就是接受外物刺激的器官，這是它們本身的特性，又怎麼可能關得住呢？

老子在前面的章節中已提到「五色」、「五味」、「五音」對人的危害，它們會直接導致目盲、耳聾、口爽。既然「五色」、「五味」、「五音」會傷害我們如此之深，為什麼人類依舊對其趨之若鶩呢？其實，這是人的本性使然。我們很難控制自己的私欲，我們也實在無力擺脫身邊的各種誘惑，這亦是老子十分關心的問題。所以，老子才在《道德經》中反復強調克制欲望的重要性，老子所說的「塞其兌，閉其門，終身不勤」，並不是要我們真的像死人一樣不睜眼、不呼吸、不聽聲音。其實，這只是一種誇大其詞的說法，強調外界的誘惑會對

楊柳桃花　清代蔣廷錫

在古典詩詞中，楊柳多代表女性之柔美，或惜別之神傷。而老子卻將楊柳的柔弱視為剛強，認為「至柔」才能「至剛」。這種柔弱之美，隨風搖曳，為世世代代的文人君子所牽掛。

人類造成種種傷害。所以，我們不要妄想和妄為，因為妄想和妄為是違背大道德性的，違背大道只會適得其反。老子囑咐我們堵住「五色」、「五味」、「五音」進入身體的通道，此處的堵塞並不是不吃、不看、不聽，他允許我們正當的吃喝玩樂，其真正堵塞的是誘惑靈魂墮落的通道。因為一旦打開靈魂墮落的通道，我們必將遭受深重的災難。老子懷著無比善良的願心，諄諄告誡世人要「塞其兌，閉其門，終身不勤」。

在了解這一句話後，我們再回過頭來看，在此章節的一開始，老子再度強調天下萬物都有一個開始。這個開始是什麼呢？萬物始於道，道可以說是生養萬物的母親，萬物都是道的孩子。然而，就算擁有同一個母親，但每個孩子都有好壞之分，性格各異，這是理所當然的。正因為有好壞之分，所以有的人懂得尊敬自己的母親，而有的人常常忘記自己的歸根之處。老子用母子關係比喻道和天地萬物之間的關係，希望人類要像孝敬母親一般順應大道，這樣才合乎大道的德性，也只有如此才能「沒身不殆」。

最後，老子指引人類尋找自己的母親，也就是尋找大道。每個人都知道母親的懷抱是最為溫暖的，也都希望最終可以投入母親的懷抱，老子便為我們指引了一個清楚的方向。

第五十三章　盜夸非道

原文

使我介然有知❶，行於大道，唯施是畏❷。大道甚夷❸，而民好徑❹。朝甚除，田甚蕪ㄨˊ，倉甚虛；服文綵❺，帶利劍，厭飲食❻，財貨有餘；是謂盜夸❼。非道也哉！

註釋

❶ 我：有道之人。介：微小。

❷ 施：逶迤，此處指邪行、斜徑。

❸ 夷：平坦。

❹ 徑：斜徑。

❺ 文綵：刺繡的服裝。

❻ 厭：飽足、滿足。

❼ 盜夸：大盜。

譯文

假若我有知於政事，我會行走於大道之上，唯獨害怕的就是走上邪道。大道蕩然正平，但眾人仍然偏愛邪徑。朝政腐敗至極，農田一片荒蕪，倉庫十分

乞丐圖　清代倪田

圖中有三個乞丐，他們雖然貧困邋遢，但臉上的表情卻是十分淡然。不僅表現乞丐們無憂無慮的自在，也暗含「朱門酒肉臭」的蔑視。

空虛。在這種情況下，統治者仍穿著錦繡衣裳，佩帶著鋒利寶劍，擁有享用不盡的美食，搜刮大量財貨，這種行為其實與強盜無異啊！他們的所作所為不是行大道啊！

☯賞析

老子生活在戰爭頻仍的春秋晚期，當時，中原地區是經濟最為發達的地區，但同時也充滿不祥的氣氛。富裕和貧困、美好和醜惡、自由和動亂、文明和野蠻，種種矛盾並存。雖然社會混亂，但老子作為一名中級官吏，也不可能窘迫到無米下鍋的程度。然而，老子依舊以百姓的苦為苦，揭露統治階級的所作所為，藉百姓的苦喚起統治者的覺悟。由此可見，老子對眾多百姓的了解和同情。

春秋時代的社會狀況岌岌可危，但是，統治階級卻越來越腐敗，農田越來越荒蕪、國庫越來越空虛。在此種情況之下，統治者卻還穿著錦繡製成的衣服，佩帶奢華的寶劍，飽食豪華美食，搜括金銀財寶。老子認為，這些人雖然穿著一般人的衣服，但所作所為皆是強盜的行徑，和大道背道而馳。

此章節的一開始，「使我介然有知，行於大道，唯施是畏。大道甚夷，而民好徑。朝甚除，田甚蕪，倉甚虛」，其中的「介然有知」，指的是頓然而悟之意。「夷」，平坦寬闊。「徑」，小路，又引申為邪行。「朝」，朝陽。「除」，登高之台階。「朝甚除，田甚蕪，倉甚虛」，指的是只顧著將宮廷裝飾得華美無比，卻使得田園荒蕪，倉庫空虛，民不聊生。

後半段的「服文綵，帶利劍，厭飲食，財貨有餘；是謂盜夸。非道也哉」，是從上述的自然之理而推及人事。人事的發展亦與自然之理一樣，過猶不及，奢侈不如簡樸。老子一向認為道之理「為用不為利」、「為腹不為目」，人向大自然和社會索取資源時，必須以可以再生為度。「文」，代表花紋或圖案，古代人們的衣著打扮常以質料和花紋圖案的豔麗與否，作為尊貴和貧賤的標誌，所以老子說「服文綵」。「厭」，飽厭，若美味的美酒和飲食過剩，便覺得世間什麼東西都不好吃，看到什麼東西都不想吃，所以老子用「厭飲食」形容富貴奢侈者。「餘」，多餘，資財在需求之外還有剩餘。

在這一章節中，我們可以思考一個問題，「享受」究竟是對或是錯呢？其實，老子並不是反對人們享受，他祈願世界和平、人類擁有智慧、生命長壽、不受非災，這些不都是享受的內涵嗎？他反對的是「非道」的享受。所以，在此章節的中間，老子就說：「朝甚除，田甚蕪，倉甚虛。」在這樣的情況下，那些依然想過著奢侈豪華生活的人，就與強盜無異了。老子以犀利的筆墨，揭露並警告統治者的所作所為，如果統治者再繼續執迷不悟，結果會如何呢？老子沒有明說，但統治者們應該心知肚明。

圓明園四十景圖詠－映水蘭香　清代唐岱等人

圓明園約始建於康熙四十八年，由圓明、長春、綺春（後改為萬春）三園組成。有園林風景百餘處，建築面積逾十六萬平方公尺。清朝傾全國物力，歷時一百五十餘年，集無數精工巧匠，集國內外名勝四十景，建成大型建築物一百四十五處，內收難以計數的藝術珍品和圖書文物，被譽為「萬園之園」，亦是統治者奢侈腐敗的象徵。

第五十四章 其德乃普

原文

善建者不拔，善抱者不脫，子孫以祭祀不輟❶。修之於身，其德乃真；修之於家，其德乃餘❷；修之於鄉，其德乃長❸；修之於國，其德乃豐；修之於天下，其德乃普。故以身觀身，以家觀家，以鄉觀鄉，以國觀國，以天下觀天下。吾何以知天下之然哉？以此。

清明上河圖（局部）　明代仇英

這幅畫描繪的是汴京清明時節的繁榮景象，是汴京當年繁榮的見證。我們是否可以從中看出宋徽宗的治世功績呢？可惜的是，後來的宋徽宗昏庸奢侈，竟敗壞了這大好河山。他雖然尊崇道教，卻有違大道的精神。

註釋

❶ 輟：中斷。

❷ 餘：富餘。

❸ 長：長久、久遠。

德經

譯文

善於立法者，自己就被禁錮在法律的規範之內無法自拔；善於聚攏徒眾者，自己也被聚攏在徒眾之中無法脫身；子孫對他們的祭祀總不間斷，使其死後仍然不堪其擾。若有一人落實德，那便會純真；若有一個家庭落實德，那便會富餘；若有一個鄉里落實德，那便會和睦久遠；若有一個國家落實德，那便會豐饒；若天下落實德，那便會自由平等。因此，可以用是否純真觀察一個人是否有德；用是否富裕觀察一個家庭是否有德；用鄰里相處是否和睦久遠觀察一個鄉里是否有德；用邦國的經濟是否發達觀察一個邦國是否有德；用天下百姓是否自由平等觀察天下是否有德。我是憑藉什麼判斷天下是何種狀況呢？就是以此為準則。

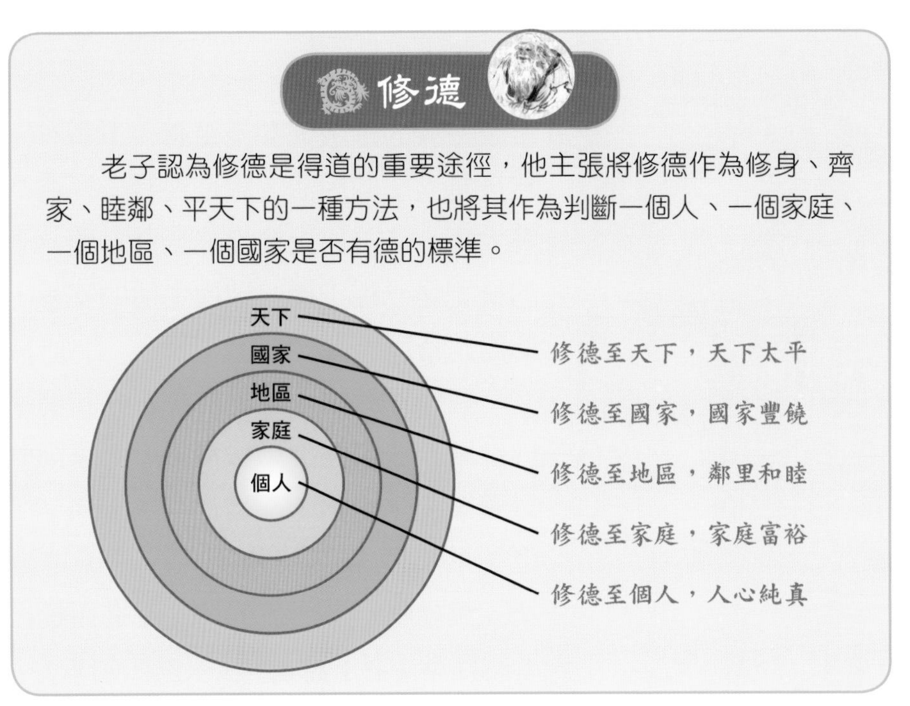

賞析

此章節的一開始，老子提到：「善建者不拔，善抱者不脫，子孫以祭祀不輟。」「建」，國家建立法律之意；「善建者」，善於立法的人；「不拔」，拔不開腳步，即受法律之禁錮不得自由。老子提倡自然無為，反對任何對人之禁錮的社會形式。「抱」，聚攏；「善抱者」，善於聚攏徒眾的人。老子生活的春秋時期，孔子聚徒講學，弟子三千，是第一個「善抱者」，但老子對其持不贊成的態度，他本人一個徒眾也不收。「不脫」，指脫離不開自身，亦是不得自由之意。「祭祀」，懷念先人的儀式；「不輟」，不間斷。我們都知道，傳統的儒家特別

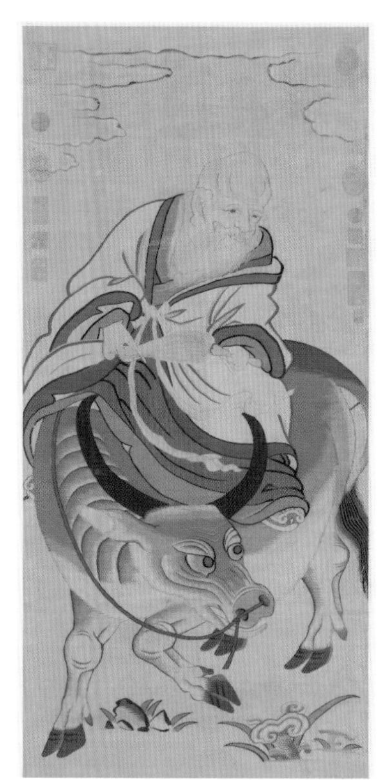

緙絲青牛老子圖　宋代佚名

《易傳》曾提到，牛代表坤卦，衍生出「地勢坤，君子以厚德載物」的精神，合乎老子的思想主旨。法家和儒家皆試圖用有形的作為束縛人們，道家則提倡注重實際，無為以致無所不為。

重視宗族的延續，甚至還有「不孝有三，無後為大」的說法，將是否有子孫視為頭等大事。老子則提倡自然無為，認為子孫的祭祀是一種干擾，破壞生活的安寧，因此對此持反對態度。

在此章節中，老子批評法家和儒家的社會觀，法家強調以法治國，儒家則強調以禮樂教化治國，都是「有為之治」，與老子的自然無為格格不入。老子透過對法、儒兩種有為思想的評論，進而提出修身、齊家、睦鄰、治國、平天下的標準。老子認為：法家以法制求修身、齊家、睦鄰、治國、平天下；儒家以聚徒講學求修身、齊家、睦鄰、治國、平天下，都是有為，都是禁錮他人也禁錮自我的愚蠢做法。道之德的理念是自然無為的理念，提倡用自然無為的態度修身、齊家、睦鄰、治國、平天下。

老子認為，若以自然無為修身，那麼人人都會變得純真，從而消除人心險詐；若以自然無為齊家，那麼家族成員都會以純真無詐事家，從而成為富裕的家庭；若以自然無為與鄉鄰相處，那麼人人都會以純真對人，從而鄉鄰之間也能和睦久遠；若以自然無為治理國家，那麼國家就能興旺發達；若以自然無為治理天下，那麼天下百姓就都能獲得自由平等。

老子說：「修之於身，其德乃真；修之於家，其德乃餘；修之於鄉，其德乃長；修之於國，其德乃豐；修之於天下，其德乃普。」在此段落中，老子講述「德」落實於身、家、鄉、國、天下之後，身、家、鄉、國、天下將會有什麼結果。老子描繪了一幅在自然無為之德作用下的桃花源，也是老子心目中的理想社會。「修」，修練，使德成為個人修身、齊家、睦鄰、治國、平天下的自覺規範；「之」，到；「餘」，富餘；「長」，久遠；「豐」，五穀豐登、年穀順成。古代社會是以農業為主而發展的社會，社會經濟狀況的好與壞，大部分皆主宰於農業的收成。

老子說：「以身觀身，以家觀家，以鄉觀鄉，以國觀國，以天下觀天下。吾何以知天下之然哉？以此。」在此段落中，老子講述該如何檢驗身、家、鄉、國、天下是否有德呢？老子提出了一個標準，也就是以修之身作為檢驗身之標準，以修之家作為檢驗家之標準，以修之鄉作為檢驗鄉之標準，以修之國作為檢驗國之標準，以修之天下作為檢驗天下之標準。換句話說，就是以純真、富裕、長久和睦、豐饒和平等自由，作為檢驗身、家、鄉、國、天下是否有德的標準。

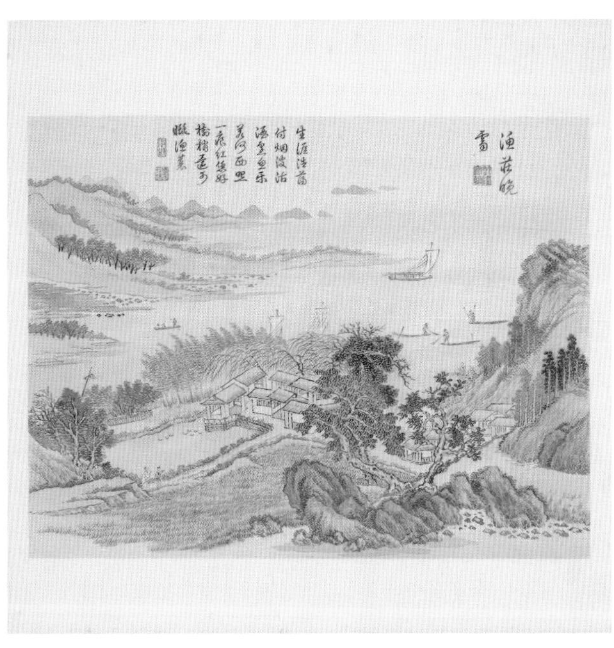

漁莊晚靄　清代周鯤

層巒疊嶂，煙波浩渺，可以從圖畫中看出作者對於生活的熱愛和讚美。千里江山美如絹畫，這是君王依循大道且有德的標誌。反之，如果江山萬里屍橫遍野，則是君王無德的表現。

第五十五章　含德之厚

原文

含德之厚，比於赤子❶。蜂蠆(ㄔㄞˋ)虺(ㄏㄨㄟˇ)蛇不螫(ㄓㄜ)❷，猛獸不據，攫(ㄐㄩㄝˊ)鳥不搏❸。骨弱筋柔而握固。未知牝(ㄆㄧㄣˋ)牡(ㄇㄨˇ)之合而朘(ㄗㄨㄟ)作❹，精之至也❺。終日號而不嗄(ㄕㄚˋ)❻，和之至也。知和曰常，知常曰明，益生曰祥，心使氣曰強。物壯則老，謂之不道，不道早已。

註釋

❶ 赤子：初生的嬰兒。

❷ 蜂蠆：毒蟲。虺蛇：毒蛇。

❸ 攫：泛指性情凶猛的鳥。

❹ 牝牡：動物的雌性與雄性。朘作：男性生殖器勃起。

❺ 精：精氣。至：極、最、頂點。

❻ 嗄：聲音沙啞。

譯文

道德深厚的人就如同初生的嬰兒，有毒的蟲不會蜇咬他，猛獸不會傷害他，兇

醉儒圖　清代黃鼎

濃蔭下，湍流邊，一男子上身裸露，醉倒於獸皮上酣睡。每一個人都是赤條條地來到世上，無知無欲本清明，奈何凡世枷鎖重。修道深厚的人，才能不懼禮法束縛，保持嬰兒般自由自在的本性。

猛的鳥獸不會攻擊他。初生嬰兒的小手雖然骨軟筋柔，但卻可以牢固地握住東西；他不知男女交合之事，生殖器官卻可以經常勃起，這是精氣極為充足的緣故；他整天高聲哭叫，但嗓子卻不沙啞，這是和氣極為旺盛的緣故。若能懂得陰陽調和，就能懂得道的常態；若能懂得道的常態，就能明白事理；若能成就好生之德，就是吉祥之兆。反之，若心無法調和陰陽二氣，就是勉強為之。一旦萬物過於強壯，便會提前衰老，這是不合乎道的。逆道而行，恐將早亡。

賞析

此章節主要講述人的最佳狀態。老子認為，一個人的最佳狀態就是將無為大道修練至最高程度後所能達到的最高境界，也就是進入無我和忘我的赤子狀態。老子用極其誇張的手法將道德蘊涵深厚的人比喻為赤子，然而，何種人可以稱為赤子呢？赤子無我、無為、無欲，他不會傷害任何事或人，所以任何事或人也不會對他造成傷害。老子強調，毒蟲不螫他、野獸不咬他、惡鳥也不攻擊他。但是，為什麼柔弱可欺的嬰兒卻能免遭傷害呢？接下來，老子便為我們解開心中的疑惑，進一步探討赤子的特徵。

初生的嬰兒無知無欲，不知道他所生活的世界充滿邪惡和矛盾，也可以說他根本不知道自己是誰。他除了滿足自己本能的需求之外，根本不知道自己需要什麼，所以他沒有思想，也沒有欲望。在前面的章節中，老子曾經提到，真正的富有就是無欲無求，而初生嬰兒的狀態就是最富有的狀態。一般成年人往往無法達到這個狀態，只有道德深厚的人才能如同赤子一樣，無欲無求、心無雜念。

從老子的觀點而言，嬰兒雖然無欲無爭奪，但他並不軟弱。就像嬰兒的小手，雖然柔軟但卻很有力氣，可以牢牢地握著東西，也就是老子所說的「骨弱筋柔而握固」。

秋庭戲嬰圖　宋代蘇漢臣

小孩子並不知曉男歡女愛的風花雪月，只知道青梅竹馬的兩小無猜。對孩子而言，儘管男性和女性之間的體態特徵不一樣，但彼此並沒有什麼差別。他們之間只有純粹自然地嬉戲，而不是成年男女猜來妒去的戰爭。

老子也提到嬰兒生殖器官的特徵，他認為嬰兒不知道男女交合之事，也不知道生殖器官的功用，但卻一直堅挺勃起，不知疲倦。這是為什麼呢？正是因為嬰兒的無知無欲，所以才會如此。

一般成年人只要多說幾句話就會口乾舌燥、聲音沙啞，但嬰兒卻不同，儘管高聲哭泣也不會聲音沙啞。為什麼呢？老子認為，這是因為嬰兒的生命力強大；而嬰兒之所以生命力強大，是因為他還處於無為的狀態之中。雖然無為的狀態並沒有明顯的強大特徵，但卻是生命力充沛的標誌，是身體內中和之氣充足的象徵，老子稱其為「理想的生存狀態」。這種理想的生存狀態並不是每個人都能擁有的，只有潛心修練大道，才能合乎大道，與大道同步，逐漸達到最佳的生存狀態。

然而，人類不可能永遠保持在赤子階段，人必須成長，這是無法扭轉的客觀規律，誰也無法改變。人類可以改變很多事物，唯獨改變不了我們一步步衰老、死亡，人類必須一天天長大，然後娶妻生子，最終面臨衰老和死亡的痛苦；在生活的過程中，人類必須踏入社會，和各式各樣的人打交道，因此變得世故，甚至狡詐。雖然我們不情願如此，我們總是渴望純真，但為了生存卻不得不跟隨大眾，隨波逐流；我們無法克服自身的欲望，我們驕氣、霸氣、躁氣，唯獨缺少與生俱來的和氣。

老子在最後指出：「物壯則老，謂之不道，不道早已。」任何事物發展到頂點後，都會跌落回原點，這是一種客觀的規律，也就是人們常說的「物極必反」。老子認為，若事物發展到極其強盛的階段，它便不能遵守赤子的和氣之道，不遵守道，就會早早衰亡。老子以人類作為最有力的證據，嬰兒時期的我們什麼也不知道，所以人類無欲無求；正因為無欲無求，所以不會對任何事物造成傷害，也不會遭受外物傷害，處於絕對的安全之中。但是，隨著年齡增長，人類開始擁有自己的思想和意志，私心也隨之膨脹，我們變得多疑、患得患失，各種負面情緒不期而至，痛苦使他喪失生活的勇氣，衰亡也就成為必然。

老子在這一章節中，以「物極必反」的理論警醒世人，任何事物的發展都有限度，一旦超過限度，就會走向事物的反面；若極其強壯到達極點，就必然走向衰亡。老子藉此告訴我們，任何事情都必須把握極限，才不會物極必反、樂極生悲。

無量壽佛圖　清代丁觀鵬

無量壽佛，又稱無量光佛、阿彌陀佛，代表智慧，意思是光明無限、壽命無限，所在之世界稱為清淨世界、極樂世界。佛教中的清淨世界亦是道教「無欲無求」所能達成的境界。

知者不言

原文

知者不言，言者不知。塞其兌❶，閉其門❷；挫其銳❸，解其紛❹，和其光，同其塵❺，是謂玄同❻。故不可得而親，不可得而踈ㄕㄨ❼；不可得而利，不可得而害；不可得而貴，不可得而賤。故為天下貴。

註釋

❶ 塞:阻隔不通。兌:口，引申為孔穴。

❷ 塞其兌，閉其門：第五十二章曾出現相似句子。

❸ 銳：銳氣。

❹ 紛：紛亂、紛雜。

❺ 挫其銳，解其紛，和其光，同其塵：第四章曾出現相似句子。

❻ 玄同:玄妙齊通。玄，此處指「道」。

❼ 踈：同「疏」，疏的異體字。

松梅雙鶴圖　清代沈銓

此畫的作者將仙氣繚繞的鶴和挺拔蒼勁的松梅擺在一起，象徵益年長壽。鶴的性情高雅，形態美麗，仙風道骨，古人多把修身潔行又有聲望的隱士稱為「鶴鳴之士」；也經常用梅花形容高潔君子。真正的君子和隱士之心皆有大智慧，但卻從不在人前誇誇其談。

譯文

真正有知識、有智慧的人從不誇誇其談；高談闊論者皆非有知識、有智慧的人。要塞住嗜欲的孔竅，關閉嗜欲的門戶；挫掉身上的鋒芒，便可以消解內心的紛擾；含斂自身的光耀，便可以與塵世之人隨波逐流。若能做到以上這些事情，便是與大道相合。我們無法親近道，也無法疏遠道；無法獲利於道，也無法傷害道；無法讓道感到尊貴，也無法讓道感到卑賤。因為，道的境界是天下最崇高的。

賞析

在此章節中，老子為我們構築了一個真正的智者形象。這位理想中的智者絕不會誇誇其談，以顯示自己的高明和睿智，真正有知識、有智慧的人通常不會隨便高談闊論，他們常常保持緘默，不顯山不露水，永遠站在最低點仰視他人、俯瞰自己。老子認為真正的智者是謙遜、隨和的，只有毫無知識和頭腦的人才會大言不慚、口無遮攔。他們試圖透過侃侃而談以彰顯自己的聰明才智，結果恰恰相反，這種隨便的談論正好表明了他的無知和愚笨，但他們通常沒有意識到這一點。老子對於這種人發出嚴厲的批評，他所提出的不僅僅是對於當時統治者的警語，更是對一般普羅大眾醍醐灌頂般的警示。

在前述的章節中，我們可以看出老子不僅是世人最好的警醒者，也是人類最佳的引路人。他絕不會在提出問題後，不負責任地躲到遠處，而是給我們最可行的行動指南。在此章節中，老子也針對大家常犯的錯誤給出最可行的建議：「塞其兌，閉其門；挫其銳，解其紛，和其光，同其塵。」同時，這也是老子眼中得道聖人所具備的境界。該如何理解「塞其兌，閉其門；挫其銳，解其紛，和其光，同其塵」這句話呢？老子在前面的章節中，已反復強調做人要委曲、柔弱、和氣、惚恍、無為，也就是不可鋒芒畢露，若過於鶴立雞群便會傷害他人也傷害自己。所以老子提出「挫其銳」的方法，如此一來就可以避免傷人和自傷，順利保全自己。

而作為凡夫俗子的我們一定會有以下的想法：某一件事糾結在心頭，就像一團無論如何也解不開的亂麻，心裡的煩亂致使我們坐立不安，為此，我們惶惑不已，甚至痛不欲生。我們不禁捫心自問，為什麼無法徹底解除心底煩亂的思緒，讓自己快樂地度過短暫的一生呢？老子說：「解其紛。」若能解除心中紛亂的思緒，那心靈也就變得了無牽絆，自由自在了。做人講求和氣，不應過分炫耀，這是每一個人都知道的處世準則，但世界上究竟有多少人可以做到這一點呢？我們常常為了在洶湧澎湃的浪潮中彰顯自己的存在，做過或正在做著怎樣的荒唐行為呢？我們為了凸顯自己的聰明才智，逢人便誇誇其談，其實我們又有多少智慧可供談論呢？真正擁有廣博知識和高深智慧的人是不屑於高談闊論的，他們猶如深沉的大海一般深不可測；真正的智者往往貌似普通，隨波逐流，從不標新立異。現代社會物欲橫流，人心的欲望也跟著無限膨脹，我們常常難以控制自己的欲望，這也是人類的本性使然。老子規勸人們要堵塞自己嗜欲的孔竅，關閉自己嗜欲的門徑，也就是「塞其兌，閉其門」。

夏花十幀－荷花紅蓼　清代董誥

此幅圖畫中的荷花自顧自地絢爛綻放，不顧旁邊發黃的草葉和衰敗的荷葉。荷花素有「出淤泥而不染」的雅號，它不擔心自己將和葉子一樣失去美麗的生命，也不擔心可能會到來的狂風暴雨，心無羈絆，美麗一生。

職貢圖　唐代閻立本

唐代畫家閻立本擅畫人物、車馬、台閣，筆力圓勁雄渾，尤精肖像，善於刻畫人物性格。某一次，閻立本在荊州看到南朝梁畫家張僧繇所留下的畫作，說：「真是虛有其名。」但第二天再次認真觀看那幅畫作後，發覺大有收益，說：「盛名之下，的確沒有假名士。」最後，他一連在那幅畫下觀賞了十日，才依依不捨地離去，閻立本後來的繪畫成就便有一部分得力於張僧繇。由此可見，我們應該效法閻立本謙虛學習的精神。

雖然，如今人類生活的時代和老子生活的時代有著很大的差異，但人性的欲望依舊相同，人類仍然難以克服自身的欲念。老子在春秋時代便高瞻遠矚，對人的本性下了客觀註解，就現代的眼光來看，依然值得我們借鏡。當然，也有些人認為在如今這個快速變遷的紛亂時代，如果一味聚斂光芒，終將被他人掩埋，無法顯現自己真正的才華。於是，他們不甘人後地大肆宣揚自己，見人就大談自己的能力，難道酒香真的怕巷子深嗎？其實，真正的好酒是不會懼怕的。推而言之，難道真正擁有才華的人會害怕被埋沒嗎？答案是否定的。如果是一個真正才華橫溢的人才，便什麼也不會怕，無論走到哪裡都會擁有自由翱翔的天空，大可不必費盡心思誇誇其談。在前面的章節中，老子曾經提到言語的局限性，言語終究無法窮盡我們心中真實的想法。所以，老子得出最後的結論——真正有知識和智慧的人從不高談闊論，唯有沒有知識和智慧的人才會喋喋不休地自誇。

以正治國

原文

以正治國❶，以奇用兵❷，以無事取天下❸。吾何以知其然哉？以此❹：天下多忌諱❺，而民彌貧；民多利器，國家滋昏❻；人多伎巧❼，奇物滋起；法令滋彰，盜賊多有。故聖人云：「我無為而民自化❽；我好靜而民自正；我無事而民自富；我無欲而民自樸。」

註釋

❶ 正：無為、清淨之道。
❷ 奇：奇妙、出其不意。
❸ 取天下：治理天下。
❹ 此：指接下來的這段文字。
❺ 忌諱：禁忌、禁令。
❻ 滋：滋生、滋長。
❼ 伎巧：技巧、智巧。
❽ 自化：自我化育、自我成長。

五清圖　清代惲壽平

「五清」指的是松、竹、梅、水、月。松柏經過霜雪摧殘後，仍然不會凋謝枯敗；竹子以其有空心，代表君子的虛心；梅花不畏風霜，是品格堅貞的最佳寫照；而水與明月更是清澈透明、潔白無瑕的象徵。君王若為「五清」之君子，人民自然自治自理、遵紀守法、安居樂業、純真樸實。

譯文

以無為、清淨的正道治理國家，以奇詐、詭祕的方法用兵作戰，以不擾民的政策取信天下百姓。我怎麼知道該這樣做呢？根據就在於此：天下的禁忌越多，百姓就越貧窮；百姓擁有越多銳利的武器，國家就越混亂；百姓心中的機巧越多，邪惡的事就越盛行；國家的法令越森嚴，盜賊就更加猖狂。所以，聖人曾說：「我無為，人民就自我化育；我好靜，人民就自然遵紀守法；我無事，人民自然富足安樂；我無欲，人民自然淳樸敦厚。」

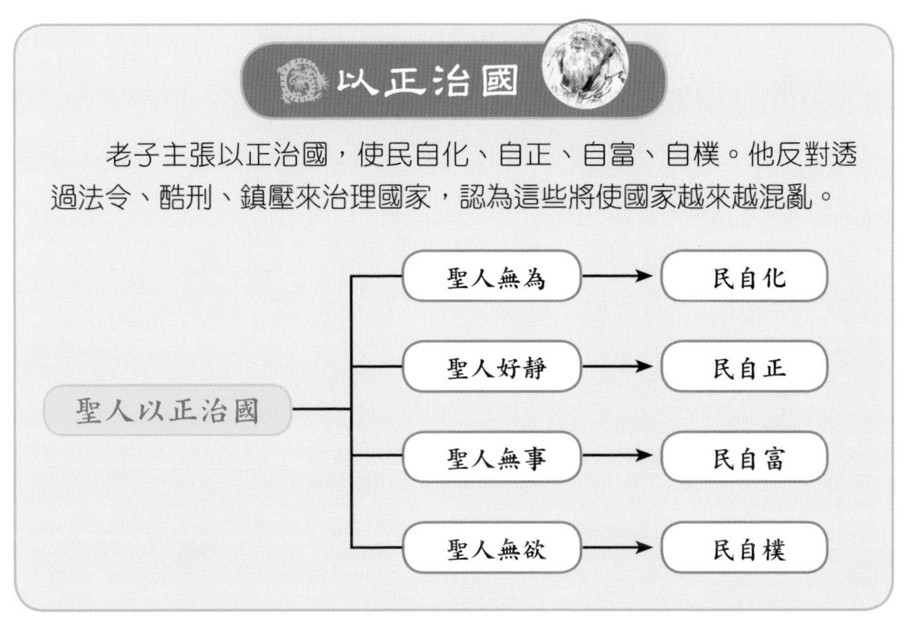

賞析

老子已在前面的數個章節中談論過「無為而治」的思想，在此章節中，老子又就這一思想作更詳盡的論述。老子以「天下多忌諱，而民彌貧；民多利器，國家滋昏；人多伎巧，奇物滋起；法令滋彰，盜賊多有」的論述，反證統治者應該「以無事取天下」。

老子提倡「以正治國」，希望統治者以清正無為的方略治理國家，這是老子一貫的主張。老子身為一位春秋時代的普通官員，他選擇站在百姓的立場審視當時的統治者，對統治者的言行作為作出敏銳的觀察和深刻的剖析，提出以正道治理國家的建議。中國歷來崇尚浩然正氣，自古以來就以「邪不勝正」闡釋正氣的力量。歷朝歷代的皇帝之中，也有很多人以「正大光明」作為自己的座右銘，甚至是統治百姓的道德準則。例如，乾清宮中就有一塊清代順治皇帝所題的「正大光明」匾額。直到幾千年後的今天，很多官員依然以「正大光明」作為自己的為官之道，此處的「正」便含有正氣、清正無為的意思。然而，自老子生活的時代就已開始出現官場腐敗的情況，國家成為統治者滿足自私慾望的暴虐工具，君王所標榜的「光明正大」只不過是一個幌子。因此，老子針對統治者對百姓的殘暴施政，高聲疾呼「以正治國」，喊出當時和現在眾多人民的心聲。

接下來，老子提到「以奇用兵」。雖然《道德經》不是兵書，但其中不乏作戰用兵的思想，此章節的「以奇用兵」講的正是用兵之道。

雲山圖　宋代米友仁

對於統治者所頒布的「擾民」政令和舉措，百姓自有方法應對。統治者管得越多、管得越嚴，就越無法治理百姓。不如放手讓他們服從大道的安排，就像白雲飄過山頭，使山脈可以感受雲的白淨和飄動。如果疾風驟雨地突襲山脈，只會使得山脈遭受巨大災難。

芭蕉美人圖　清代許良標

老子說：「以正治國，以奇用兵。」這是老子給予不發動戰爭，但卻又必須應對戰爭的統治者所提出的方法。《三十六計》中有許多計謀被稱為狡詐之策，但卻是戰爭中不可或缺的手段。例如「美人計」便在爭戰中屢試不爽，像是戰國時代的越王勾踐就曾派出美女西施，使吳王夫差國破家亡。

老子認為用兵就應該採取非常規戰術，使用奇法、奇謀、奇計迷惑敵方，使對方鑽入圈套，最後達到出奇制勝的效果。老子在此針對治國的「正」，提出用兵要「奇」；從政要「正」，以一奇一正治天下。其實，老子非常反對以戰爭解決國與國之間的問題，但戰爭並不會因為一個人的好惡而存在或消亡。確切地說，在當時那個時代，戰爭是不可避免的。面對這樣殘酷的現實，老子便為弱者、為有心治理國家的統治者提供「以奇用兵」之計。

而後，老子又羅列的許多社會現象，諸如：「天下多忌諱，而民彌貧；民多利器，國家滋昏；人多伎巧，奇物滋起；法令滋彰，盜賊多有。」以上不僅是老子所觀察到的社會概況，更是他對國計民生的具體思考，其中也不乏有老子對當時社會現狀的憂慮和焦躁。老子認為百姓之所以叛亂，和人民的本性無關。就像孟子所提出的「性善論」，人類本具有向善的一面，除非萬不得已，否則絕不會惹是生非。那為什麼百姓會發起事端呢？老子認為是因為不合理的統治政策。在這段文字中，老子提到若天下的禁忌過多，百姓的生活就會越發貧困，越貧困就越容易產生是非，發生逆亂；若人民擁有越多銳利的武器，國家就越容易混亂；若民眾的機巧心智越多，邪風怪事就越發盛行；

若國家的法令條文越加森嚴，盜賊就更加猖獗。

理解上述這段文字後，我們再連繫至當時的社會背景。春秋時代，列國之間的兼併戰爭此起彼伏，人們無時無刻皆處於極端的混亂和盲目之中。隨著傳統封建制度的瓦解，人人手中都掌握了武器，武器本是用來保護自己，但是若人人手中皆擁有武器，那每一個人都不再安全了。若百姓的心中沒有安全感，便會陷入恐慌，這種恐慌的心理便是導致天下大亂的重要原因。在人人皆可以擁兵自重的春秋時代，當時的統治者往往試圖透過制定嚴酷的刑罰，以平定天下大亂，但老子對此十分反感，也公開反對此種濫用國家機器的做法。在老子眼中，嚴酷的刑罰非但沒有安定人心、穩定社會的作用，反而會引起反效果。因為嚴酷的刑罰無法從根本消除人心的欲念，所以，老子主張無為而治，強調感化的力量。

最後，老子提到：「我無為而民自化；我好靜而民自正；我無事而民自富；我無欲而民自樸。」老子引用聖人的話語重申自己的觀點。聖明的統治者「無為」、「好靜」、「無事」、「無欲」，「無為」也就是無所作為；「好靜」也就是懷柔寧靜；「無事」也就是無所事事，亦作無為；「無欲」也就是沒有私心雜念。這些聖明的統治者以「無欲」、「無為」治理天下，其結果是百姓富足守紀，民風自然淳樸。

水竹居圖　元代倪瓚

《詩龕圖贊》：「猗猗長松，下蔭高竹。天風臨之，振響如玉。中有詩人，積卷盈屋。不知冬春，何論榮辱。落花微紅，曉月初綠。詩懷浩然，如水赴谷。斯龕斯圖，唯千載獨。」君主無欲無為，百姓也就不知榮辱，如水赴谷般自然。

第五十八章 福禍倚伏

原文

其政悶悶❶，其民淳淳；其政察察❷，其民缺缺❸。禍兮，福之所倚；福兮，禍之所伏。孰知其極？其無正❹。正復為奇，善復為妖。人之迷也，其日固久。是以聖人方而不割，廉而不劌ㄍㄨㄟˋ❺，直而不肆，光而不燿。

註釋

❶ 悶悶：昏昏昧昧的狀態，也有寬厚之意。
❷ 察察：嚴密、苛刻。
❸ 缺缺：狡黠、抱怨。
❹ 正：標準、確定。
❺ 廉：銳利。劌：割傷。

譯文

如果君王施政寬厚，百姓就自然淳樸；如果君王施政苛

梁園飛雪圖 清代袁江

遠山煙波縹緲，雪色凝寒；園中蒼松翠竹，湖石玲瓏剔透；達官貴人、佳人高士，悠閒自得。圖中全然沒有冬天的冷冽之感，反而混雜著孤寂與熱鬧兩種氛圍。

酷，百姓就狡猾奸詐。當災禍降臨之時，幸福便倚傍在災禍旁邊；當幸福降臨之時，災禍便潛伏在幸福之中。禍與福本就是一體兩面，又有誰能正確地分辨福與禍呢？人類所認知的「正」，只不過是短暫的名，隨著時空演變，正又變成奇，善又轉成妖。人們一直迷惑於道「變動不居」的常態，執著於自我認知的道與名，久久無法覺悟。但是，聖人懂得大道，不以認知的善惡區分百姓，處世方正卻不傷害他人；清廉有為卻不刺傷他人；自由直率卻不肆意妄為；光彩萬分卻韜光養晦。

福禍相倚

災禍和幸福是相互依存的，在一定條件下可以相互轉化，這也是物極必反的一個絕佳例證。所以，我們不要因為外界事物的變化和自己處境的變化而大喜大悲。

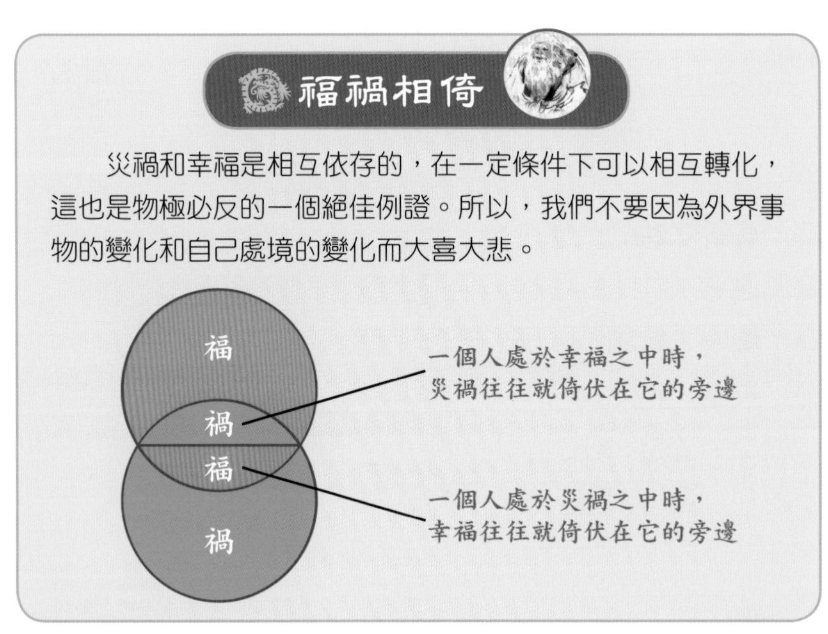

賞析

老子在此章節提出了一個重要的哲學問題：「禍兮，福之所倚；福兮，禍之所伏。」意思是災難和幸福是相依相隨的，誰也無法脫離誰而單獨存在。這也告誡我們，任何幸福的背後總是潛伏著災禍，但災害也不是永遠存在，災難的反面就是幸福快樂。所以，老子提醒我們要以平靜的心態面對災難和幸福，「不以物喜，不以己悲」，這才是人生的最高境界。

此章節順承上一章講述聖明統治者治理國家的無為而治，老子說：「其政悶悶，其民淳淳。」悶悶，就是寬厚、仁大的意思；淳淳，就是自然淳樸的意思。整句話的意思就是，如果統治者以自然無為的方式統治人民，人民便會摒棄妄為，回歸自然淳樸；人心淳樸敦厚就不會惹事生非，沒有是非的國家自然安穩太平。與此相反，如果統治者施行苛刻擾民的政令，一旦百姓的承受能力達到極限，難免奮起抗爭，而反抗的過程就是彼此心智的較量。因此人民被迫變得狡黠詭詐，以應付統治者的盤剝，所以「其政察察，其民缺缺」。

禍福相依：禍與福常相倚而至。比喻壞事可以引出好的结果，好事也可能招致壞的结果。也作「禍福相倚」。

老子生處戰亂頻繁的時代，百姓生活在戰爭的陰霾之下，無時無刻不在擔心、驚懼、恐慌，這樣的生活有什麼幸福可言呢？所以，老子將眾人的不幸歸結於社會的變遷。在貴族、平民的階級出現之前，

平安春信圖　清代郎世寧

圖為雍正皇帝和未來的乾隆皇帝正在品竹賞梅。古代原始社會的人類和大自然中的其他動物一樣，只為食果腹，而竹梅本身也並不代表氣質高雅，只是自然界的一員而已。但是，在人類文明發達的現在，我們為自己戴上沉重的枷鎖，更給予許多事物額外的解讀，遂漸漸迷失在我們所追求的欲望陷阱之中。

人們過著平等且沒有壓迫的生活。然而，自從階級出現後，人們之間便開始產生分別，也產生壓迫。正是這種壓迫使得人類的心智大開，他們利用聰明才智製造出花樣翻新、層出不窮的新奇器物。在上一章節中，老子便強烈反對各種古怪的事物，他認為正是這些古怪的事物使人類的思想和文化變得光怪陸離。而思想意識決定人類的行為方式，思想的古怪就會造成人的行為方式越來越偏離軌道，與大自然脫節。例如，人類恣意破壞森林植被、任意宰殺稀有動物、大肆污染環境等。其實，這種狂妄的生活方式正在危害人類自身，其後果就是我們所生活的地球環境日益惡化，最後，人類不得不葬送自己的軀體。現在，再回想老子生活的混亂世界，當時人們的私欲極度膨脹，不但爭奪名利，更瘋狂佔有財物，人們無止境的欲望決定他們無法獲得真正的幸福。況且，強行佔有的財物也時時面臨著被他人搶奪的風險，財富的得與失成為人們衡量幸福的標準，這種幸福嚴重偏離生命原始的軌道，使得人們對福和禍麻木不仁，沒有方向。

對於迷失在福和禍之間的人，老子給予善意的提醒：「禍兮，福之所倚；福兮，禍之所伏。」就像是「塞翁失馬，焉知非福」的故事一樣，一個老者失馬復得，人們紛紛前來道賀，但他並不認為這是好事。後來，老者的兒子從馬背上摔下來，人們紛紛前來安慰，但他亦不為此而悲傷，還認為這未嘗不是好事。果然，不出老者所言，幾日後，官府徵兵打仗，老者的兒子因為摔傷而倖免。由此可見，福和禍沒有絕對的界限，不可為福而極樂，亦不可為禍而極悲。最聰明的做法就是不為好事大喜，也不為壞事大悲，一切得失順其自然，如此一來，才能逍遙快樂。

第五十九章 長生久視

原文

治人事天❶，莫若嗇(ㄙㄜˋ)❷。夫唯嗇，是謂早服❸；早服謂之重積德；重積德則無不克，無不克則莫知其極；莫知其極，可以有國；有國之母❹，可以長久；是謂深根固柢，長生久視之道❺。

註釋

❶ 治人：治理百姓。
❷ 嗇：簡樸、節約、珍惜。
❸ 早服：提早準備。
❹ 國之母：國家之根本。母，根本、原則。
❺ 長生久視：長久維持、長久存在。

譯文

治理百姓時，應奉天行道，最重要的就是注重節儉，愛惜物力、財力。節儉並愛惜各種資源，也就是提前做

秋塘花鴨　明代陳淳

宋代蘇軾的詩作《惠崇春江晚景》：「竹外桃花三兩枝，春江水暖鴨先知。蔞蒿滿地蘆芽短，正是河豚欲上時。」君王治理國家就要如同鴨子一般感覺「道」，遵從「道」的規律安民興國。春天是耕種的季節，就不應為了替寵愛的妃子尋覓荔枝而驅使百姓。

好準備；若能提前做好準備，並且有高瞻遠矚的計畫，那就是注重德行；注重德行之後，就可以無往而不勝；無往而不勝之後，便擁有無窮無盡的道之力量；擁有無窮無盡的道之力量之後，就可以擔當治理國家的重責大任；掌握治理國家的根本法則後，便可以長治久安。這就是治理國家根深柢固、長生久視的方法。

根深固柢：根柢長得深且穩固。比喻根基堅固，不可動搖。也作「根深柢固」、「根深蒂固」、「深根固本」、「深根固蒂」。

賞析

「無為」、「不爭」、「無欲無求」皆是老子思想的核心要旨。若要達到這些目標，就必須捨卻人性的慾望，而究竟該如何克服人類生來即有的欲望呢？老子提出「嗇」的概念。何謂「嗇」？嗇，即吝嗇，引申為簡樸、節約、珍惜、節儉。

首先，老子提到「治人事天，莫若嗇」。治人，也就是治理百姓的意思；事天，就是遵從天道而行。整句

道光皇帝像　清代佚名

清代道光皇帝一生崇尚節儉，但卻節儉過度，反而造成許多表面節儉實則浪費的事情。《孟子．滕文公上》提到：「上有好者，下必有甚焉者矣。」當時的滿朝大臣都附和道光皇帝的節儉，個個穿著破舊袍褂上朝，從殿上望去，好似站著兩排乞丐，而道光皇帝便是丐幫幫主。另外，道光皇帝的節儉也造成舊衣鋪子裡的破舊袍褂紛紛銷售一空，甚至賣的比新衣更貴。如此可見，節儉也是一門學問，千萬不要因為節儉，反而走上奢侈的道路。

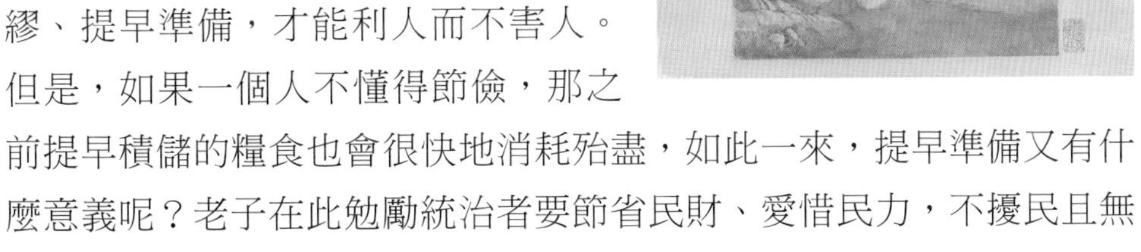

倣李成雪霽圖　清代王翬

夏天的樹木枝繁葉茂，令人始終看不清它的真實面貌；到了秋天，葉子枯黃掉落，這才顯露它粗壯的樹木枝幹。一個節儉的統治者，就應像這秋天掉落葉子後的樹木，使百姓看到他寡欲恬淡的本心，並向他學習，也就是走向「道」。若百姓都能走在「大道」之上，國家自然也就富足安樂。

話的意思就是，統治者治理百姓時，應遵從天道而行，懂得節儉之道。其實「嗇」字在古代並不是貶義詞，而是一種類似於農夫的官職，並非今日的「吝嗇」之意。

接下來，老子提到「夫唯嗇，是謂早服」。何謂「早服」？早服，就是提早準備。整句話可以理解為，唯有統治者懂得節儉之道，並且未雨綢繆、提早準備，才能利人而不害人。但是，如果一個人不懂得節儉，那之前提早積儲的糧食也會很快地消耗殆盡，如此一來，提早準備又有什麼意義呢？老子在此勉勵統治者要節省民財、愛惜民力，不擾民且無為而治。

老子緊接著提出「早服謂之重積德」。何謂君主的德呢？君主的德行就是領導國家安居樂業，其中的關鍵就是保證百姓能夠不愁吃穿，這便是國家穩定太平的重要基礎。《漢書·酈陸朱劉叔孫傳》曾說：「王者以民為天，而民以食為天。」可見衣食富足對於百姓的重要。人民唯有在衣食無憂之後，才會有安全感，也就不會惹是生非。而糧食不僅僅關乎百姓是否可以安居樂業，更牽涉國家戰爭的成與敗。自古以來，戰爭皆遵奉「兵馬未到，糧草先行」的原則，由此可見糧食在戰爭中的重要性。所以，統治者是否懂得積蓄糧食亦關乎國家穩定的基礎。若想成為一個優秀的君主，就應具備高瞻遠矚的視野，對各種事變有預見的能力，並根據預測的未來，及時籌畫應對策略。國家糧食的籌備是否充足，便是檢驗君主德行的重要指標之一。

而後，老子強調「重積德則無不克，無不克則莫知其極」，老子指出積累德行所能達到的境界。「無不克」就是無所不勝，可以克服一切、戰勝一切的意思。若一個國家的物質儲備富足，百姓安定團結，社會秩序井然，領導者又精於籌畫且目光長遠，這個國家自然能戰無不克。此處的戰無不克並非專指戰爭，亦包括各種困難和挫折。當然，老子的此番話也不僅僅針對國家和君王，若一個人能做到「無不克」，那他必然高深莫測，旁人皆無法揣度他的極限。那什麼是「有國之母」呢？母，即雌性，比喻生育萬物的大道，也可喻指事物的根本。整句話的意思就是，擁有國家作為立身的根本。若就統治天下的君主而言，擁有國家作為立身根本的結果會如何呢？老子結論為「可以長久」，也就是可以長長久久地鞏固自己的統治地位。

在這一章節中，老子旨在說明，如果統治者可以實行節儉之道，那他的統治地位就能長長久久。節儉對於統治者來說非常重要，當然對我們個人來說也同樣如此。自古以來，節儉便是傳統美德，一個人若能以節儉為美，那他必然會是一個寡欲恬淡之人，也就少了許多煩惱、多了許多快樂。

第六十章　德交歸焉

原文

治大國，若烹小鮮❶。以道蒞（ㄌㄧˋ）天下❷，其鬼不神；非其鬼不神❸，其神不傷人；非其神不傷人，聖人亦不傷人。夫兩不相傷，故德交歸焉。

註釋

❶ 小鮮：小魚。

❷ 蒞：對待、治理。

❸ 非：非但、不僅。

譯文

治理國家，就如同烹飪小魚一樣，必須細心謹慎。若用大道治理天下，那些鬼怪也就無法作亂；那些鬼怪並不是不想作怪，而是因為大道和諧，所以就算鬼怪為非作歹，也無法傷害他人；不但鬼怪無法傷害他人，而且在

太族始和圖　清代丁觀鵬

祥雲低垂，青山點翠，戲台商鋪，騾馬車旅，人人衣著鮮亮，一派富庶景象。圖中的這番景象就如同「小鮮」一樣，經不起任何劇烈翻炒。歷朝歷代的「文景之治」、「貞觀之治」、「康乾盛世」等文治武功，都在經歷若干年的「有為」後，消散於歷史的煙雲中。

位的統治者也因為遵循大道，所以不會傷害他人。鬼怪和統治者皆不傷人，國家和百姓也就沐浴在道德之下。

賞析

在上一個章節中，老子主要講述節儉少費在治國中的重要性。他雖然沒有明言治國必須秉承自然無為的宗旨，但節儉少費的前提條件就是自然無為。有為則有費，無為則少費，強調的依然是老子自然無為的思想。而在此章節中，老子強調的仍然是自然無為，例如「以道蒞天下」。老子的無為思想貫穿於《道德經》的始末，不管是為官或為人，老子都提倡運用無為思想。

首先，老子提到「治大國，若烹小鮮」。小鮮即小魚，小魚還未成熟，骨弱肉薄，在烹調時一不小心就會將小魚弄碎。因此烹煎小魚時，最忌諱的就是不斷翻折。老子便以烹調小魚比喻治理國家，不是說治理國家就像烹飪小魚一般容易，而是恰恰相反。小魚難以烹煎得恰到好處，必須多加小心才能有美味的小魚。治理國家亦是如此，若統治者恣意妄為，勢必導致國家混亂；若統治者安靜無為，不擾害百姓，便可以使國家安樂。老子以這句極其形象、簡潔的話語概括複雜的治國謀略，如果妄圖以個人私慾改變社會，朝令夕改，朝三暮四，忽左忽右，百姓便會無所適從，國家便會動亂不安；相反的，若國家能夠堅定不移地貫徹執行制定的政策法令，便會使得國家富國強兵。

接下來，老子提到「以道蒞天下，其鬼不神」。鬼神是許多民族普遍信奉的傳統信仰，其由來已久。但是，鬼神是否真實存在呢？古代相信鬼神真實存在，但是，若按照現代科學的觀點，鬼神乃子虛烏有，不過是人類心中畏懼、膽怯、妄虛的產物。當然，此處我們則以老子的立場來看，在陽氣鼓蕩的時代及剛氣十足的人類身上，都很難發現鬼神的蹤影；而在陰氣淒迷的年代及虛弱、嬌柔、神經質的人類身上，則往往有許多鬼神造訪。老子此處所說的「道」，便是正氣伸張的表現，可以壓倒一切邪氣，使充滿邪氣的鬼神沒有立足之地，甚至喪失奇異怪誕的法力。因此，鬼神在大道面前往往不敢為非作歹。

鬼怪到底是什麼呢？有誰能夠客觀地描述鬼怪的真實面目呢？又有誰真正見過鬼怪呢？我們不妨換個角度思考，鬼怪其實只存在於我們的思想意識之中，並非客觀存在。若根據老子的自然和諧思想，鬼怪便是自然界不和諧的產物。自然界不和諧，而鬼怪生，這是自然而然的道理。

電影中常出現機器人消滅人類的場景，這或多或少有虛構的成分，但我們不得不承認，人類改變世界的欲望是永無止境的，這種欲望促使人類不斷創造殺死自己的兇手。在現今的世界中，鬼怪已不再是青面獠牙的怪物，而是許多科技發明和人類私欲的產物，例如原子彈、氫彈、複製人，這些都可以稱得上是人類欲望所生成的鬼怪。時至今日，我們依然繼續利用自己的聰明才智，創造許多正在威脅人類正常生活的鬼怪。兩千多年前的老子便反對人類具有過度智慧，極力提倡無知無欲，直到今日，這些建議依然值得人們借鏡。

若能遵循自然大道，削弱自身的欲望，便可以遵循道德的標準。若遵循了道德，鬼怪也就失去其原本的威力，無法傷害人類；人類與大自然也就和諧共處，相安無事，一切和美自然。

蓮花　清代綿億

老子極力提倡無知無欲，並非「愚民」政策。其實，老子的意思是人類不可能窮盡所有知識研究大千世界，若按照人類的意志肆意改造大自然、創造新武器，只會使人類自取滅亡。

第六十一章 皆得其欲

原文

大國者下流❶，天下之交❷，天下之牝ㄆㄧㄣˋ。牝常以靜勝牡ㄇㄨˇ❸，以靜為下。故大國以下小國，則取小國；小國以下大國，則取大國。故或下以取，或下而取。大國不過欲兼畜人，小國不過欲入事人。夫兩者各得其所欲，大者宜為下。

註釋

❶ 下流：水所匯聚之處。

❷ 交：交匯、匯合。

❸ 牝：雌性、陰性。牡：雄性、陽性。

譯文

大國要像江海一般，居大而處下；要像雌性一般，安靜而柔軟；要與天下各方結交為朋友。雌性常以柔軟安靜戰勝雄性，因為守靜，所以常以謙恭卑下的態度處事。若大國對小國謙下，就可

倣范寬秋山瀑布　清代唐岱

俗話說：「水往低處流，人往高處走。」這句話正是人們為了追隨欲望而辛苦攀爬的最佳寫照。在春秋戰國時代，大國實力雄厚，本來就居上位，欺負弱小國家是常有之事。而老子則呼籲大國應居下，如此一來百姓才能相安無事，免除戰爭所帶來的痛苦。

以獲得小國的信任與歸附；若小國對大國謙下，就可以獲得大國的支持與信任。大國的目標不過是希望網羅小國；而小國的目標不過是希望依附大國，若大國和小國都希望達到各自的願望，那還是要大國主動放下身段，以謙恭卑下的態度對待小國為宜。

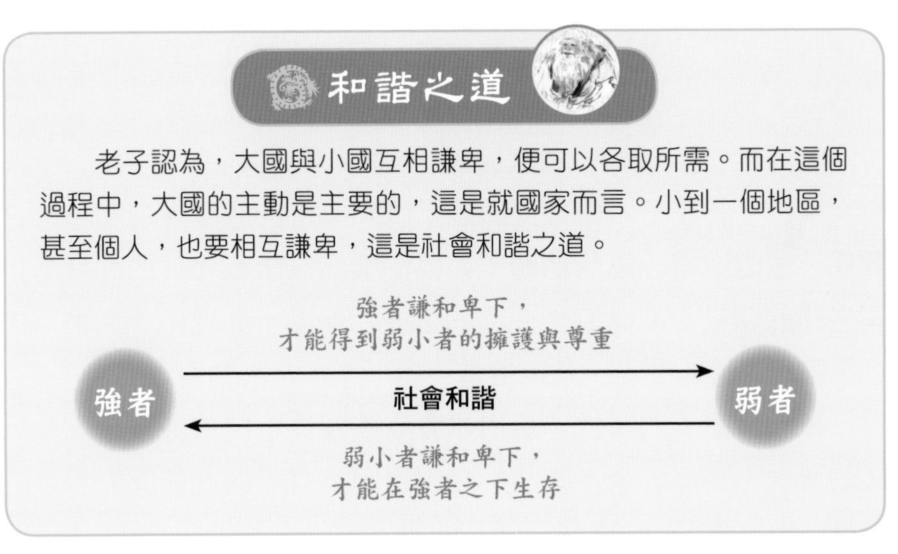

賞析

老子在前述的章節中曾多次提到，統治者應以「無為」治理國家；這一章則主要講述大國對待其餘小國時，應有的氣度和態度。

春秋末年，國家林立，戰爭連年，大國爭霸，小國自保，而眾多百姓則成為犧牲品，只能在戰爭的夾縫之間求生存。老子一向反對戰爭，他對於戰爭所帶給人民的災難感到痛心疾首，幾乎到了忍無可忍的地步。於是，老子不由自主地發出「大國者下流」的呼聲。此處的「下流」，並不是現代意義的品格汙下、卑賤、無恥，而是指江河的流向。我們都知道水向低處流，而海之所以能納百川，是因為海洋甘居下位，恬靜寬容，無所不包。因為海洋的所作所為符合大道，所以它成就了自己的「大」，所以它能長久而深遠。老子認為，如果大國能像大海一般，常常處於謙和、卑下的位置，國家便能太平，百姓便能安寧；人心安定，國家自然強盛。

接下來，老子以雌性的柔和安靜戰勝剛強堅硬，比喻大國和小國之間的關係。大國之大並非僅憑戰爭兼併小國而獲得，大國之所以大，一方面是因為客觀上地理位置的優越。春秋時代的大國都處於中原文明的邊緣地帶，地勢低窪、水草豐美，正是地理位置的優越成就了大國的地位。另外一方面，大國之所以能保持長久的地位，亦取決於統治者治理有方，老子說：「故大國以下小國，則取小國；小國以下大國，則取大國。」意思是，如果大國能以謙和卑下的態度處理和小國之間的關係，便能取得小國的信賴；如果小國能以謙和卑下的態度對待和大國之間的關係，亦能取得大國的信任和保護。此處用「海納百川」形容小國和大國的關係，是再恰當不過了。正是因為海洋博大、深沉、寬容、謙和、卑下的特性，百川才會欣然歸於它的懷抱，也因此成就海洋的博大、寬厚、永不乾涸；百川也因為有了如此美好的容身之處而變得勃勃生機，一路歡歌，下流入海。

在老子生活的春秋晚期，大國和小國並存的諸侯割據時代已進入最後階段。西周時期的數百個諸侯小國在周邊大國的威逼之下，紛紛喪失獨立自主的地位，幾乎都淪為大國的附庸之地。而少數小國雖然倖免於難，但處境依舊艱難，它們不但必須向大國俯首納貢，還要分擔大國重大工程的勞役。小國的百姓常常無法忍受這些屈辱和勞力之苦，但卻又無可奈何。而大國當然不願意以謙下的態度對待小國，它們奴役小國百姓，使他們深受其苦。老子針對此番社會現狀提出自己的主張，希望藉此喚醒大國的寬厚和仁慈。

老子一直認為柔弱可以戰勝剛強，但不管在古代或是現代，真實的社會現實都和老子的觀點背道而馳。我們是否應該因此否定老子的觀點呢？其實不然。綜觀自然界的種種現象，我們就不難發現：看似強大的事物卻無法長久存在，而看似渺小的事物卻往往有著強韌的生命力。在現實社會中，柔弱無法戰勝剛強只是一時的弱勢表現，從總體而言，柔弱總能戰勝剛強。就像曾經支配地球陸地生態系統超過一億六千萬年之久的龐大生物——恐龍，他們曾經是這個世界的霸主，但如今卻被相較之下非常弱小的人類取而代之。這些事實無不證明老子的觀點是正確的。

國家謙和卑下才能長久，人類亦是如此。如果人類無法謙和卑下，其統治自然界的地位就會被其他物種所取代，甚至自我毀滅，這是毋庸置疑的。所以，作為人類個體的我們應該從「我」做起，對待周圍的人謙恭、柔和、甘居低位；對待周圍的事物友善、包容，不大肆捕殺動物，不任意砍伐植物，和自然萬物和諧相處，才能「兩者各得其所欲」。如此一來，人類才不愧為萬物之靈，也才不愧擁有聰明才智。

康熙南巡圖第六卷（局部）　清代徐揚

清代康熙皇帝為了緩和滿、漢民族之間的矛盾，試圖籠絡江南的士大夫們，先後六次南巡。康熙在位期間，對外蒙古亦實行籠絡措施，希望可以解決邊境紛爭。康熙皇帝曾說：「昔秦興土石之功，修築長城；我朝施恩於喀爾喀，使之防備朔方，較長城更為堅固。」康熙時代之所以有「康乾盛世」的稱號，就是因為康熙皇帝願意以謙下的態度面對百姓和外邦。

萬物之奧

原文

道者，萬物之奧。善人之寶[1]，不善人之所保。美言可以市[2]，尊行可以加人[3]。人之不善，何棄之有？故立天子，置三公[4]，雖有拱璧以先駟ㄙ馬[5]，不如坐進此道。古之所以貴此道者何？不曰以求得，有罪以免邪？故為天下貴。

註釋

1. 寶：法寶。
2. 市：市場、交易、交換。
3. 加人：有益於人。
4. 三公：人臣中最高的三個官位，周代為太師、太傅、太保。也作「三司」。
5. 拱璧：兩手合抱的大塊璧玉，比喻非常珍貴的寶物。

瞎子說唱圖　清代金廷標

農村田頭，老翁、幼童、少年、農夫正靜靜地聆聽一位盲人在大樹下說唱，溪流另一邊的老嫗、農婦也抱嬰攜童，指手欲往。唱者喜笑顏開，聽者神情各異。這些「不得道」的村民，為了「瞎子說唱」一事樂不可支，他們感受不到「道」，但「道」依然護佑著他們。

譯文

道是萬物的主宰，是善人的法寶，不善之人亦可以用道保全自己。美好和善的言論可以獲得尊敬，美好和善的行為可以被他人看重，而我們又怎麼可以輕易拋棄人群中的不善之人呢？所以，縱使身為天子，位列高官權貴，擁有兩手合抱的大塊珍貴璧玉，還有四匹馬拉動的昂貴馬車，還不如樸實修道，反而能獲得更加貴重的德行。古人為什麼珍視並珍惜「道」呢？不就是因為若按照道行事，便可以有求必得，免除罪過嗎？所以道才為天下人所珍視。

賞析

在上一個章節中，老子講述大國和小國之間的關係，以及大國和小國之間應持有的謙和態度。在此章節中，老子主要闡述「道」的寶貴和修道所應堅守的正確目標。關於「道」的寶貴，老子在此處再次提及「道」的特性和功能：道是孕育天地萬物的本源，是萬物的庇護之所，時刻保佑著天地萬物；道對萬物一視同仁，它不以萬物的過去行為作為評價萬物的標準，而是以現在和未來的行為作為評價標準。因此，無論好人或壞人，當他體悟道、掌握道的精髓之後，道都會不計前嫌地保全他的平安，成為此人最珍貴的寶物。

那「道」為什麼寶貴呢？正是因為它不僅是善者的寶物，同時也時時刻刻保佑著不善之人。此處必須強調一點，老子所說的「善」和「不善」並不是一般所說的「善良」和「不善良」，而是「得道」和「未得道」的意思。不善者之所以還能成為人，正是因為「道」庇佑著他們。

接下來，老子提到，美好和善的言論可以博取尊敬；美好和善的行為可以被他人看重。而我們怎麼可以輕易放棄那些不善之人呢？縱使身為天子，位列高官權貴，擁有兩手合抱的珍貴璧玉，還有四匹馬拉動的昂貴馬車，還不如樸實修道，反而能獲得更多貴重的德行。

在上一個章節中，老子講述大國對小國的「謙」，而這一章則是講述高貴之人和不善之人。高貴之人對不善之人也該以「謙」字為道，真正的「奉天」並不是拱玉璧、獻駟馬，而是以「道」愛人，謙以下人。謙，就是克服人類自我的仗恃心，此心不除，便不可能公正地視人視物。每當有事情發生的時候，就會被仗恃心蒙住眼睛，從而喪失體認道的機會。

最後，老子再次重申道的寶貴之處，並明確指出修道必須有正確的修道目的，「古之所以貴此道者何？不曰以求得，有罪以免邪？故為天下貴」。為了讓人們了解道的寶貴程度，老子以帝王之尊與得道相比。老子認為，縱使登上帝王之尊的地位，還不如靜坐悟道來得珍貴。而後，老子說明古人認為「道」之珍貴在於何處，藉此說明修道的正確目的。以求得，指悟道之後，有求必得；有罪以免，指悟道之後，若持

蛤蟆仙人圖　清代閔貞

圖中的蛤蟆仙人蓬頭弓背，雙手撫蟾，憨態可掬，笑吟吟地挪步而來。倘若將常人對於善惡美醜的準則套在蛤蟆仙人身上，一定會嫌棄他長相醜陋、面目可憎。但是，蛤蟆仙人不僅不會在意這些，還依然會繼續幫助他人，這就是「得道」與「未得道」的差別。

續按道行事，即可免除以往的罪過。古人為什麼重視並珍惜「道」呢？不就是因為若按照「道」行事，便可以有求必得，免除罪過嗎？所以，「道」為天下所貴便不難理解了。

人類作為生活在這個地球上的萬物之靈，擁有聰慧的頭腦和靈活的四肢，這應該是人類成為高貴之人的條件。然而，我們卻常常做出與高貴之人相反的舉動。例如，高貴之人應具備謙和的道德，對周遭人事不分好壞，一視同仁，絕不因某些人低劣就輕率地鄙視他們。但人類卻很難做到這些，我們反而常常因為某人曾經劣跡斑斑便輕易鄙棄他。其實，高貴之人不該如此，遵循大道之人對任何人都是仁慈的，對不善之人也同樣加以保護。我們應該學習大道，並和大道同步，對世間之物不分貴賤，一視同仁。

達摩像　清代姚文瀚

與其像是君王般風光出行，不如靜坐以悟道。圖中的高僧目光平和，虔心向佛，似乎心緒都隨著那一縷清煙飄到佛祖身旁。君王也應靜坐，以體驗和加深清心寡欲，求得對「道」的深層領悟，免除過往的罪過。

第六十三章

能成其大

原文

為無為，事無事❶，味無味❷。大小多少，報怨以德。圖難於其易，為大於其細。天下難事必作於易，天下大事作於細。是以聖人終不為大，故能成其大。夫輕諾必寡信❸，多易必多難。是以聖人猶難之❹，故終無難矣。

註釋

❶ 事：從事。

❷ 味：品味。

❸ 寡信：缺乏信用。

❹ 猶：總是。

譯文

以無為之心作為，以無事之心做事，以無味之心品味。大生於小，多起於少，以恩德報答仇恨。解決困難之事必須從容易之處著手，做大事必須從細小之處入手。凡是天下的難事，都必定

達摩像　元代佚名

達摩心中無恨，只有對蒼生的無限熱愛，但這種愛並不是仁愛，而是感化的愛，感化人們向善向道。達摩以自己的「無為」，引領眾生「無為」，進而普度眾生。

從容易開始;凡是天下的大事，都必定從微小的事情做起。因此，聖人從不自以為偉大，因此才能成就他的偉大。凡是輕易許下的承諾，反而常常缺乏信用；凡是將事情看得太過簡單，必然會困難重重。因此，聖人總是認真面對困難，因此才不容易遭遇挫折。

賞析

關於無為思想的論述，幾乎貫穿於整部《道德經》的各個章節之中，儘管如此，由於每一個章節的側重方面不同，因此使無為思想每每有新意湧現。

在此章節中，老子主要闡述自然無為的含意。所謂「無為」，便是指「為無為」，意思是做任何事都不應摻雜自身的主觀意志，不要妄圖以自身的主觀意志改變客觀的事物，並不是一般我們所理解的什麼事都不做。若能夠不以自身的主觀意志強加於事物之中，也就是「自然」。由此可見，其實老子所說的「自然無為」就是一種自我修養的思想，一種拋棄主觀而順從客觀的空靈澄淨境界。那該如何實踐此種思想呢？老子認為應該：大事化小，小事化了；多事變少，少事變無。簡單來說，就是「以德報怨」。在人與自然之間、人與人之間，建立妥協、調和的世界觀。老子的哲學其實就是一種調和的哲學，他反對任何形式的對抗與鬥爭。當然，老子也知曉世間之事永遠也無法逃避矛盾與鬥爭，因此他選擇面對這個事實。老子認為，與其在發生矛盾與鬥爭之後，彼此激烈地對抗，不如在矛盾與鬥爭剛剛萌芽之時，就平和地消弭爭端。老子說：「圖難於其易，為大於其細。」意思是在紛爭剛剛萌生之時，就予以消除，並謹慎小心地行事，以求不再產生新的矛盾與鬥爭。

大生於小，多起於少，困難的事情要從易處著手，實現求道的遠大理想要從細微之處入手。天下的難事，必從容易做起；天下的大事，必從細微入手。所以有道之人從不自以為大，因此才能成就大事。輕率的允諾常常不足為信；把事情看得太容易，反而會遭遇許多困難。所以，有道之人解決事情時，總是把它看得很艱難，最後反而不會遇到困難。

輕諾寡信：隨便答應他人的請求，最後往往難以實踐諾言。

琉璃堂人物圖　南唐周文矩

圖中描繪的是唐代詩人王昌齡在他的任所江寧琉璃堂，與詩友李白、高適等人聚會的悠閒情景。若能自然無為、以德報怨，便能達到此番空靈澄淨的境界。

第六十四章 無為無敗

原文

其安易持，其未兆易謀。其脆易泮ㄆㄢˋ❶，其微易散。為之於未有，治之於未亂。合抱之木，生於毫末❷；九層之台，起於累ㄌㄟˇ土❸；千里之行，始於足下。為者敗之，執者失之❹。是以聖人無為，故無敗；無執，故無失。民之從事，常於幾成而敗之。慎終如始，則無敗事。是以聖人欲不欲，不貴難得之貨；學不學，復眾人之所過，以輔萬物之自然，而不敢為。

註釋

❶ 泮：散、解。

❷ 毫末：毛髮的末端，比喻極細微的部分。

魚蟹圖　明代徐渭

《荀子·勸學》中提到：「蟹六跪而二螯，非蛇蟺之穴，無可寄託者，用心躁也。」還有提到：「積土成山，風雨興焉；積水成淵，蛟龍生焉；積善成德，而神明自得，聖心備焉。」這是告誡我們必須從小事做起，從小善做起，在歷經歲月的累積後才能體悟大道、具備聖心。

❸ 累土：堆土。

❹ 執：掌握、把持。

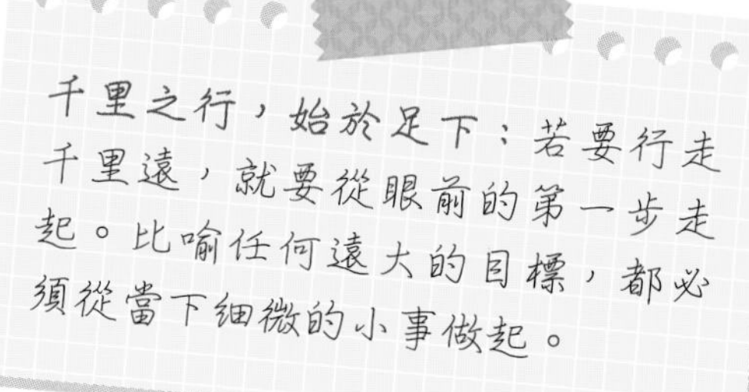

譯文

局面安定時，容易把持；事情未露先兆時，容易謀畫；脆的東西容易分開；微小的東西容易消散。處理問題，應在事物未萌發之前；治理紛爭，應在爭端未起之先。合抱的大樹生於微小的根芽；九層的高台起於一筐筐的泥土；千里的遠行成於一步一腳印。主觀妄為者，終將失敗；強行把持者，終將失去。所以，聖人不妄為，因此不會失敗；聖人不強行把持，因此不會失去。一般人行事，常常在快要成功的時候失敗。若以慎終如始的法則處事，就不會有失敗之事。所以，聖人行不欲之欲，不特別珍惜貴重的財物；行不言之教，反眾人之過失而行之；輔助萬物，按其自身規律自然發展變化，而不輕舉妄動。

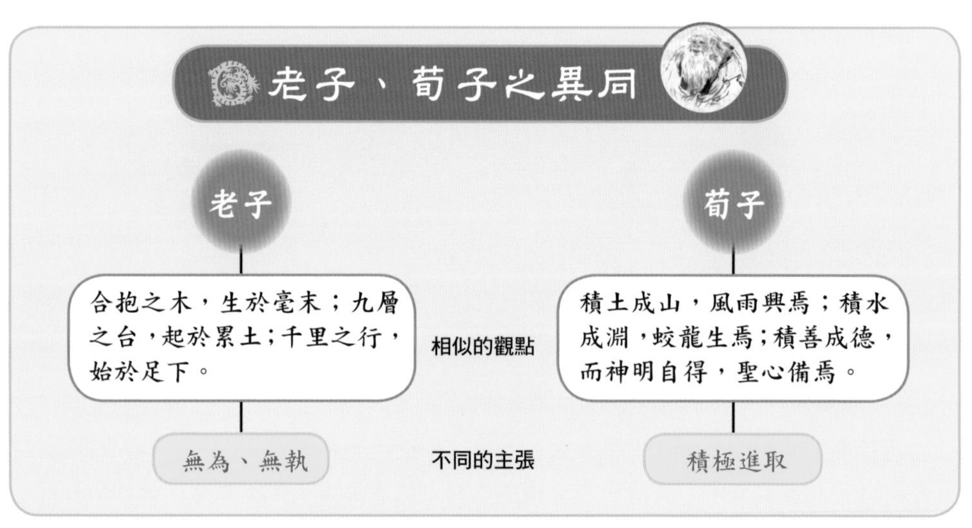

賞析

這一章緊承上一章，上一章主要講述「為無為、事無事、味無味」的事理。這一章老子則順延上一章的餘意，進一步提出一整套物理與人理相結合的新穎理論。其中的觀點不僅蘊藏著極為深刻的哲理，更富有飽含實際意義的行動技巧，以及切實可行的生活智慧。

首先，老子提出「其安易持，其未兆易謀。其脆易泮，其微易散」，指出該如何透過事物的現象，以捕捉其本質。在今天看來，這些道理並沒有什麼令人疑惑不解或高深莫測之處，因為在這漫漫歲月之中，這些思想早已被大眾化，成為傳統哲學的重要組成。但是，在二千五百年前的春秋時代，不啻為振聾發聵、醍醐灌頂之語。

在本章節中，老子運用三個排比句：「合抱之木，生於毫末；九層之台，起於累土；千里之行，始於足下。」而在《荀子・勸學》中也有這幾句話：「積土成山，風雨興焉；積水成淵，蛟龍生焉；積善成德，而神明自得，聖心備焉。故不積蹞步，無以致千里；不積小流，無以成江海。」可見，老子和荀子在思想觀點上，有某些相同或繼承關係，或是說荀子吸取了老子的這一觀點，加以闡述講論。但在接下來的結論中，荀子則與老子不同，荀子說：「鍥而不舍，金石可鏤。」他認為人要像蚯蚓一樣，「用心一也」，雖然「無爪牙之利，筋骨之強」，也要「上食埃土，下飲黃泉」，提出積極進取的想法；而老子則主張無為、無執，讓人們依照自然規律行事。

其實，在宇宙之間，所有看似屬於偶然或突發的事變，都必然曾經過一個複雜、隱晦、潛移默化的演化過程，只不過人們往往沒有注意罷了。人類無法察覺事物的潛移默化，而許多動物卻比人類具有更加敏銳的洞察力。例如，在暴風雨來臨之

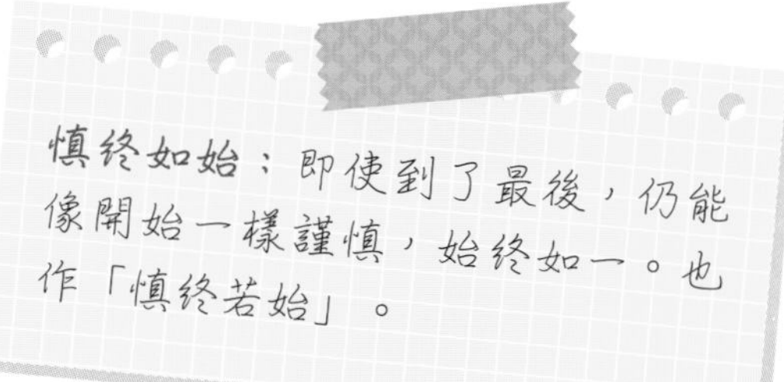

前的風和日麗，老鼠、螞蟻、青蛙、飛鳥們皆有預感災難即將到來，紛紛未雨綢繆。若按照生物界的常理，其實人類也應該具有未雨綢繆的能力。但是，在科學工具產生之後，人類就已逐漸喪失此種能力。為什麼呢？或許是因為人類脫離大自然的時間過久，相隔大自然過遠；或許是因為人類過於注重自身的世界，疏遠大自然世界；也或許是因為人類有意回避那些無可逃避的災難。

老子的警示對日益沉迷的人類具有深刻的意義，他告訴我們：所有強大、不可戰勝的事物都有它的萌發之時，而事物的萌發之時，正是它最柔弱的階段，如果人們能夠把握事物的規律，就能夠防患於未然。老子指出：「為之於未有，治之於未亂。」這正是對能瞻前而無法顧後之人類的提醒。

老子觀察，萬物對於生命的態度從來都不是透過變換表面以故弄玄虛，而是真誠地順從自然。其實，人類的許多行為確實脫離自然界太遠了，而且，人類這般猶

十二月月令圖－正月
清代宮廷畫家

元宵佳節時分，處處張燈結綵，人們賞燈飲酒，燃放艷麗煙火，眾多百姓在燈架下嬉戲玩樂。打江山易，保江山難，保住這樣的太平盛世更是難上加難。因此，才必須居安思危，未雨綢繆。

步輦圖　唐代閻立本

此圖的背景為貞觀十四年，吐蕃王松贊干布因仰慕大唐文明，派遣使者祿東贊到長安求取公主，圖中所繪的就是祿東贊朝見唐太宗的場景。唐太宗發現吐蕃對於唐代西部邊境的安寧影響甚大，因而答應松贊干布的求婚，使漢藏兩族百姓得以安定友好地生活。

如急行軍的演化前進，真的對提高生命品質有所幫助嗎？老子認為，我們的人生不應該如此度過。老子在此章節中強調，一切災難和禍患都是因為有所作為和心理偏執而起，他說：「是以聖人無為，故無敗；無執，故無失。民之從事，常於幾成而敗之。慎終如始，則無敗事。」不試圖有所作為，自然少有失敗；行為不偏執，自然少有失誤。老子認為，因為一般人不理解無為的道理，所以無法從始至終都以極其慎重的態度進行某一件事情。他們雖然永遠忙碌，但卻總在事情即將成功時功虧一簣。

第六十五章 善為道者

原文

古之善為道者，非以明民❶，將以愚之❷。民之難治，以其智多❸。故以智治國，國之賊❹；不以智治國，國之福。知此兩者亦稽式❺。常知稽式，是謂玄德。玄德深矣，遠矣，與物反矣，然後乃至大順❻。

註釋

❶ 明民：使民明。明，知曉巧詐。
❷ 愚：敦厚、樸實。
❸ 智：奸巧詭詐。
❹ 賊：災難。
❺ 稽式：準則、楷模。
❻ 大順：自然。

炙艾圖　宋代李唐

春秋時代，百家爭鳴，道家和儒家也像醫生一樣為統治者開出治國藥方。儒家主張對民眾施以教化，使他們服從統治；道家則主張統治者無為而治，以使民風淳樸，百姓不爭。

譯文

古代善於行道之人，並非使百姓明察，擁有心智，而是使百姓淳厚樸實。百姓之所以難以管理，就是因為民風、政風機巧偽詐。所以，若以巧智治國，將使國家遭致災禍；不以巧智治國，將使國家安樂平安。以上所說的兩者，便是兩種治國方略，若能知曉這兩種治國的法則、楷模，便是擁有「玄德」。玄德深不可測啊！玄德遠不可及啊！玄德與其他具象的物體相反，它無形無象，玄德順乎於自然。

賞析

在此章節中，老子首先提到：「古之善為道者，非以明民，將以愚之。民之難治，以其智多。」在前述的章節中就曾經多次提及「老子反對心智」，老子認為百姓之所以難治，就是因為統治者治理不善而造成，那麼統治者應如何治理國家才能安撫民心呢？老子指出應該「將以愚之」，此處的「愚」有淳樸、厚道

十萬圖冊－萬卷詩樓
清代任熊

老子主張的「德」是合乎大道的「德」，而不是形式化、表面化的「德」。宋真宗《勸學詩》曾提到：「富家不用買良田，書中自有千鍾粟。安居不用架高堂，書中自有黃金屋。娶妻莫愁無良媒，書中有女顏如玉。出門莫愁無人隨，書中車馬多如簇。男兒欲遂平生志，五經勤向窗前讀。」但這些為了滿足個人欲望的學習，只會使得與生俱來的「德」消失。

之意，並非我們一般所說的「愚民政策」。一旦民心淳樸，百姓就不會惹事生非、胡作非為，天下也就自然太平，且容易治理。老子的這一番話並非是站在國家君王的立場為其出謀畫策，而是為了廣大百姓的安定幸福而考慮。

接下來，老子提到：「知此兩者亦稽式。常知稽式，是謂玄德。玄德深矣，遠矣，與物反矣，然後乃至大順。」「玄德」指的是什麼呢？不就是第五十五章「含德之厚，比於赤子」之「德」嗎？不就是第五十四章「修之於身，其德乃真」之「德」嗎？不就是第五十一章「道生之，德畜之」之「德」嗎？唯有此「德」才是深且遠的「道」之「德」，而非一般所謂的道德之德、德性之德。「與物反矣」，這句話的意思是，

錢東像　清代改琦

「以雲為水，以樹為屋，春風自來」，此圖刻畫錢東斂心參禪，澄性養身，超脫世塵，面壁成佛的場景。返璞歸真要求「身心合一」，於外表和內心都應與自然相融合，方能真正超脫一己之私。

「玄德」與其他具象的物體不一樣。此「德」與道一樣無形無象，必須透過「物」才能顯其「德」，也就是上一章節中一再提到的「德」之苗。它們皆非可以實際尋找的物象，而是必須透過物象審視品味。一旦有了具象，便不再是「德」。

透過對此章節的解讀，我們可以藉此透悟人生的規律：唯有遵循大道，敦厚樸實，才能擁有真實的人生。老子認為，若百姓擁有心智，人心就多偽詐，國家便難以安樂；推延至個人，若一個人的心機太多，不但會使自己感到勞累困頓，還會破壞與周圍他人的良好關係。試想，在一個人人狡詐善變、滿懷心機的社會中，每個人都想著如何滿足自己自私的欲望，那麼這個社會就會變得虛偽狡詐、面目可憎。若生活在這樣的世界裡，還有什麼樂趣可言呢？

沒有人喜歡生活在偽詐的環境裡，也沒有人喜歡和虛偽之人交往。如果想要擺脫此種討厭的人和環境，就必須從自身做起。無論環境如何每況愈下，我們都必須保持清醒的頭腦，使自己處在自然純真的狀態之中，待人接物都應自然淳樸。在現代社會中，許多人皆主張返璞歸真，但我們必須了解，返璞歸真絕非只是一種外在形式。除了回歸山林、到大自然中呼吸新鮮的空氣，或是遊山玩水之外，更應該注重的是心靈的回歸。心靈的回歸就是靈魂徹底拋棄世間浮華，達到與自然和諧統一。唯有如此，人類才算是在這大千世界中找到屬於自己的位置，才得以悠然自得，快樂無窮。

第六十六章 莫能與爭

原文

江海所以能為百谷王者❶，以其善下之❷，故能為百谷王。是以聖人欲上民❸，必以言下之❹；欲先民❺，必以身後之。是以聖人處上而民不重❻，處前而民不害。是以天下樂推而不厭❼。以其不爭，故天下莫能與之爭。

註釋

❶ 百谷王：川流歸依，百川峽谷所歸附者。

❷ 以：由於。下：低下之處。

❸ 上民：在民之上。

❹ 以：介詞，用。之：代指百姓。

❺ 先：前面，此處引申為表率。

❻ 處上：居於上位。重：不堪重負。

❼ 推：擁戴。不厭：不厭棄。

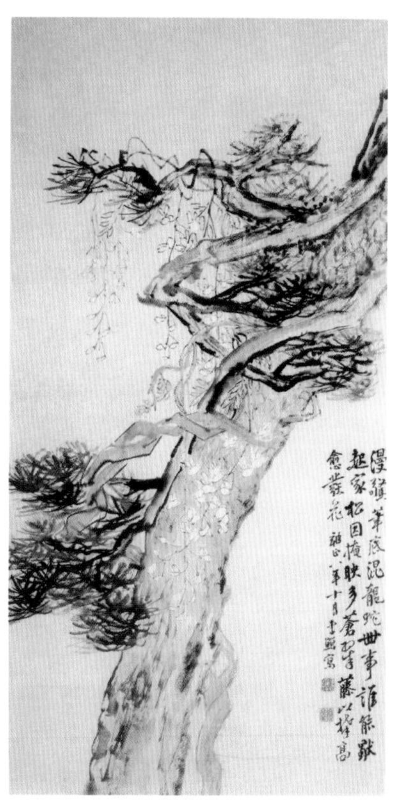

松藤圖　清代李鱓

李鱓於此畫中自題：「吟遍春風十萬枝，幽尋何處更題詩。空庭霽後簾高捲，一樹藤花夕照時。復堂李鱓寫於古柏山房。」青藤沿著松樹的枝節寸寸地向上攀援，直攀至樹梢，藤上綻滿金燦燦的花朵，猶如松樹綻金花般剛柔並濟。若統治者如這棵松樹一般，以自身的高枝支撐著藤蔓攀援而上，那麼天下就莫不歸順於他了。

譯文

江海之所以能成為百川之王，就是因為江海能以謙卑的態度處於百川之下，故能成為百川之王。聖人之所以能身居百姓之上，就是因為聖人能以謙卑的態度對待百姓；聖人之所以能領導人民，也是因為聖人將自身的私利放在人民的利益之後。就算聖人處於百姓之上，百姓也不會感到重負；就算聖人處於百姓之前，百姓也不會感到負擔。正因為聖人如此，所以天下人也都樂於奉獻而毫不厭倦。因為聖人不與他人爭奪，所以天下也就沒有人能與他爭奪。

德
經

賞析

在此章節的開篇，老子以一個日常生活隨處可見的物理現象，引出自己的哲學論點。我們都知道「海納百川」，在前面的章節中老子已經數次提過，江海之所以能容納百川，是因為江海位於百川之下，它自甘卑下之位，所以百川自然歸順於它，從而成就江海的浩瀚，使之成為百川之王。而老子將統治者與之類比，聖明的統治者之所以能領導百姓，並獲得眾人的歸順和愛戴，最主要的原因是因為他從不計較個人得失，甚至將個人私利放在百姓利益之後。聖明的統治者對待民眾就如同江海對待百川一般謙和卑下，一切以人民為先，故能得到百姓的尊敬和擁護。

老子所在的春秋時代晚期，國家、社會、階級、地位、政權、政府、君王、大臣、貴族、諸侯，這些權力結構已全部出現，且日趨完善，百姓已然完全喪失自由的權利和對國家重大活動的決策權。君王控制國家的統治地位亦已鞏固，貴族階級與普通百姓之間形成地位分明的社會層級。在此種時代背景之下，不僅君王唯我獨尊、目中無人，就連一般的普通官員也鼻孔朝天，絕不可能以卑下的言辭和謙虛的姿態對待他人。

五羊仙跡圖　清代蘇長春

相傳古代的廣州因連年旱災，五穀歉收，人們生活困苦。有一日，忽然仙樂悠揚，南海天空飄來五朵彩雲，五位仙人身穿五色彩衣，各自騎著不同毛色的仙羊，手執一莖六穗的稻子，騰雲駕霧降臨當地。仙人將稻穗贈予當地居民，還留下五隻仙羊，然後騰雲離去。廣州百姓將稻穗撒向大地，從此廣州風調雨順，五穀豐登，而五隻仙羊則化為石羊留在山坡上。仙人無欲無求，對凡人實行「無為」，這則神話也許就是黎民百姓將心中對於統治者的希冀寄託在仙人身上。

身處在這樣的混亂時代之中，老子依然時時對國家、對君王滿懷期待，他希望遠古時代的仁慈君主們重新出現，也希望當時的領導者們能主動效法遠古的聖人，他說：「是以聖人處上而民不重，處前而民不害。是以天下樂推而不厭。以其不爭，故天下莫能與之爭。」聖人雖然高高在上，但百姓卻不會感覺到壓迫；聖人雖然總是處於領先的表率之位，但百姓卻不會感覺到傷害。老子認為，如果一位君王可以不讓百姓感到壓迫或傷害，那他不但可以贏得國民的愛護擁戴，還會獲得天下人的推舉。如果一位君王能夠如此，那麼普天之下便沒有其他勢力可以與之抗衡了。

人物故事圖冊－吹簫引鳳　明代仇英

相傳，秦穆公的女兒小名弄玉，她不僅如花似玉，還擅長吹笙，自成音調，宛如鳳鳴。某天夜裡，弄玉在鳳樓上吹笙，而遠方好似有和聲，餘音美妙，令弄玉茶不思飯不想。秦穆公知道之後，便派人尋找當天夜裡的和聲之人，發現原來是一位名叫蕭史的少年。從此之後，弄玉和蕭史二人日日在鳳樓裡合奏笙簫，伉儷應和。某天夜裡，兩人正在皎潔的月光下合奏，忽有一龍一鳳應聲飛來，於是蕭史乘赤龍，弄玉乘紫鳳，雙雙翔雲而去，這便是「吹簫引鳳」的故事由來。俗語說：「栽下梧桐樹，引得鳳凰來。」若想招攬賢才，那就必須有一位優秀的領導者；一位優秀的領導者，也需要倚靠一群賢才的幫助，才能成就事業。

當今社會之中，

創業的浪潮此起彼伏，襲捲著每一個有志之士的心。而在創業的路上，有一些人的事業如日中天，但有一些人卻只能勉強維持現狀，甚至面臨失敗的危機。令這些有志之士走上不同道路的原因是什麼呢？透過分析，我們便不難發現，其中的創業成功者，不僅因為其頭腦的聰慧，更因為他擁有卓越的用人才能。俗話說：「人心齊，泰山移。」人類是群聚的動物，幾乎所有人都無法獨立生存，總是或多或少需要他人的幫助，而作為一個企業的領導者更是如此。如何將員工的心與自己的公司團結在一起，並且使他們充分發揮其才能，這就是領導者成功的關鍵因素，也是衡量領導者素質的指標之一。一個優秀的企業家深知員工的心理特點，了解員工的內心需求，所以，領導者總是將員工的需求和利益放在首位，儘量滿足下屬的要求。他不會因為員工不小心犯下的一個小錯誤，而大加指責，他的包容心寬深如海；他也不會因為員工和自己的意見相左，而加以排斥或責罵員工，相反的，他還會採取謙卑的態度對待這名有遠見、有創意的下屬，用欣賞的態度接受員工的見解。如此一來，企業中的每一個人都會對公司產生強烈的歸屬感，自然不會因為領導者的妄自尊大而離開。

對於公司企業來說，謙和卑下非常重要；而對於我們每一個人來說，更是如此。為什麼呢？《尚書．大禹謨》早已向我們諄諄告誡：「滿招損，謙受益，時乃天道。」我們唯有謹遵教誨，才能在人生的道路上避免連連受挫。

第六十七章 我有三寶

原文

天下皆謂我道大，似不肖❶。夫唯大，故似不肖。若肖，久矣其細也夫！我有三寶，持而保之。一曰慈，二曰儉，三曰不敢為天下先。慈，故能勇；儉，故能廣❷；不敢為天下先，故能成器長❸。今舍(ㄕㄜˇ)慈且勇❹，舍儉且廣，舍後且先❺，死矣！夫慈，以戰則勝，以守則固，天將救之，以慈衛之。

註釋

❶ 似不肖：不似具體的事物，即已大到無形。肖，相像。

❷ 廣：寬廣、大方、大氣。

❸ 器長：萬物的首長。器，萬物。

❹ 且：取。

❺ 後：退讓。先：爭先。

老子授經圖　清代任頤

漢代班固《漢書．藝文志》中提到：「道家者流，蓋出於史官，歷記成敗存亡禍福古今之道，然後知秉要執本，清虛以自守，卑弱以自持，此君人南面之術也。合於堯之克攘，易之嗛嗛，一謙而四益，此其所長也。」老子崇尚柔弱謙和，慈愛節儉，認為以上是符合大道的特質。

譯文

天下人皆說道非常博大，大到無形，大到不像是道。是啊！道真的如此之大，大到無所不包，大到不像一般可以具體描述的物體；若能具體描述道的模樣，那就顯得道窄小了。我有三項珍重的寶貝：第一項是慈愛，第二項是節儉，第三項是不敢處於天下人之先。因為慈愛，所以勇武；因為節儉，所以寬廣大氣；因為不敢處於眾人之前，所以能成為萬物之尊長。現今的許多人皆捨棄慈愛，而選擇勇武；捨棄節儉，而選擇奢侈的生活；捨棄退讓，而選擇領先於他人。如此一來，

老子的三寶與孔子的三德

以老子為代表的道家將慈、儉、不敢為天下先作為自己的「三寶」，這也是老子為政、軍事、處事的主要依據。以孔子為代表的儒家則將仁、義、禮作為自己的「三德」。

兩者的本質是相同的

- 老子的「三寶」：慈、儉、不敢為天下先
  - 順應自然，合乎客觀規律
  - 主要從用兵角度論述
- 孔子的「三德」：仁、義、禮
  - 帶有更多的主觀性
  - 主要從治國角度論述

不同之處

便會迅速滅亡。若將仁慈用於戰爭之中，便可以勝利；若將仁慈用於守衛之中，便可以堅固。上天將會救助那些以慈衛國之人。

賞析

在此章節中，老子主要講述「道」的原則，以及「道」在軍事方面的具體運用。首先，「道」的原則是什麼呢？在前面的章節中，老子早已提及，但在此章節中，老子為「道」的原則訂下一個總論。道的原則有三個，即老子所說的「三寶」，一是仁慈，也就是仁愛之心和同情之心；二是儉樸，也就是節儉、不奢侈；三是不敢為天下先，也就是不露鋒芒、不爭不奪、謙和卑下。第三個原則和老子的無為思想一脈相承，也可以說是無為思想的具體表現。

本章節的內容包含兩個層次，第一個層次敘述「道」之偉大；第二個層次敘述「道」之原則的妙用。其實，這兩個層次之間的內容是相互連繫的，所以我們應該融合兩者，以領悟兩者之間的密切關聯，

寫生蛺蝶圖　宋代趙昌

蝴蝶披著美麗的外衣，在花叢中飛來飛去，匆忙授粉，這一幅美景也就是自然規律之「道」所作用的結果。蝴蝶是有形的，而道則是無形的，它不像任何事物的樣子，我們看不到它，但它卻對萬事萬物產生影響。

而不是將兩者各自解讀。老子說：「天下皆謂我道大，似不肖。夫唯大，故似不肖。若肖，久矣其細也夫！」此番話是老子在描述大道之偉大。那大道究竟長什麼樣子呢？老子認為大道不像任何事物的樣子，這正是大道的偉大之處。說到這裡，我們不免產生一個巨大的疑問：那究竟是什麼成就大道之偉大呢？又是什麼使得大道保持此番偉大呢？祕密就是老子在此章節中所說的三寶，「一曰慈，二曰儉，三曰不敢為天下先」。

老子認為，正是因為仁慈，所以才能英勇無畏；正是因為節儉，統治地位才能長長久久，其領導的百姓才能富足安康；正是因為謙和退讓，才能成為萬物的尊長。若從老子的思想進行推理，可以得出：如果人類捨本逐末，便會走上滅絕之路。正如老子所言：「今舍慈且勇，舍儉且廣，舍後且先，死矣！」由此可見，老子所說的「三寶」極具價值，他稱其為寶貝是恰如其分。

最後，老子得出「夫慈，以戰則勝，以守則固，天將救之，以慈衛之」的結論。猛然一看，我們不免對老子的這句話感到懷疑：若對敵人懷有仁慈之心，又怎麼能夠取勝、守固呢？但是，如果分析老子的整個思想體系，便不難以理解老子在此話中所包含的真意。老子主張無為，若用另外一個名詞表達無為，那就是「慈」。能夠在戰爭中無為，那也就是無所不為，自然能取得最終的勝利。

第六十八章

不爭之德

原文

善為士者，不武❶；善戰者，不怒；善勝敵者，不與❷；善用人者，為之下❸。是謂不爭之德，是謂用人之力，是謂配天❹，古之極❺。

註釋

❶ 不武：不崇尚武力。

❷ 不與：不爭、不與他人正面衝突。

❸ 為之下：在他人之下、對待他人謙下溫和。

❹ 配天：符合天道。

❺ 古之極：古代的準則。

十二月月令圖－五月
清代宮廷畫家

龍舟競渡，萬棹齊飛，鑼鼓喧天，兩岸民家憑欄觀賞。在炎暑的季節裡，眾人呼喚起一片熱潮。葵花、榴花和岸邊的蒼蒲也不甘寂寞，紛紛爭奇鬥艷。全圖瀰漫一片緊張的爭奪氛圍，眾人也不亦樂乎。但是，其實老子反對此種「爭奪」。

譯文

高明的士者從不崇尚武力；善於打仗的人從不輕易被敵人激怒；善於戰勝敵人者從不與敵人正面爭鬥；善於用人者對他人謙下溫和。這就是不爭的德行，這就是善於使用他人的力量，這就是配合自然之道，這就是自古以來的準則。

賞析

首先，老子提到：「善為士者，不武；善戰者，不怒；善勝敵者，不與；善用人者，為之下。」整句話的意思是，一位高明的士者是不講求武力的；善於指揮戰爭者是不容易被激怒的；善於克敵制勝者是不爭一時之高低的；善於用人者會以謙下的態度對待他人。老子並非不允許將士參與戰爭，但他反對將士僅僅充當一名只知披掛上陣且暴跳如雷的蠻橫武夫。為什麼士者不必是武藝高強的武士呢？老子雖然反對智慧、謀略、機巧、心智，但他同時也反對武力、暴力，以及一切強大有力的表現。

老子認為，春秋時代正在如火如荼進行的戰亂紛爭，簡直就如同小孩子間的遊戲一般幼稚可笑。無數輛兵車的後面跟隨著無數名兵士，敵對雙方的將士都是些虎背熊腰、有勇無謀的蠻勇之士，根本不理解也不懂得策略、計畫和深思熟慮，只經過極為短暫的相互衝撞，便以無辜兵士的死傷分出勝負。

老子反對戰爭，例如，第三十章的「不以兵強於天下」、第三十一章的「夫佳兵者，不祥之器」等，皆是老子的反戰名言，這與他反對一切強大事物的態度相一致。但老子所提倡的柔弱並不是軟弱，老子所提倡的不爭也不是屈從，這些關於老子本身對於軍事學的看法，皆隨處可見於《道德經》之中。

老子認為，必須以冷靜的態度進行戰爭，才能制訂出合理的作戰計畫，也才能避免戰爭中不必要的損失，亦能取得最好的結果。善於克敵制勝的人，並不是要寸土必爭，或斤斤計較於一時一地之得失，而是要獲得最終的勝利。而以不爭的態度指揮戰事，往往才能把持全域、操縱戰機、進退自如。善於用人之人應該表現出謙下的態度，這才是用人最高明的策略。看到這裡我們不免發出疑問，善於用人之人一定是某方面的領導者，而他們既然擁有用人的權力，為什麼還要表現謙下的姿態呢？老子認為，謙下是獲得人心的最佳方式。一位領導者不可能以自己的力量完成所有工作，尤其在戰場上，一名軍事將士更不可能獨立進行一場戰爭。所以，領導者皆必須依靠眾人的力量，而在依靠眾人之前，便需要將眾人的心凝聚在一起。老子認為，採取謙下的態度，就是將眾人的心凝聚在一起的最佳方法，也才是真正善於用人之人應該表現的態度。

嬰戲圖　宋代佚名

春秋時期，各國之間戰爭頻仍，老子認為這些紛亂爭端就如同孩子之間的遊戲一般幼稚可笑。

哀者勝矣

原文

用兵有言：「吾不敢為主而為客❶，不敢進寸而退尺。」是謂行無行，攘無臂❷，扔無敵，執無兵❸。禍莫大於輕敵，輕敵幾喪吾寶。故抗兵相加❹，哀者勝矣❺。

註釋

❶ 為主：主動進攻，打擊敵人。為客：被動退守，不得已而用敵。

❷ 攘：舉起。臂：肩膀以下、手腕以上的部位。

❸ 執：把持。兵：兵器。

❹ 抗兵相加：兩軍相當。

❺ 哀：仁慈。

譯文

兵家有言：「我不敢主動挑起戰爭，我寧願被動防守；我不敢盲目

關羽義心曹操釋圖　日本江戶歌川國芳

《三國演義》第七十四回「龐令明抬櫬決死戰，關雲長放水渰七軍」提到，關羽水淹七軍，並且生擒于禁、龐德，這些戰績使關羽愈發驕傲輕敵。這時，東吳將領陸遜備禮呈書關羽，口氣極為謙恭，使得原就輕視陸遜的關羽放鬆了警惕，認為已不復有江東之憂。於是，關羽撤走荊州的大半兵馬，前去攻打樊城。最後，使得呂蒙乘機而入，偷襲成功，兵不血刃就佔領荊州。

主動進擊一寸，我寧願退後謙讓一尺。」也就是說，雖然有行動但卻好像沒有採取行動；雖然舉起手臂但卻好像沒有手臂；雖然面對敵人但卻好像沒有敵人；雖然手執兵器但卻好像沒有兵器。最慘烈的災禍就起因於輕敵，輕敵會讓己方幾乎喪失所有可能獲勝的機會。在兩軍勢均力敵的情況下，懷有仁慈悲憫之心的軍隊容易取得勝利。

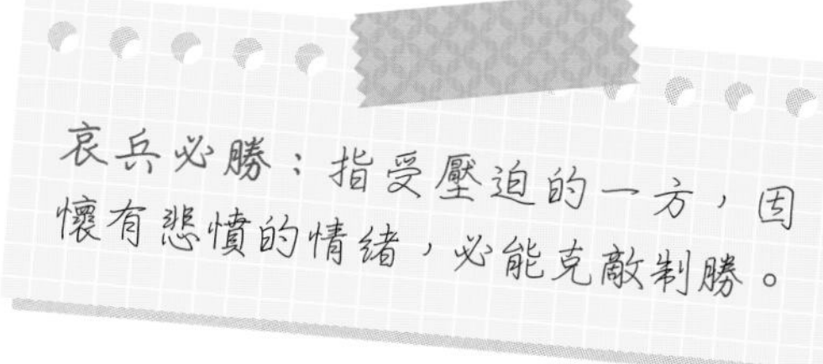

賞析

在上一個章節中，老子便深入細緻地剖析用兵之道。雖然老子反對戰爭，不可能為戰爭之國出謀畫策，但不能否定他的軍事謀略才能。老子不僅是一位哲學家、思想家、政治家，也是一位軍事家。

在此章節的開篇，老子引用兵家常說的話：「吾不敢為主而為客，不敢進寸而退尺。」此處的「主」和「客」，指的是戰爭的主動挑起者和被動迎戰者。老子主張在不得已的戰爭之中，必須以退為進，切忌輕舉冒進。寸是極短的長度單位，尺比寸稍長，老子便運用尺和寸形容戰爭之中主動者和被動者之間的關係，這也是老子無為思想在軍事中的具體運用。

從老子的觀點來看，若主動出擊侵略他人，其本身在道德仁義上就已輸給對方，為什麼呢？因為如果己方主動出擊，對方就是為了正義而戰。而人人心中皆存有正義感，敵方百姓將因己方貿然進攻而心懷憤怒，在戰爭之中拋頭顱、灑熱血，為了正義而戰，對己方極其不利。相反的，如果己方守而不攻，留給對方主動出擊的機會，己方的士兵就會憤然還擊，制敵於敗局。若主動進犯他人，就算只是微不足道的一寸，也會被對方視為奇恥大辱，所以應極力避免主動進犯他人；而如果我們能夠主動後退一尺，表現謙讓寬容的美德，雖然僅為微不

牡丹冊　清代惲壽平

牡丹雍容華貴，蘭花清新秀氣，各有姿色，牡丹並不以自己之「大」欺負蘭花之「小」。在「六尺巷」的故事中，清代宰相張英說：「萬里送書只為牆，讓他三尺又何妨。長城萬里今猶在，不見當年秦始皇。」於是，鄰里各讓三尺成佳話，印證老子所說的退讓可以避免戰爭。

足道的一尺，但卻會感化對方，使對方也以退讓相待。在清代，便有一則「六尺巷」的佳話，清代康熙大學士張英的家人在重修府邸時，因院牆問題與鄰居吳氏發生爭執，所以張英的家人便寫信給當時在京城任官的張英，要求他讓當地官府為自己的家族撐腰。張英收到信後，隨即回詩一首：「千里送書只為牆，讓他三尺又何妨。長城萬里今猶在，不見當年秦始皇。」張英的家人收到信後，當即決定把院牆向後退讓三尺，其鄰居吳氏知道後，也向後退讓三尺。兩家之間便空出六尺，因而得名為「六尺巷」。後來，康熙皇帝知道此事後，便建造牌坊以彰謙讓之德。而生活在春秋時代的老子，親眼目睹了各國皆因為絲毫不退讓所造成的慘烈戰役，於是，他試圖透過自己的吶喊，驅趕殆盡戰爭的陰雲。但一個人的力量是多麼渺小啊！他知曉自己終究無法改變當時的形勢，萬般無奈之下，唯有拿起手中的筆抒發心中一腔感慨。

接下來，老子提到：「是謂行無行，攘無臂，扔無敵，執無兵。」這是一句非常難以理解的話，然而，若連繫老子的整個思想體系便不會覺得晦澀難懂了。此句話的意思就是，雖然有行動但卻好像沒有採取行動；雖然舉起手臂但卻

得寸進尺：得到一寸就是一寸，得到一尺就是一尺，指可以掌握侵略所得的每一分土地。後指得到一些利益，便進而妄想獲得更多利益，比喻貪得無厭。也作「得寸入尺」、「得寸思尺」。

好像沒有手臂；雖然面對敵人但卻好像沒有敵人；雖然手執兵器但卻好像沒有兵器。這段話聽起來似乎十分玄妙，明明有怎麼又說好像沒有呢？其實，這便是老子無為思想的最高境界——一切有卻似無，看似無為卻有為。

在前述的章節中我們曾多次強調，無為不是什麼也不做，不是驕傲輕敵而不準備應戰，老子認為「禍莫大於輕敵，輕敵幾喪吾寶」。無論是古代還是現代，驕傲輕敵必敗無疑，這是在古代戰爭或現代商戰之中都應常記於心的重要準則。當然，我們也可以將此思想應用於其他領域，任何驕傲、自大、輕視他人的行為都將使自己受到傷害。

最後，老子以「哀者勝矣」作結。此處的「哀」並不是悲哀，而是心懷仁慈之意。在前述的章節中，老子曾說仁慈位居道之三寶的首位。而仁慈的另外一個名詞就是無為，用無為進攻即可得勝，守則可以堅固，這些都和老子在此章節提出的「哀者勝矣」相同。老子認為在戰爭中應懷著一顆仁慈的心，唯有懷著一顆仁慈之心，才能在戰爭中不濫殺無辜。此種審慎的態度不僅是對其他生命的尊重，也是對自己的尊重。

緙絲群仙祝壽　清代佚名

道教認為神仙是真實存在的，道教最早的經典《太平經》曾提及神仙體系分為六等：「一為神人，二為真人，三為仙人，四為道人，五為聖人，六為賢人，此皆助天治也。神人主天，真人主地，仙人主風雨，道人主教化吉兇，聖人主治百姓，賢人輔助聖人，理萬民錄也，給助六合之不足也。」凡人亦可藉由修道，常懷仁慈之心，多為仁慈之事，依次達到上述境界。

第七十章 被褐懷玉

原文

吾言甚易知，甚易行。天下莫能知，莫能行。言有宗❶，事有君❷。夫唯無知，是以不我知❸。知我者希❹，則我者貴❺，是以聖人被（ㄆㄧ）褐懷玉❻。

註釋

❶ 宗：宗旨。

❷ 君：主。

❸ 不我知：賓語前置，為「不知我」。

❹ 希：同「稀」，少。

❺ 則：法則。此處作動詞用，效法。

❻ 被：穿著。褐：粗布。

譯文

我的話語很容易理解，也很容易實行；但是天下人卻都無法理解，也

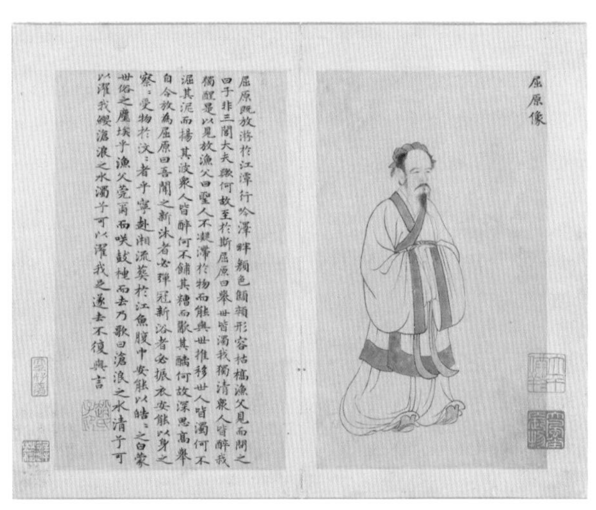

倣趙孟頫九歌圖冊　元代佚名

屈原早年受楚懷王信任，在他的努力之下，楚國國力日漸增強。但由於自身性格耿直，加之他人讒言，屈原逐漸被楚懷王疏遠，後被逐出郢都。西元前 278 年，秦國大將白起揮兵南下，攻破郢都，屈原在絕望和悲憤之下，懷抱大石投汨羅江而死。屈原一生曲高和寡，不被他人所理解，這一點和當時老子的遭遇如出一轍。

不願意實行。我的言論有宗旨，辦事也有主見；但是天下人卻都無法理解這個道理，所以也無法理解我。理解我的人很少，能效法於我的人就更難能可貴了。聖人總是穿著粗布衣物，其貌不揚，但內心卻如美玉一樣綻放著光芒。

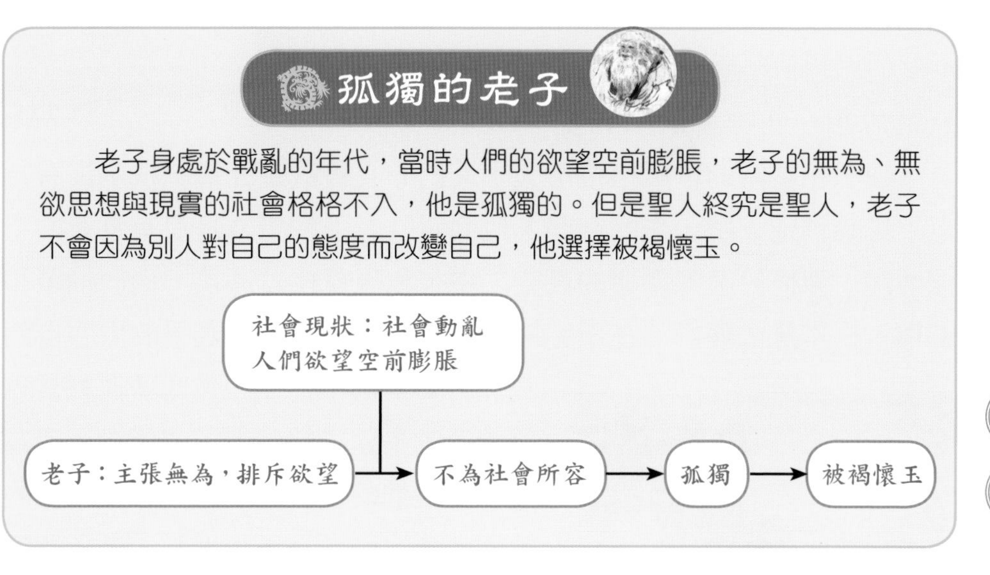

賞析

在此章節中，老子用看似發牢騷的話語再次闡述大道的特點。老子認為自己的理論雖然簡單易懂，但還是難尋知音，因此抒發心中的抑鬱和苦悶。老子也認為自己的理論是有宗旨的、做事是有主見的，但是人們依然對此表現遲鈍，甚至不加理會，實在令人心寒啊！這時的老子幾乎陷入絕望，他懷著悲憤難耐的心情，抒發自己的無限傷感，心中積聚已久的情緒瞬間迸發，「言有宗，事有君。夫唯無知，是以不我知」。

老子在此章節的開頭提到：「吾言甚易知，甚易行。天下莫能知，莫能行。」老子的「道」在當時或許「甚易知」、「甚易行」，但因為人們皆被欲望蒙蔽了身心，除了滿足自己心中的欲望之外，他們別無他求。若我們聯想老子所處的時代背景，就不難發現「道」被冷落的原因，老子發此嗟嘆也是可以理解的。春秋戰國時代所流行的皆是鼓勵欲望的思想和理論，而老子的無為思想一向排斥欲望和妄為，顯然和當時的世風格格不入。人們的心被欲望充塞，根本沒有為老子思想預留一絲一毫的空間。他們認為老子的無為是沒有意義的空洞理論，架構於虛無縹緲的真空之中，和現實相差甚遠，過於抽象和玄遠，根本無法理解。在不能被他人理解的情況下，老子的內心自然充滿苦悶，其中當然也包含著他對當時統治者的失望情緒。老子主張實行無為而治，但他的治國理論卻被春秋時代的統治者束之高閣，不予理睬，老子能不困頓抑鬱嗎？

被褐懷玉：身穿粗布衣而內懷寶玉。比喻賢能之士，隱藏其才能，不為人知；也比喻有真才實學，但身處寒微的人。

在本章節的最後，老子談到聖人，也就是得道者的外表特徵，他使用極其簡潔的「被褐懷玉」概括聖人的外貌。聖人穿著粗布衣物，和常人沒有什麼區別，但在如此簡陋粗俗的外表下所隱藏的是冰清玉潔的內心，老子稱之為「懷

桃石圖　清代吳昌碩

石頭貌不驚人，但卻和美玉是一家。玉被稱為「萬石之王」，每一塊玉都有一層石頭的外衣作為掩蓋；就如同聖人的心一般。聖人的心是玉，外表就像石頭，不惹他人注目，和庸人的「金玉其外，敗絮其中」截然不同。

蕉石圖　明代徐渭

此畫中自題：「冬爛芭蕉春一芽，隔牆似笑老梅花。世間好事誰兼得，吃厭魚兒又揀蝦。」冬季的梅花隨著春風而去，芭蕉綻出新芽。人們的欲望何其多，煩惱何其多，總是自己將自己趕上一條無休止的爭奪追求之路。

玉」。玉是稀世珍寶，也喻指美好的特質，老子以「玉」比喻聖人純潔的內心和不與世道合汙的高潔品德。

我們可以從老子的思想得到以下啟示：真正的美麗是心靈的美麗，絕非外表的華美。雖然我們所處的時代和老子所處的時代相去甚遠，但人們耽於滿足自己內心的欲望是相同的。老子主張克服自身欲望，達到內心完美，這一思想在現代同樣適用。當今社會，人們的內心強烈渴望滿足自我的欲望，對財富的追求也已成為許多人的終極人生目標。他們在追求財富的路上迷失自己，將自己的靈魂驅趕到無人的角落獨自哭泣，在他們華貴的外表包裝下所掩蓋的是多麼虛偽的內心啊！還有人因為時運不濟而無法滿足自己對財富的瘋狂欲望，最後走上邪路，不僅斷送自己的前程，甚至一生的幸福，這又是何苦呢？其實，人生在世不易，真正屬於我們的只有內心和靈魂，再高檔的時裝和再美麗的容貌到頭來也只是一場虛空，為什麼呢？因為衣服或財富都是身外之物，生不帶來死不帶去，就連屬於我們自身的美麗容貌也會隨著時光的流逝而衰敗，真正屬於自己的只有靈魂和內心。高貴的靈魂和豐厚的內心便是自己給自己最好的禮物。生命給予我們短暫的幾十年光景，生命的轉瞬即逝帶給我們許多遺憾，在這段時間內，我們會失去很多寶貴的東西，包括生命，但是純潔的靈魂和高貴的內心卻是任何人也剝奪不了的。

第七十一章 以其病病

原文

知不知，上❶；不知知，病❷。夫唯病病❸，是以不病❹。聖人不病，以其病病，是以不病。

註釋

❶ 上：上等、高明。

❷ 病：弊病。

❸ 病病：知道弊病是弊病。

❹ 是以：所以。

譯文

了解自己不知道，是最優秀的；不了解卻自以為知道，是極大的弊病。唯有承認剛愎自用是一種弊病，才能避免此種弊病。聖人之所以不會剛愎自用，也是因為他嚴肅對待此種弊病，所以聖人也就沒有這種毛病了。

釋迦牟尼佛涅槃圖　唐代吳道子

清代陳田《明詩紀事辛籤．曹學佺》記載：「作詩如書者、畫者……必藉師承指教而後當家，若自作聰明，雖極奇別，終是外道。」畫聖吳道子發展線描的藝術手法後，還創造出「傅彩於焦墨痕中，略施微染，自然超出縑素」的淡彩法，稱為「吳裝新格」，其畫風為後世效法。吳道子有自知之明，謙虛好學，方能成就一番事業。

賞析

老子在此章節中談到人性的弱點之一——自以為是、剛愎自用。老子在前述的章節已提出「自知者明」的觀點，唯有自知，才不會固執己見、自以為是。老子說：「知不知，上；不知知，病。」意思為了解自己的無知是高明的；而以「不知」為「知」就是弊病。老子針對當時自以為是、自作聰明的病態觀念提出嚴厲的批評，在剖析這些病態之人後，又對照聖人的「不病」，結果不證自明。老子說：「聖人不病，以其病病，是以不病。」老子認為聖人之所以沒有弊病的原因，正是因為聖人願意承認自己的缺點和不足，並努力加以改正，長此以往，聖人也就沒有任何弊病了。

聖人貴在能承認自己的不足，而不是自以為是、剛愎自用，所以也就日漸成為大家學習的榜樣。人類是群聚的動物，不可能孤立生存，每一個人都和他人發生著各種各樣的連繫。而生活在集體中的我們，如何才能與他人和睦相處呢？首先，我們必須克服的就是「自以為是」的弱點。

如果一個人所選定的目標錯誤，但他仍然奮力向前，且自以為自己意志堅定、態度堅決，那麼將會導致比沒有目標或猶豫不前更為可怕的惡劣後果。此種盲目心理會使人付出慘重代價，剛愎自用將帶給此人失敗的痛苦，而不是成功的幸福。我們每一個人都一樣，為了事業的成功、愛情的順利而無所顧慮、勇往直前。如果目標正確，這本是一件好事；然而，一旦走上錯誤的道路，且不聽旁人勸告、不肯悔改，最後的結果往往與自己的奮鬥目標南轅北轍。

剛愎之人常常是狂妄之徒，而狂妄之人往往在無意間傷害他人的自尊心，自己也因為此種無意而受傷。這些剛愎之人並不一定沒有才華，他無法施展才華的原因是因為過於狂妄；沒有人願意信賴一個言過其實的人；更沒有人樂意幫助一個出言不遜的人。

剛愎之人，多是無禮之人；無禮之人，多是孤立之人；孤立之人，多是失敗之人。凡是具有大將風度之人，多具有謙遜的品德；而剛愎之人，多半心胸狹小、小家子氣。最糟糕的則是既剛愎又無能之人，剛愎自用令他什麼都敢做，而無能則使他將所有事情搞得一團糟。儘管，剛愎者有時候會覺得自己已經犯錯了，但因為自以為是，所以他仍然會堅持自己的看法和做法，而這一點也是最令周遭人感到受不了的。固執是剛愎者的一種手段，用以獲得想要的東西，旁人越是反對，剛愎者就越是非要不可。這種固執往往令他人厭惡，長此以往，剛愎者就會發現別人都躲著自己。

一個驕傲自滿的人必定是剛愎自用的人。面對一個狂妄而驕橫的人，我們無須與之理論，時間自會證明他的價值，事實自會懲戒他的無知可笑。

世上萬事萬物都處於不斷運行的發展變化之中，唯有根據事物的發展變化，及時調整自己的計畫策略，才能處處掌握主動權，使自己立於不敗之地。而剛愎者則恰恰相反，他們最大的缺點就是自以為是，每每認為自己的判斷完美無缺，因而表現得驕橫跋扈、一意孤行。他們高估自己的能力，低估對手的才能，如此一來，便容易為表面的假象所蒙蔽，導致判斷失誤，最終一敗塗地。

畫中有詩圖　清代王原祁

宋代李清照《夏日絕句》：「生當作人傑，死亦為鬼雄。至今思項羽，不肯過江東。」此詩旨在諷刺南宋統治者因為遭逢外敵入侵，因而落荒而逃。但是，楚漢相爭中的項羽不肯過江東，卻是因為他不肯承認自己的失敗，且不敢面對自己的失敗。項羽的剛愎自用，最終導致烏江自刎的悲慘結局。

第七十二章 自愛不貴

原文

民不畏威❶，則大威至❷。無狎ㄒㄧㄚˊ其所居❸，無厭其所生❹。夫唯不厭，是以不厭❺。是以聖人自知不自見❻，自愛不自貴❼，故去彼取此。

註釋

❶ 威：威嚇，此處指統治者的鎮壓和威懾。

❷ 大威：極大的威脅。

❸ 狎：同「狹」，壓迫、逼迫。

❹ 厭：壓迫。

❺ 不厭：不憎惡、不厭惡。

❻ 不自見：不自我表現。

❼ 自貴：自顯高貴。

水滸傳豪傑百八人－天罡星三十六員　日本江戶歌川國芳

所謂「官逼民反，民不得不反。」在顛沛流離的亂世之中，百姓背井離鄉，只為討一口飯吃，他們食不果腹，衣不蔽體，就連基本的生存都維持不下去，又還有什麼可怕的呢？終究是死，與其餓死，不如抗爭。歷史上多少政權的崩解，都是因為百姓的悲慘生活而揭竿起義。

譯文

若百姓不懼怕統治者的權威，那統治者就要大難臨頭了。不要逼迫百姓使人民不得安居；不要壓榨百姓使人民無法生存。唯有不迫害百姓，人民才不會憎惡統治者。聖明的君主應有自知之明，而不自以為是；應懂得自珍自愛，而不耀武揚威。現在的君主也都應該捨棄後者的想法，採納前者。

聖人貴在自知

聖人有自知之明而又不自以為是，這是他們與常人明顯的區別。聖人自知是因為他們善於自觀；聖人不自以為是，所以他們為人所愛戴。

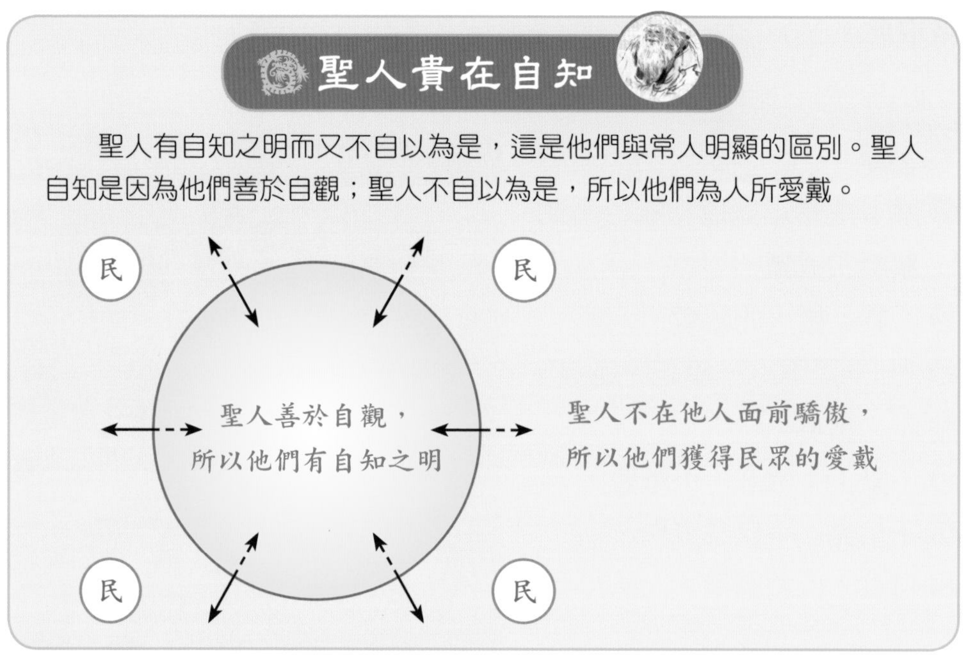

賞析

在上一個章節中，老子著重論述普羅大眾的自知之明，這一章則主要論述關於統治者的自知之明。老子說：「民不畏威，則大威至。」第一個「威」，指的是統治者的權威、高壓政策；第二個「威」，指的是威脅，即百姓的反抗鬥爭。整句話的大意是，如果百姓不再害怕統治者的權威，那麼統治者也就大難臨頭了，為什麼呢？春秋時代晚期，社會問題錯綜複雜，其中問題的主要根源便是以君王和貴族為首的奢華生活風氣，他們追求物質生活的極致享受，驕奢淫逸。統治者是民眾的榜樣，其奢侈的生活和不檢點的行為，必將誘發百姓內心的強烈欲望，在欲望的驅使下，人民便會不惜一切代價，甚至冒著死亡和犯罪的風險去滿足自己的欲望，當然也就不再懼怕君王的權威。若一個國家的百姓皆不懼怕君王的權威，其結果將會如何呢？統治者的統治地位必然會受到威脅，而君王最關心的就是自己的統治勢力。因為一旦喪失統治地位，也就意味著其安逸的生活即將結束，耀武揚威的日子即將終結，甚或會隨著統治地位被推翻，君王自己也淪為奴隸，或走上亡命一途。

老子說：「無狎其所居，無厭其所生。夫唯不厭，是以不厭。」老子針對當時君主岌岌可危的統治地位，提出了最為嚴厲的警告。他的目的並不是希望統治者保全名位，而是站在百姓的立場上警告統治者們好自為之，不可再作威作福、荒淫無恥、兇殘無度。老子告誡君王們：「不要逼迫百姓使人民不得安居；不要壓榨百姓使人民無以維持生計。唯有不迫害百姓的生計，人民才不會憎惡統治者。」民以「生」為本，如果連生計都難以維持，又還有誰會懼怕苛政、威嚴呢？如果缺衣少食、居無定所，那麼百姓便不可能安於現狀，社會

明代帝后半身像－明太祖高皇帝

明代開國皇帝朱元璋出身農民家庭，幼時貧窮，作為起義軍的首領而登上皇帝寶座。他實行休養生息的政策以恢復國力，但卻血腥殺戮跟隨他打天下的「兄弟」們，此舉的原因不外乎是害怕功臣勢力強大而無法控制。朱元璋奪取他人的江山，自然也害怕自己的江山落入他人之手。

也將必然產生動亂紛爭。

老子針對當時的社會現狀，提出自己的觀點：「是以聖人自知不自見，自愛不自貴，故去彼取此。」老子認為，聖明的統治者應有自知之明，他們絕不會因位居高位而炫耀自己，更不會驕奢放蕩、恣意妄為。他們懂得自愛，也懂得愛自己的百姓。其實「自愛」本身就是愛民的表現，愛人就等於愛自己，因為百姓是統治者立身高位的基礎，不愛百姓就等於不愛江山，不愛江山就等於不愛自己。老子以高明統治者的行為暗示春秋時代的統治者應如何立身處世，其憂國憂民的情懷可見一斑。

千里江山圖　宋代王希孟

此畫中的遠近山水氣勢開闊，村舍集市、漁船客舟、橋樑水車和林木飛禽皆筆墨工致，位置得宜，表現山河之秀麗。老子認為帝王皆必須愛百姓，因為百姓為統治者的立身基礎，不愛百姓就等於不愛江山，不愛江山就等於不愛自己。

天網恢恢

原文

勇於敢則殺❶，勇於不敢則活❷。此兩者，或利或害。天之所惡，孰知其故？是以聖人猶難之。天之道❸，不爭而善勝，不言而善應，不召而自來，繟然而善謀。天網恢恢❹，疏而不失❺。

註釋

❶ 敢：勇敢、堅強。

❷ 不敢：柔弱、不逞強。

❸ 天之道：自然的規律。

❹ 恢恢：廣大無邊。

❺ 疏：稀疏。

天網恢恢：上天的法網雖寬大稀疏，但絕不會縱容作惡的壞人逃離，後用以比喻犯法者難逃國法制裁。也作「天道恢恢」。

譯文

勇敢且膽大妄為，就會遭到殺害；勇敢但不逞強，就可以保全性命。以上兩種行為，一個獲得好處，一個遭到傷害。天有不測風雲，天

十萬圖冊－萬壑爭流　清代任熊

《禮記》記載：「知止而後有定，定而後能靜，靜而後能安，安而後能慮，慮而後能得。」多讀詩書，便能使人身心平靜，而隨著年齡增長，也會減少一些魯莽之氣。魯莽，便會產生爭奪之心，便會使人心緒煩躁、恃才曠物。

的好惡又有誰知道是什麼緣故呢？所以，聖人在做決策時，往往考慮得更加仔細。自然的法則是不爭鬥而善於獲勝；不發言而善於回應；不召喚而自動到來；寬緩從容卻善於計謀。蒼天布下的法網廣大無邊，雖網眼稀疏，但卻從不會遺漏。

疏而不漏：後用以比喻法網雖寬大鬆散，但絕不會讓犯罪者逃脫。亦指內容簡要卻不遺漏。

賞析

在此章節中，老子以一個「勇」字開篇，自然而然地牽引至無為的人生哲學。

老子說：「勇於敢則殺，勇於不敢則活。」此處的「勇」指的是勇氣、勇敢的意思。整句話的大意是，勇敢且無所不敢為時，便會惹來殺身之禍；勇敢但有所顧忌時，就可以保全性命。這是什麼意思呢？老子在這裡的意思是，真正的勇敢是敢為而又有所不敢為，而不是恣意妄為、膽大包天。但是，老子為什麼又把生死和勇敢連繫在一起呢？生死和勇敢之間到底有什麼因果關係呢？老子在此處沒有具體說明，以下便連繫老子的思想體系以細細體味其中的奧祕。

老子一貫主張無為，這是老子思想體系的核心價值。在前面的諸多章節中，老子一再為我們闡釋無為的內涵，而在此章節中，老子則再一次提及無為，並提升至生死存亡的層次。老子認為勇敢應有一定限度，一旦超過這一限度就會轉向負面，就不能稱其為勇敢，而只能稱為魯莽。從現代的角度來看，魯莽只是一種性格缺陷，不至於演變為殺身之禍；但在老子生活的年代就不一樣了，甚至有可能因為魯莽而被殺害，甚至株連九族，其後果不堪設想。所以，老子所說的「勇於敢則殺」，並非誇張之辭。

老子又說：「此兩者，或利或害。天之所惡，孰知其故？」我們可以透過分析發現，同樣是「勇」，程度不同，結果也就大相逕庭。老子一向主張自然無為之道，重柔弱而不重強悍妄為。我們都知道自然之道不可違逆，而違背自然規律就會受到自然之道的懲罰。「勇於敢」是恣意妄為，也是違背自然規律的舉動，所以老子認為「勇於敢」會招致殺身之禍。與此相反，「勇於不敢」則是順應自然規律，所以就可以「活」。老子將「生死」和「勇」提至同一層次討論，可見把握「勇」的限度是多麼重要啊！

接下來，老子說：「天之道，不爭而善勝，不言而善應，不召而自來，繟然而善謀。」老子認為自然的法則是不交戰卻善於取勝，不發言卻善於回應，不召喚卻自動到來，寬緩從容卻善於計謀。整句話的主要意旨是，自然之道不爭不奪，卻自然贏得萬物的歸順和愛戴，不戰就已征服了萬物。人類之所以「勇於敢」，是因為有私心，為了滿足自己的欲望才和別人爭奪，和自然爭奪；大自然則不與他人爭奪，所以它才得以獲得萬物。

最後，老子以「天網恢恢，疏而不失」八個字作結。這八個字如同八支無形而又殺傷力極強的槍，時刻瞄準為所欲為的統治者、無所不敢的亡命之徒……。

鍾馗圖　清代王素

鍾馗身為「驅鬼者」的形象深入人心，但是，此圖中的鍾馗卻沉迷酒色，原本是鍾馗刀下客的「五鬼」也成為了小心侍奉他的豔麗女子。此圖中的鍾馗可能覺得「鬼」太多了，殺也殺不完，不如盡醉為樂。鍾馗不知「天網恢恢，疏而不失」，何苦擔心鬼殺不完，不是不報，而是時候未到。為所欲為的人，必將受到「道」的懲罰。

第七十四章

民不畏死

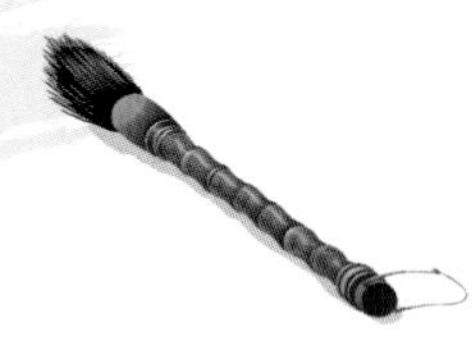

原文

民不畏死，奈何以死懼之？若使民常畏死，而為奇者❶，吾得執而殺之❷，孰敢？常有司殺者殺❸。夫代司殺者殺，是謂代大匠斲ㄓㄨㄛˊ❹。夫代大匠斲者，希有不傷其手矣。

註釋

❶ 為奇者：為邪作惡的人。奇，奇詭、詭異。

❷ 執：扣押。

❸ 司殺者：專門管理殺人事務的官員。

❹ 大匠：高明的工匠。斲：砍伐。

十二月月令圖－八月
清代宮廷畫家

唐代宋之問《靈隱寺》：「桂子月中落，天香雲外飄。捫蘿登塔遠，刳木取泉遙。」畫中描繪中秋節夜晚時分，人們張設盛宴，觀賞月色。如果人們可以不愁吃穿，悠閒度日，自然安心貪生，不會作奸犯科。聖明的統治者使百姓有樂可享，這是比苛政嚴刑更為有效的治理方式。

譯文

如果百姓不畏懼死亡，那為什麼還要以死亡威嚇他們呢？相反的，如果百姓畏懼死亡，那麼我再依法懲治並且殺掉那些為非作歹之徒，那還有誰敢為非作歹呢？如果有犯罪且依法懲處必須處死者，就由負責殺人的司法部門處置。若代替刑戮者任意執行殺人的工作，那就是代替工匠砍伐木頭，而那些曾經代替優秀木匠的人，很少有不砍傷自己手指的。

賞析

「生」對於人類而言，意義重大，若沒有生命，談什麼都沒有意義。我們每一個人都十分珍惜自己的生命，這是毋庸置疑的。老子在此章節的一開始，說：「民不畏死。」為什麼百姓不害怕死亡呢？這是一個令人疑惑的問題。但是，若連繫當時的社會背景，就不難發現「民不畏死」的原因了。

春秋時代晚期，社會動盪不安，當時的統治者荒淫無度，而且對人民施行苛刻的政令，甚至不惜屠殺百姓以滿足自己的欲望。生活在水深火熱之中的人民，日日朝不保夕，生活岌岌可危。他們對「生」的渴望淡漠，「死」對於他們來說，也已不再可怕。在那個顛沛流離的時代，生是痛苦的，死反而是最好的解脫，所以他們自然不恐懼死亡。對於不怕死的人來說，以死亡威脅他們又有什麼意義呢？因此，老子提出「民不畏死，奈何以死懼之」的質問，其中更可以明顯看出老子的憤懣情緒。老子之所以憤然，正是因為他對百姓的仁愛和憐憫，以及他對生命的敬畏和尊重。

接下來，老子提到：「若使民常畏死，而為奇者，吾得執而殺之，孰敢？」老子緊接著上文的「民不畏死」，提出相反的假設：如果民眾害怕死亡的話，統治者就可以對那些為非作歹之徒依法判以死刑，那麼以後誰還敢為非作歹呢？在此段文字中，老子提出一個殺一儆百的方略。老子是仁慈的，他反對戰爭，更不提倡殺人，所以我們對於老子使用「殺」字會感到不適應。但是，只要我們了解老子所要「殺」的是為非作歹、膽大妄為的不法之徒，而不是普通的一般百姓，也就不難理解老子的思想和意旨了。

話又說回來，一旦人民不再畏懼死亡，那麼國家的苛刻制度和嚴酷刑法也就形同虛設，或者說不再具有懲處的作用和震懾的威力了，而那些為非作歹之徒也就更加肆無忌憚。在此種情形之下，國家勢必更加混亂，百姓更是無路可走，君王的統治地位也隨時面臨被顛覆的危險。

如果統治者能以百姓的利益為重，讓人民有衣可穿、有飯可吃、有屋可居、有樂可享，人們自然就會珍惜自己的生命，自然不會再去冒險和為非作歹。天下太平，苛政也就失去其威力，統治者的統治地位自然穩固。

聖明的統治者懂得珍惜生命，不輕易實施酷刑，對人民實行道德法律的宣傳教化，使百姓在畏懼死亡的同時明白法律的威嚴。如此一來，才是老子所說的「殺一儆百」的最佳方略。

最後，老子說：「常有司殺者殺。夫代司殺者殺，是謂代大匠斲。夫代大匠斲者，希有不傷其手矣。」這是老子針對當時國家法律的混亂和不健全，向君王所提出的忠告。老子明確指出為官者應各司其職，任何越俎代庖的行為都將傷害自己，這是統治者必須注意的。

第七十五章

無以生為

原文

民之饑，以其上食稅之多❶，是以饑。民之難治，以其上之有為❷，是以難治❸。民之輕死❹，以其上求生之厚❺，是以輕死。夫唯無以生為者❻，是賢於貴生❼。

註釋

❶ 食稅：徵收的稅賦。

❷ 有為：指繁苛的政治，或統治者強作妄為。

❸ 難治：難以治理、難以統治。

❹ 輕死：將死亡看得很輕。

❺ 求生之厚：日常生活過於豐厚。

❻ 唯：只有。無以生為：生活不過分奢厚。

❼ 賢：勝過、超過。貴生：厚養生命。

明皇幸蜀圖　唐代佚名

唐玄宗執政末期，內有奸臣當道，外有叛匪磨刀，但他卻視而不見，仍沉浸在開元盛世的自豪與滿足之中。安史之亂爆發後，唐玄宗倉皇出逃，被迫下令殺死自己寵愛的楊貴妃。唐玄宗敗壞了自己所打造的「開元盛世」，也結束了自己與楊貴妃的生死之戀。

譯文

百姓之所以遭受饑荒，是因為統治者榨取並且吞食過多賦稅，故而使國家遭受饑荒；百姓之所以難以治理，是因為統治者多欲暴斂，故而使人民難以治理；百姓之所以輕視生命、冒犯法律，是因為統治者過於豐厚奢侈，將民脂民膏都搜刮一空，導致人民無以為生，只好輕死冒犯法律。唯有不追求豐厚奢侈的生命而又有所作為的人，才能比奢侈放縱於生活的人更勝一籌。

賞析

此章節順承上一章節，繼續講述君主和人民之間的矛盾對抗。我們都知道，一旦統治者以百姓的利益為重，那麼人民的生活就會富足幸福，國家也會太平安定，君王的統治地位自然穩固；與此相反，如果統治者追求自身安逸，不顧百姓生死，對人民大加盤剝，那麼人民就會輕視生命，進而鋌而走險，不惜一切代價反抗統治者的壓迫。而

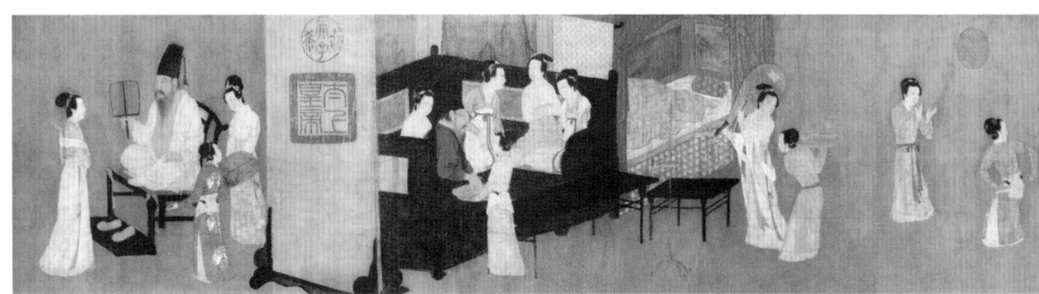

統治階級也會不甘示弱地回擊，對百姓施以嚴酷的鎮壓，最後以你死我活告終。

老子說：「民之饑，以其上食稅之多，是以饑。」老子在此以直接了當的言辭揭露人民忍饑挨餓的原因。百姓之所以必須忍受饑餓的煎熬，並不是因為他們懶惰散漫，沒有耕種足夠可供解決溫飽的糧食；而是因為百姓的糧食都被貪婪淫逸的統治者盤剝殆盡，所以他們不得不忍饑挨餓，日子不堪其苦。而繁重的賦稅又壓得百姓喘不過氣，又沒有足夠的食物滿足他們最基本的溫飽需求，所以揭竿起義也就勢在必行了。

統治階級不可能對於百姓的反抗無動於衷，他們會想盡各種酷刑以對付人民的抗爭，即老子所說的「以其上之有為」，此處的「有為」指的是統治者的強作妄為。若君王強作妄為，那又會什麼後果呢？當然是「是以難治」。人民難以治理的原因是統治者所造成的，不是百姓本身；是因為統治階級的妄為和蠻橫，而不是因為百姓的頑劣和狡詐。那人民難以治理又會造成什麼後果呢？毫無疑問，那將會導致國家混亂，直至統治階級的地位被顛覆，這是統治者最不願意看到的結

韓熙載夜宴圖　南唐顧閎中

根據記載，南唐李後主欲以韓熙載為相，但是韓熙載不欲為亡國之相，故縱情聲色，以遠離朝廷的鬥爭。唐代宦官仇士良則指點弟子們：「千萬不能讓皇帝悠閒度日，要經常以美女歌舞和錦衣玉食使之沉醉其中。同時，儘量不要讓皇帝讀書或接近書生，那樣他就會看到前朝的滅亡，便會開始憂慮國家前途。」可見，若帝王將相縱情聲色便是亡國的先兆。

果，但是他們又不知道其中的原因。所以，老子在此以直接了當、明白易懂的言語，為統治者進行細緻入微的剖析。老子為君主們敲響了統治國家的警鐘，但他的目的並不是為統治者出謀畫策，其主要目的還是為了百姓的生活尋找一個幸福的出口，而不是永遠被捆綁在統治階級的妄為高壓之下。

在此章節中，老子又提出了「民不畏死」的問題。百姓為什麼不怕死呢？為什麼會輕視死亡呢？在上一個章節中，老子已為我們闡釋這個問題，而在這個章節中，老子又再一次強調這個問題。生命對每個人而言都是極其寶貴的，一旦百姓對於死亡都不再重視，那麼問題就十分嚴重了。老子在此章節進一步透析「民之輕死」的原因，他說是因為「其上求生之厚」，「求生之厚」是指統治者的生活過於豐厚奢侈。

在資源有限的狀況之下，君王依然過於注重自身的安逸和享受，其必然會減損百姓的物質資源，導致人民缺衣少食。最後，百姓就連最基本的溫飽都無法維持，而統治者卻窮凶極惡、恣意妄為。面對此種不公正的現象，百姓到了忍無可忍之時，便會不惜冒著生命危險僭越法制。當連最基本的生活都無法滿足時，生便是一種折磨，死反倒成了一種解脫。

老子在結尾以「夫唯無以生為者，是賢於貴生」作結，點出統治者應堅持的人生態度。老子認為，唯有不追求生命的豐厚而又有所作為的人，才能比奢侈對待自己的人更勝一籌。

第七十六章 強大處下

原文

人之生也柔弱❶，其死也堅強❷；萬物草木之生也柔脆❸，其死也枯槁ㄍㄠˇ❹。故堅強者死之徒❺，柔弱者生之徒。是以兵強則不勝❻，木強則兵。強大處下❼，柔弱處上❽。

註釋

❶ 柔弱：指人體柔軟。
❷ 堅強：指人死了之後身體僵硬。
❸ 柔脆：指草木柔軟脆弱。
❹ 枯槁：枯萎殘敗。
❺ 死之徒：屬於死亡的一類。徒，類別。
❻ 強：逞強。
❼ 處下：居下，處在下位。
❽ 處上：居上，處在上位。

千年桃實圖　清代金城

圖中的桃子鮮嫩多汁，令人垂涎欲滴。桃子如果長在樹上，任風吹拂，任雨淋濕，任陽光暴曬，最後就只剩下面目可憎的桃幹；人也一樣，存活的時候有著柔弱的肉體，死了之後就只剩下斷骨殘骸。

譯文

人在活著的時候，身體柔弱靈活，死亡之後，身體就變得堅固僵硬；萬物草木有生命的時候，形質柔軟脆弱，死亡之後，就變得乾枯殘敗。所以，堅強的東西屬於死亡的一類，而柔弱的東西則屬於有生命力的一類。因此，兵強則敗，木強則會被砍伐或被燒傷；強大處於下位，柔弱居於上位。

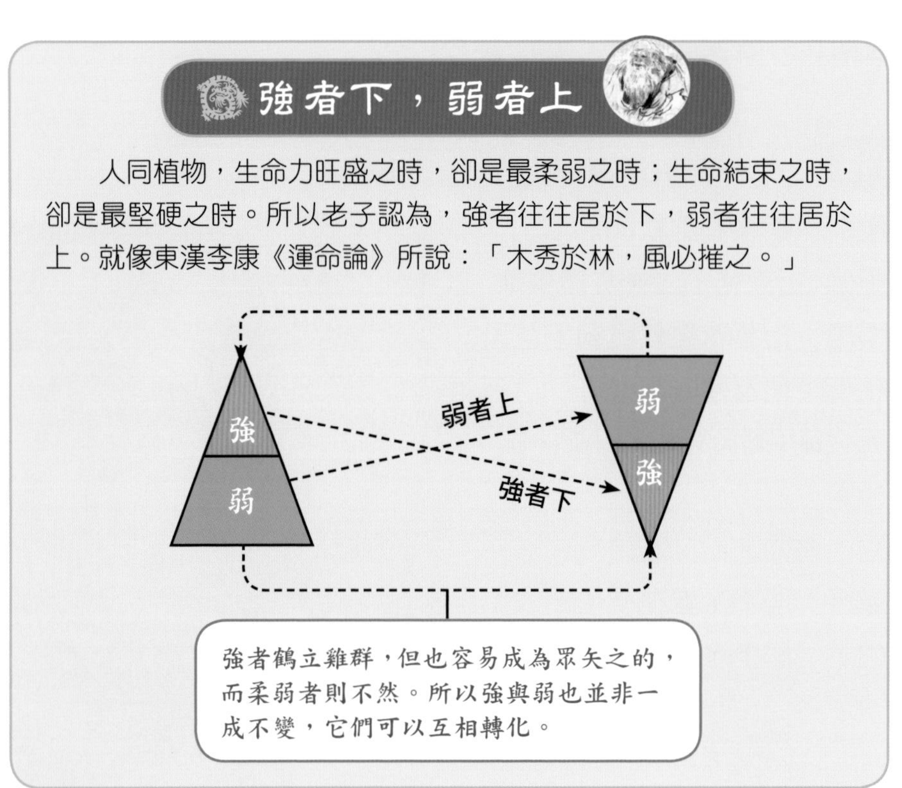

賞析

在此章節中，老子以人和植物的生死狀態說明柔弱戰勝剛強的道理。人在活著的時候，面色紅潤，身體靈活，手臂和腳部都能屈能伸，行動自如。而一旦死去，身體就會變得僵硬，就會漸漸變成冷冰冰、硬邦邦的屍體。雖然聽起來十分殘忍，令人難以忍受，但卻是必然會發生的事實，是任何人都無法擺脫的命運，有生就有死，這是自然的規律，沒有人可以違逆。

接下來，老子緊接著從人類的生死談到植物的生死，在植物充滿生命力的時候，枝繁葉茂，鮮活美麗，而一旦死亡就會形容枯槁、僵硬易折。無論人或花草樹木，在活著的時候都是最為柔弱的，但死後就變得極為剛強堅硬。因此，老子概括為「堅強者死之徒，柔弱者生之徒」。老子認為僵硬、剛強是通往死亡的途徑，而柔弱、卑下則是走向生的道路。

在蒼茫的宇宙之間，生命是那麼玄妙且神祕難測。我們每個人都有生的權利，但卻沒有人可以解開生命的謎題，誰都無法預測自己的生命會在哪一刻停止轉動。人生有太多難以預料的事情，正是這些事情使我們如同生在雲霧間，不知道在哪一刻會離開人間，不知

馮婕妤擋熊圖　清代金廷標

馮婕妤是漢元帝的寵妃之一，有一次眾妃隨著漢元帝觀看鬥獸，大熊從獸圈中跳出，左右侍從皆驚走，唯有馮婕妤臨危不懼，以身擋熊，拯救漢元帝於危難。熊是猛獸，若以刀劍襲之，必將激發它的獸性鬥志，從而造成更多傷亡。馮婕妤以柔弱之軀引熊離去，乃是以柔克剛的最佳典範。

道在哪一分會離開我們最親愛的人。人類總是拒絕死亡的到來，毫不隱諱地說：「我們懼怕死亡。」而那些親眼目睹他人死亡的人更能深切領悟，人類的求生欲望是多麼強烈啊！

然而，死亡不會因我們的厭惡而姍姍來遲，它會在不經意間光顧我們，讓我們措手不及，而又無可奈何。生命的轉瞬即逝更加督促我們在有生的日子裡珍惜自己的擁有，促使我們領悟人生的真諦，從而度過一段有品質的人生。

那究竟該如何度過一段有品質的人生呢？這是一個十分重要的問題，它牽涉到很多方面，其中，生活態度是一切問題的關鍵。老子提倡柔弱的生活態度，而反對堅強；他認為柔弱則生，剛強則死。如果我們能以柔弱的生活態度處世就能長久，若以強硬的態度待人接物就容易碰釘子，便無法長久。

最後，老子提到：「是以兵強則不勝，木強則兵。強大處下，柔弱處上。」老子反對戰爭，但戰爭並不會因為一個人的思想而改變。

老子生活的春秋末期，戰爭連年不斷。老子針對戰爭提出自己的看法，他認為「兵強則不勝」，這令人感到十分懷疑。兵強馬壯是戰爭取勝的基礎，為什麼老子卻說「兵強」就會被消滅呢？戰爭的勝負其實取決於很多因素，只有「兵強」而死打硬拼是無法取勝的，還要有足夠的智謀。老子在前述的第六十七章裡曾提及「夫慈，以戰則勝」，慈就是仁慈，仁慈的表現就是柔弱、謙和，謙和、柔弱就是無為思想的宗旨。

第七十七章

不欲見賢

原文

天之道，其猶張弓歟ㄩ？高者抑之❶，下者舉之；有餘者損之，不足者補之。天之道，損有餘而補不足。人之道則不然❷，損不足以奉有餘。孰能有餘以奉天下？唯有道者。是以聖人為而不恃❸，功成而不處，其不欲見賢❹。

註釋

❶ 抑：壓低。

❷ 人之道：人世的法則、準則。

❸ 不恃：不自恃功高。

❹ 見賢：被讚美。

譯文

大自然的法則不就如同拉弓射箭嗎？過高就壓低它，過低就抬高它；有多餘的就減少，有不足的加以補

畫獵騎圖　元代佚名

拉弓射箭時，過高就要壓低，過低就要抬高，如此一來才能射中目標。大道的法則是「均天下」，使貧窮的人也可以吃飽喝足，穿衣取暖。但統治者卻剝奪百姓的辛苦所得，人民本來可以衣食無憂，但卻必須使自己受苦而讓統治者享盡奢侈。

足，大自然的法則就是減少有餘而補充不足。人間的法則就不一樣了，常常是剝奪不足而供奉有餘。有誰可以改變這種不公平的現象，使天下有餘者補足不足者呢？唯有聖人，也就是得道者。聖人有所作為卻不會自恃功高，功成而不居功自傲，也不願意被他人讚美。

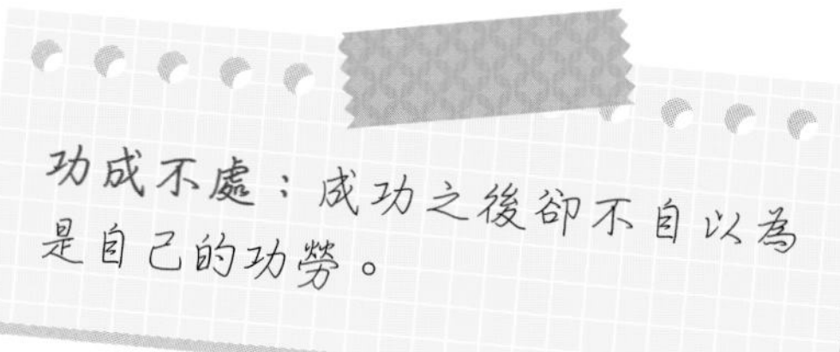
功成不處：成功之後卻不自以為是自己的功勞。

賞析

在此章節中，老子對比「天之道」和「人之道」，突出「天之道」的博大和「人之道」的渺小，進而主張「人之道」必須效法「天之道」。「天之道」的特點是「高者抑之，下者舉之；有餘者損之，不足者補之」，而論及「天之道」時，老子使用比喻手法，將「天之道」比喻為張開的弓箭。張開的弓箭是為了射捕獵物，要隨著獵物位置的移動而改變，過高就壓低，過低就抬高，有多餘的就減少，不足的加以補充。所以，「天之道」就是減少有餘而補充不足。老子在論述完「天之道」後並沒有戛然而止，而是自然地引出「人之道」。「人之道」和「天之道」恰好相反，「人之道」是「損不足以奉有餘」。老子反對此種人間法則，他認為這只會造成天下貧富不均和權利不平等，《論語．季氏》曾提到：「不患寡而患不均，不患貧而患不安。」不均等便是產生一切禍亂的根源，大自然的法則是追求一切平等，所以它能長存；而人間的法則是不平等，所以人心才會不安，才會有動亂發生。

「孰能有餘以奉天下？唯有道者。」老子以一問一答的方式進一步說明有道者的行為特徵，有道者會將自己多餘的衣物、糧食、財富奉獻給貧窮的人，以達到社會均等，從而保證國家安定。然而，有道之人實在少之又少，僅憑他們的力量根本無法扭轉時局，社會上的財富現象依然普遍不均等。在欲望的驅使之下，富有的人對財富更加瘋狂。極度貧富不均的狀況使得小部分的人佔有社會上絕大部分的財富，而他們又繼續利用手裡的資本變得更加富裕，但社會上的絕大多數人則正在遭受貧窮的煎熬。在金錢時代裡，錢權交易是極其普遍的事，為官者自有人巴結逢迎，送來黃金萬兩；富人則拿出財寶萬貫討好當權者，然後再一步步往上爬。而此種錢權交易的結果，勢必會將普通百姓推向更加貧窮的苦難和被壓迫的火海之中。

人的忍耐力是有限的，當壓迫達到一定程度時，百姓便自然揭竿而起，以打破此種不平等的局面，使社會再度達到新的平衡。其實，這已在不知不覺之間遵循了大自然的規則，也就是老子所說的「天之道」。

最後，老子提到：「是以聖人為而不恃，功成而不處，其不欲見賢。」老子以聖人的所作所為向世人示範，聖人絕不會將自己置於盈滿的高貴地位，而是將本身多餘的東西分享給不足的人。聖人絕不炫耀，反而適當地貶損自己，始終保持謙和、恭敬、卑下的德行。聖人有所作為而不據為己有，有功而不居功自傲。

蘭竹　明代楊文驄

幽蘭、疏竹附崖而生，它們沒有用五色使自己絢爛，也不會貪圖沃土使自己茁壯；沒有用五味引來他人欣賞，只是默默在幽谷中綻放。聖人也一樣，他們不貪五色五味，而是盡力使眾人都能維持基本的生活。

柔之勝剛

原文

天下莫柔弱於水，而攻堅強者莫之能勝，其無以易之❶。弱之勝強，柔之勝剛，天下莫不知，莫能行。是以聖人云：「受國之垢❷，是謂社稷主；受國不祥，是謂天下王。」正言若反❸。

註釋

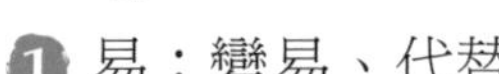

❶ 易：變易、代替。

❷ 受：承擔。垢：污垢、恥辱。

❸ 正言若反：老子用語，以否定形式的言論概述正面智慧的辯證思維方式。

負擔圖　清代金廷標

此圖上有清代乾隆皇帝御題七言詩一首：「負擔歸來獨叩門，家人秉燭啟黃昏。較諸貧見棄翁子，相敬高風與足論。乙未仲夏下瀚，御題。」樵夫挑起家庭的重擔辛勤工作，其婦對他體諒有加。君王若能如同此樵夫一般，承擔國家屈辱，率領百姓共同面對災難，便能得民心、贏天下。

譯文

天下萬物沒有比水更加柔弱的了，然而論及攻擊堅硬或強壯之物，也沒有誰能勝過它，因而水是無法代替的。柔勝剛，弱勝強，天下沒有人不知道這個道理，但也沒有人可以做到。聖人曾說：「能承擔國家屈辱者，才能稱得上是國家的君主；能承擔國家災難者，才能成為天下的君王。」我以上述的反面言語論證正面的道理。

賞析

「水」在《道德經》中已多次出現，「水」作為以柔克剛的象徵，貫穿於老子思想的整個過程，備受老子稱道。

在前述的章節中，老子已為我們詳盡介紹水的特性，例如「水」順勢而為、甘居下位、柔弱、順暢、堅韌等，這些都是我們所熟知的特性，所以就不再一一贅述。老子認為天下萬物沒有比水更為柔弱的了，然而它也是最為堅強的物體。為什麼呢？春秋時代，科技不發達，人們無法給予許多自然現象正確的詮釋，便常常以神化的力量解釋。例如「洪水氾濫」，人們將其比喻為猛獸，認為有一位管理河水的神明在統治著洪水。它時而溫柔順暢，時而來勢洶洶，實在令人費解。「水」的力量難以估量，所以老子認為「攻堅強者莫之能勝」，絕非片面的溢美之詞。

接下來，老子提到：「弱之勝強，柔之勝剛，天下莫不知，莫能行。」老子認為天下人都已了解柔能勝剛、弱能勝強的道理，但卻還是無法像水一樣貌弱而實強，為什麼呢？因為在弱肉強食的社會裡，人們從小就被灌輸逞強的思想，也就是爭先、爭強，絕不能軟弱，因為軟弱的小蝦米終將被強勢的大鯨魚吞噬。在此種思想的驅使下，人們變得爭強好勝，然而越是爭強越不可能強。其實，真正的強者是不爭的，就如同「水」一般甘居下位、溫順無比，卻是最有力量的。

而後，老子在這段文字中引用聖人的話以說明真正的君主應具備的品德，「受國之垢，是謂社稷主；受國不祥，是謂天下王」，有資格擔任一國之主的人可以承受國家的恥辱。例如越王勾踐，他不以自己的榮辱為榮辱，為了國家不惜忍辱負重，就像水一樣柔弱、能屈能伸，而不是一味窮兵黷武。聖明的統治者愛惜民力，並且尊重百姓的生命，只有這樣的人才配稱為國家的君主。

老子在此章節的最後，以一句話概括整部《道德經》中許多相反相成言論，那就是「正言若反」。例如前述所提到的大成若缺、大白若辱、大巧若拙、大智若愚、大辯若訥等等，正面是成，反面是缺。這些正面和反面既矛盾卻又統一的話語，是老子所慣用的形式，是以正面言語論證反面智慧的辯證方式。

草堂消夏圖　宋代佚名

在炎熱的夏天中，沒有什麼比一絲涼爽的微風或一塊遮蔽的綠蔭更讓人感到暢快了。優秀的君王就要成為這涼爽的微風或生機盎然的綠蔭，為百姓遮擋太陽，驅趕暑熱。愛惜百姓，並以百姓利益為先的君主，才有資格稱為君王。

天道無親

原文

和大怨❶，必有餘怨，安可以為善？是以聖人執左契❷，而不責於人。有德司契，無德司徹❸。天道無親❹，常與善人。

註釋

❶ 和：調和。

❷ 契：契約。

❸ 司徹：掌管稅收的官職。

❹ 無親：沒有親疏分別。

譯文

調和怨恨之後，必然還會有餘留的怨恨。君王究竟該如何妥善地處理與百姓之間的矛盾呢？聖人會保存借據的存根，卻不會主動向他人索取債務。所以，有德的人就像持有借據的人一般，

陶穀贈詞圖　明代唐寅

唐代李頎《古從軍行》中寫道：「行人刁斗風沙暗，公主琵琶幽怨多。野雲萬里無城郭，雨雪紛紛連大漠。胡雁哀鳴夜夜飛，胡兒眼淚雙雙落。聞道玉門猶被遮，應將性命逐輕車。年年戰骨埋荒外，空見蒲桃入漢家。」刁斗聲淒淒厲厲，琵琶聲如泣如訴。歷朝歷代統治者大多好大喜功、窮兵黷武，視百姓生命如草芥，為人民帶來巨大傷害。

寬容不索取；無德的人就像掌管稅收的官員一樣，刻薄嚴厲。自然的法則沒有親疏之分，但它常常伴隨著有德行的善人。

賞析

在此章節中，老子繼續論述統治階級與百姓之間的紛亂與矛盾。兩者之間有矛盾的原因必然是積怨已深，那「怨」是由何而起呢？老子在此處並沒有明說，但根據前述章節的內容，我們可以了解統治者對人民的盤剝是矛盾產生的根源。春秋時代的統治者大多窮奢極欲，且好大喜功，他們不惜犧牲百姓的利益以滿足自己的私欲，而國家財政也因此常常出現虧空的現象。那當時自私的君主們是如何處理這種入不敷出的局面呢？當原有的稅收已無法滿足統治者的貪婪欲望時，這些君王貴族們是不會委屈自己的，於是五花八門的橫征暴斂手段便相繼出籠。

在那個時代，統治者除了讓百姓承擔沉重的徭役之外，還強迫人民服兵役。這些統治者為了彰顯自己的「豐功偉業」而窮兵黷武，使得眾多百姓不但缺衣少食，甚至還要忍受妻離子散、戰死沙場的悲痛。對於這些自私自利的君王們來說，這些遠遠不夠，他們依然繼續向百姓收取大量臨時強加的賦稅，使人民深受其苦、不堪重負。在這樣的情況之下，無法負擔賦稅的廣大民眾成為統治者的債戶，而統治者卻坐享其成成為國家最大的債主。長此以往，統治者和百姓之間的矛盾當然不斷激化，人民怨聲四起。君主們面對此種不利於自己的情況，就必須「和大怨」。什麼是「和大怨」呢？透過上述的分析，我們已經了解統治者和人民之間產生「大怨」的原因，而統治者為了鞏固自己的統治地位所採取的緊急調和措施，老子便稱之為「和大怨」。而「和大怨」的結果如何呢？老子認為這並非是一個良好的解決方法。老子認為「必有餘怨」，為什麼「必有餘怨」呢？因為君主和百姓之間的「大怨」是不可能藉由調和就輕易化解的，若想要消除「餘怨」，統治者就必須拋棄自身貪婪的欲望，從浮華和虛無的追求中脫離，不要再為了滿足自己的窮奢極欲而不惜犧牲人民的利益。除了這個方法之外，不管君主祭出何種措施，都不可能消除眾人心中的「餘恨」，所以老子稱之為「必有餘怨」。

接下來，老子再一次以聖人的行為作為參考對照，「是以聖人執左契，而不責於人。有德司契，無德司徹」。此段文字指出「有德」與「無德」之間的分別，老子認為「有德」的統治者不會主動向他人索取債務；而「無德」的統治者則像掌管稅收的官員一樣，刻薄嚴厲。

最後，老子提到：「天道無親，常與善人。」老子指出天道對任何事物都無親無疏，但它會與善良的人站在一邊。此話的隱藏含意就是，苛刻的統治者終將有一天會受到天道的譴責和懲罰，為「無德」的統治者敲響一記警鐘。

煙雨樓台倦看書　清代任熊

歷朝歷代的君王們大多沉溺於聲色犬馬，和五色五味的窮奢極欲之中，這些都為處於水深火熱中的百姓所不齒。長此以往，兩者之間的矛盾便越發不可收拾。唯有統治者節制自己的欲望，以「煙雨樓台倦看書」的平靜代替從前荒淫無度的生活，將以前自己佔有的物品和百姓分享，才能再次贏得百姓的服從。

小國寡民

原文

小國寡民❶，使有什伯之器而不用❷，使民重死而不遠徙❸。雖有舟輿ㄩˊ❹，無所乘之；雖有甲兵❺，無所陳之。使民復結繩而用之❻，甘其食，美其服，安其居，樂其俗。鄰國相望，雞犬之聲相聞，民至老死不相往來。

註釋

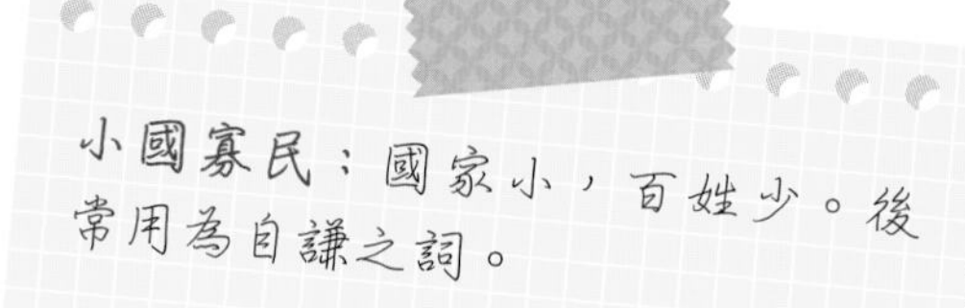

德經

❶ 小國：使國家小。寡民：使百姓少。

❷ 什伯之器：各式各樣的器具。什伯，極多、各式各樣。

❸ 徙：遷移、遠走。

❹ 輿：車子。

❺ 甲兵：披盔甲的士兵。

❻ 結繩：在文字產生之前，人類以結繩記事。

春山暖翠圖　清代惲壽平

「鄰國相望，雞犬之聲相聞，民至老死不相往來」，是老子心目中的理想社會。就像桃花源被山和樹遮擋一樣，各個小國固守自己的領土，用節欲阻擋自己攻城掠地的步伐，和周邊國家相安無事。但是，歷史已為我們證明，若人類依舊無法消除本身自私的欲望，小國寡民只會造成群雄割據的局面。

譯文 

理想的國家應是微小且人民稀少；百姓即使擁有各式各樣的器具，也不輕易使用；百姓重視生命，而不輕易向遠方遷徙；雖然有足夠的船和車，卻不輕易乘坐；雖然有實力雄厚的甲兵；卻不輕易布陣交鋒；使百姓回歸使用結繩記事的自然遠古時代。在那個理想的國度中，人民有甘甜美味的飲食、色澤華美的衣服、安適的住所、歡樂的風俗，鄰國之間雖然能夠互相看見，雞犬之聲能夠互相聽聞，但人民直到老死都沒有互相交往，不會互相干擾。

老子與柏拉圖的理想國

在人類歷史上，許多人都曾描述過自己的理想國，而老子的「小國寡民」和柏拉圖的「理想國」尤其著名。他們用不同的眼光向我們闡述東西方不同觀念中的理想國度。

	老子的理想國		柏拉圖的理想國
不同的景象	老子的理想國是一個沒有階級、沒有剝削、沒有壓迫，人人平等的小國寡民社會。老子所憧憬的是一種現代文明與原始狀態結合的國家。		柏拉圖的理想國包括三部分：護國者、衛國者、供養者。他們都應該具有智慧、勇敢、節制和正義四種德性。
不同的立場	老子的理想國是站在人民的立場上		柏拉圖的理想國是站在貴族的立場上

都是不可能實現的理想狀態

賞析

雞犬相聞：鄰家之間雞和狗的叫聲可以相互聽見，比喻住家相鄰很近。

從老子前述的諸多章節中，我們不難體悟老子所處的時代特徵：戰亂、壓迫、貧瘠、饑餓、荒淫、貪婪……面對這樣一個令人難以忍受的時代，老子的心中一直有一種逃離的欲望，那究竟該如何逃離這個荒淫的世界呢？老子並沒有說明，而是直接向我們描述他心中理想的情景：國家微小猶如一個安靜的村落，國民也非常稀少。縱使國小人少，但人民富足且各種器具應有盡有，但百姓不會有使用這些器具的私慾；統治者清心寡欲，不對人民橫加干涉，使他們幸福安康，對生命極為重視；為了不浪費時間和精力，他們也不向遠方遷徙；人們雖然有船和車作為代步工具，但他們從不乘坐；天下太平，即使擁有實力雄厚的甲兵，也無用武之地；使人民回歸結繩記事的遠古時代。

老子的幻想將我們引領至一個沒有壓迫、沒有剝削的原始社會，人民自給自足，沒有

舞人玉珮　金代佚名

原始社會的人們只為吃飽喝足而活，不知道也沒有過多的欲望奢求。在閒暇或有重大活動的時候，便跳舞以表達自己的感情。原始社會的人們和自然和諧相處，並從大自然吸取生活智慧。老子想念此種沒有剝削和壓迫的社會，希望人人都能如從前的原始人一般擁有自給自足、沒有戰亂的生活。

墨荷圖　清代吳昌碩

宋代周敦頤《愛蓮說》中寫荷花為「出污泥而不染，濯清漣而不妖」。荷花自古就是和美、高潔的象徵，也是佛教的「教花」，隱喻修行者無欲無求、心懷天下的精神品格。而荷花也象徵著老子所追求的理想社會，百姓皆擁有和美安樂、無欲無求的生活。

戰爭和掠奪，沒有心智和欺詐，沒有兇悍和恐懼，百姓生活富足，這些都是老子心目中理想社會的特點。這種單純質樸的社會，使當時處於壓迫和剝削之下且饑寒交迫的人們所神往，即使是時隔兩千多年後的今天，當我們閱讀老子心中的理想生活圖景時，依然感受到它的美好。

老子的幻想並不是毫無根據，此種理想社會曾在人類歷史上存在過一段非常長的時期，最後隨著出現君主、貴族、平民的階級之分而灰飛煙滅。曾經的理想社會雖不像老子所描述的那般富足，但也並不匱乏，那裡沒有壓迫、沒有尊貴卑賤，人們雖然沒有太多知識，但也沒有狡詐虛偽、沒有你爭我奪，人和人之間以誠相待、以心交心，眾人生活融洽、和諧幸福。

老死不相往來：直到老死，互相不來往。比喻雖然相距很近，彼此間卻互不來往，互不干擾。

接下來，老子用一連串排比敘述他心目中理想社會的真

實場景，「甘其食，美其服，安其居，樂其俗」。理想國中有味道甘美的食物供人們食用；有色澤華美的衣服供人們穿戴；有安定的住所供人們棲居；有令人愉快的風俗供人們享受。這些在現代人看來都是極其普通的生活需求，也正是因為此種普通而簡單的生活需要，才讓人類生命的價值得以提高和昇華。人類的欲壑難填，老子在超越人類欲望的基礎上，提出自己心中的「理想天國」。

在前述的章節中，老子就曾經指出真正的富足就是知道滿足。在此章節中，老子則以「小國寡民」提醒統治者不可貪婪掠奪他國土地，這亦是他反戰思想的另一種表達方式。鑒於當時統治者的貪婪本性，老子提出自己的政治見解，對統治者敲響一記警鐘；而老子所描述的理想社會，則為生活在壓迫和戰亂之中的百姓提供一頓豐盛的精神佳餚，使得人們對美好的生活產生嚮往和追求。

在本章節的最後，老子著力描寫「小國」中百姓的生活和交往情況，他說：「鄰國相望，雞犬之聲相聞，民至老死不相往來。」這句看似普通的結論卻清楚地道出老子的處世觀和生活態度，他認為人和人之間不應該交往，應該「老死不相往來」。為什麼老子提倡此種封閉保守的生活態度呢？我們都知道老子反對「多智」，他認為人民的心智技巧過多就會引發禍亂，是社會不安定的因素之一，所以老子不主張人們來往。

第八十一章 善者不辯

原文

信言不美❶，美言不信❷；善者不辯，辯者不善；知者不博，博者不知。聖人不積❸，既以為人己愈有，既以與人己愈多。天之道，利而不害❹；聖人之道，為而不爭。

註釋

❶ 信言：真實可信的話。

❷ 美言：讚美、誇飾之辭。

❸ 不積：不自私，沒有佔有的欲望。

❹ 利而不害：使萬物得到好處，而不傷害萬物。

譯文

真實可信的言語通常不華美，華美絢麗的言語通常不可信；善良的人

簪花圖　清代錢慧安

青松聳立，古藤披垂，松下湖石峻峭，芍藥盛開，此圖取自韓魏公邀集客人品賞芍藥名品——金帶的一樁軼事。據說，「此花開者，城中必出宰相」，而後果然應驗，品賞此花的人後皆入相。俗語說：「送人玫瑰，手有餘香。」如果韓魏公獨自欣賞名花，那此事便不是軼事，他的大名也就不會流傳千古。好花必須有眾人品賞，才有歡樂祥和的氣氛。

通常忠厚老實，且不巧言善辯，巧言善辯的人通常不善良；擁有真知灼見的人不求知識廣博，有廣博知識的人不可能擁有真知灼見。聖人不私自積藏，儘量幫助他人，自己反而因此更為富足；聖人儘量給予他人，自己反而因此更為豐富。天的法則是利於眾人，而不妄加傷害；聖人的法則是施惠眾人，而不與他人爭奪。

賞析

若在犯錯時總是巧加掩飾，為自己的錯誤大加辯解，便可以稱得上巧言善辯了。但是，這種人究竟善還是不善呢？毫無疑問，此種人肯定不善，也就是老子所說的「沒有道德心」。真正善良的人絕不會與他人爭論是非，不隨意爭辯自己的所作所為和功過是非。他們雖然表現木訥，但是非分明；雖看似愚鈍，但心如明鏡；他們不善於論人，也不善於為自己爭辯，一切盡在不言中。老子認為這些不善於用花言巧語爭辯的人才是完美的，其本質也才是善良的。人們常說：「言多必失。」言語發展到今天，其作用已大大超越一開始的原始意義，言

花卉冊－牡丹之三　清代錢維城

據說，民間曾流傳一則老子買牡丹的故事。某一天，一個賣牡丹根的商人大聲吆喝：「一朵牡丹放紅光，光彩照人滿院香。」於是，老子便買了一棵牡丹根，回家後才發現不是牡丹，只是一個廉價的樹根。第二年春天，賣牡丹根的商人又來大聲吆喝，老子詢問他：「這真的是牡丹嗎？」小販甕聲甕氣地說：「好壞就這樣，隨你要不要。」態度十分生硬。但在不久之後，這棵牡丹便真的開花了。可見，「信言不美，美言不信；善者不辯，辯者不善」。

玉堂富貴
清代陳嘉選

此圖中繪有各色禽鳥近二十餘種，牠們於繁茂的玉蘭樹及牡丹花叢之間嬉戲、遊樂，極盡吉祥富貴之意。大自然給予我們美好的事物，我們可以在「道」的指引下享受一切。我們所能做的就是不妄為傷害自然，不爭搶傷害同類，不奢求過多身外之物。

語已成為現代交流上必不可少的工具；尤其在社交場合，言語已是無可替代。但是，從老子所身處的時代而言，言語的負面作用卻比正面作用大，因此老子才如此反對善言之人。然而，我們必須了解，老子絕不是要人人都成為「啞巴」，而是強調若使用言語「善辯」，那必將產生許多弊端。

對於知識的「博」和「專」，老子自有他的一番見解。老子提到：「知者不博，博者不知。」關於這一問題的討論，直到今日仍未休止。老子在此處所強調的是，一個人對於道的把握（真知），和多聞（廣博）之間的關係。他認為「多聞」並不代表真正地「擁有真知」，而「擁有真知」的人往往不是靠「多聞」而得。

接下來，老子說：「聖人不積，既以為人己愈有，既以與人己愈多。」若從現代人的角度來看，這句話實在荒唐可笑。若給予他人自己所擁有的東西，怎麼會變得更加富有呢？但是，若從精神層面解釋，這句話便顯得十分合理。給予他人自己的東西（物質的、有形的），自己的東西變少了，但自己的精神財富（無形的）卻變多了。因為給予他人之後，所換來的是自己內心的充實，這難道不是使自己變得更加富有嗎？

最後一段，不僅是這一章的總結，也是整部《道德經》的總結，老子說：「天之道，利而不害；聖人之道，為而不爭。」看啊！在這蒼茫的天地之間，人類就如同浩瀚大海裡的遊魚，成群結隊，大小不一。人類彼此競爭，被強大的對手吞噬；人類逐漸成長、衰老、消亡，而我們都喜歡生且討厭死，因為生是幸福的；抬頭看著天上的星星，低頭看著草葉上的露珠，這一切令人感到無比欣喜與感動。這些美麗的事物是天地給予人類的禮物，它無私地給予著我們，讓人類得以盡情享受天地所帶給我們的美好。天地不求回報，更不會傷害我們；聖人也是如此，他默默奉獻而不要求回報，他不會與萬物產生紛爭，更不會和萬物發生爭鬥。聖人只有奉獻，沒有索取，更沒有自私的欲望和無端的妄為。這是多麼幽遠高深的境界啊！

國家圖書館出版品預行編目資料

圖解道德經 / 老子原著 ; 王晴天編著 . --初版.
--新北市 : 典藏閣，采舍國際有限公司發行,
2018.10 面； 公分 · --（經典人文03）

ISBN 978-986-271-834-6 （平裝）
1.道德經 2.注釋
121.311 107013415

圖解道德經

出版者 典藏閣

編著 王晴天　出版總監 王寶玲

總編輯 歐綾纖　文字編輯 Helen

企畫編輯 李剛　美術設計 蔡瑪麗

台灣出版中心　新北市中和區中山路2段366巷10號10樓

電話　（02）2248-7896　傳真　（02）2248-7758

ISBN　978-986-271-834-6

出版年度　2023年最新版

全球華文市場總代理/采舍國際

地址　新北市中和區中山路2段366巷10號3樓

電話 （02）8245-8786　傳真　（02）8245-8718

全系列書系特約展示

新絲路網路書店

地址　新北市中和區中山路2段366巷10號10樓

電話 （02）8245-9896

網址 www.silkbook.com

線上pbook&ebook總代理：全球華文聯合出版平台

地址：新北市中和區中山路2段366巷10號10樓

主題討論區：www.silkbook.com/bookclub/　● 新絲路讀書會

紙本書平台：www.book4u.com.tw　● 華文網網路書店

電子書下載：www.book4u.com.tw　● 電子書中心（Acrobat Reader）

本書採減碳印製流程，碳足跡追蹤並使用優質中性紙（Acid & Alkali Free）通過綠色環保認證，最符環保要求。